중급에서 고급으로 올라서는
Level Up!
레벨업
스리쿠션

Level Up of Carom Three Cushion

중급에서 고급으로 올라서는
Level Up!
레벨업
스리쿠션

김원상 저

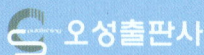
오성출판사

중급에서 고급으로 올라서는 Level Up!

레벨업
스리쿠션

2010년 11월 20일 초판 인쇄
2017년 12월 5일 4쇄 발행

저 자	김원상
발행인	김중영
편집·일러스트레이션	김영근
표지 사진	기준서
본문 사진	김원상
발행처	오성출판사
주 소	서울시 영등포구 영등포동 6가 147-7
전 화	02)2635-5667~8
팩 스	02)835-5550
등 록	1973년 3월 2일 제 13-27호

저자와의 합의하에 인지는 생략합니다.

ISBN 978-89-7336-763-4
www.osungbook.com

* 파본은 구입처에서 교환하실 수 있습니다.
* 독창적인 내용의 무단 전재, 복제를 절대 금합니다.

프롤로그

당구는 오랫동안 뒷골목 운동이라는 인식이 강했습니다. 하지만 최근 세계대회들이 개최되고 당구선수들의 활동 영역이 넓혀지면서 당구도 축구, 야구, 농구와 같은 스포츠 분야 중 하나라는 개념이 정립되고 있습니다. 당구는 더 이상 사행성 오락이 아니며 남녀노소 누구나 즐길 수 있는 건전한 스포츠로 자리 잡아 가고 있습니다.

머리 좋은 사람 혹은 수학을 잘하는 사람이 당구도 잘 친다는 이야기가 있습니다. 이는 국내에 계산법이 소개되면서 당구의 학문화가 시작된 것이라 할 수 있는데, 당구를 구력으로 감각적으로만 치다가 일정 각도와 거리, 세기 등을 계산함으로 실력을 높일 수 있게 된 것입니다. 득점을 하고 못하는 것에 대한 치밀한 계산을 하고 머리를 써야 좋은 점수를 낼 수 있지만 그러한 경지에 오른 고수는 공의 위치와 각도 등을 이미 체득하여 알고 있다는 것입니다.

당구를 이제 시작하는 사람이나 더 높은 점수를 얻고 싶은 사람들은 이 책에서 제시한 몇몇의 상황을 외우는 것으로 좀 더 쉽게 실력을 높일 수 있습니다. 계산 위주의 3쿠션을 넘어 암기 위주의 3쿠션을 구사하는 것입니다. 물론 외우지 않고도 경로를 선택하여 경기를 진행시킬 수 있지만 수구가 단축의 어디에 도착하여야 하는지 고민하는 등의 시간이 낭비될 수밖에 없습니다.

암기를 많이 하면 짧은 시간 안에 남들보다 더 많은 경로를 탐색하고 분석하여 정확하고 성공률 높은 3쿠션을 구사할 수 있습니다. 처음에 쉽게 이해되지 않더라도 고수들의 경로를 계속 접하면서 연습해 보면 자연스럽게 이해가 될 것입니다. 또 자주 나오는 경로 몇 개만 알고 있어도 경기를 하는 데에 자신감

이 생길 것입니다.

이 책은 계산하는 시간을 절약하고 실전에서 유용하게 사용할 수 있도록 프로 선수들이 꿈에서도 외우고 있는 3쿠션 암기의 정석과, 저자 스스로 파악한 다양한 암기법을 소개하였습니다. 머릿속에 온통 당구 생각뿐인 초보자와 실력향상에 박차를 가하기 원하는 모든 동호인에게 조금이라도 도움이 되기를 바라며, 끝으로 책이 출판되기까지 물심양면 지원을 아끼지 않으신 오성출판사의 김중영 회장님, 김대현 대표께 깊은 감사의 말씀을 전합니다.

대한 당구 연맹 산하
서울 당구 연맹 소속
선 수 김 원 상

차 례

프롤로그 — 5
들어가며 — 9
계산법 — 10

01. R-C Point System — 19
02. Double Rail System (LSL, SLS System) — 49
03. Short Angle System — 53
04. No English System — 69
05. 더블 쿠션(Double Cushion) — 83
06. 반드시 외워야 할 진행도 — 91
07. 키스 샷(Kiss-Shot) — 125
08. 회전력의 생성과 소멸 — 137
09. 반드시 연습해 두어야 할 배열 — 143
10. 좁은 공간에서의 3쿠션 — 151
11. 포지션 플레이(Position Play) — 171
12. 어려운 샷-난구(難球) — 195

부록 — 219
에필로그 — 251

Level Up of Carom Three Cushion

중급에서 고급으로 올라서는 Level Up!

레벨업
스리쿠션

들어가며

당구를 배우기 시작해서 사람들과 게임을 즐길 수 있을 정도의 실력이 되면 서서히 계산법을 접하게 된다. 이러한 계산법은 독자들이 생각하는 것보다 엄청나게 다양하고 가짓수도 많지만 중요한 것은 계산법을 알면서도 상황에 적절한 계산법을 선택하고 적용하는 법을 모른다는 것이다.

이 책에서는 실전에서 유용하게 사용할 수 있는 몇 가지 계산법을 소개하고 이 계산법들이 실전에서 어떤 식으로 적용되는지를 다양한 예제를 통해 소개하고자 한다. 여기서 소개하는 모든 계산법은 국제식 대대(2844.8 × 1422.4mm)에서 만들어진 계산법이므로 다른 크기의 당구대에서 조정이 필요함은 당연할 것이다. 또한, 같은 국제식 대대라고 해도 조금씩 차이가 있으므로 당구대에 적용시키기 위해서는 당구대의 특성을 파악하는 능력도 길러야 할 것이다.

계산법을 독자에게 소개하는 것은 진지함을 바탕으로 실력을 향상하기 위함에 있다. 어떤 이들은 계산법을 너무 맹신한 나머지 당구를 느낌으로 구사하는 것이 아니라, 수학 문제를 풀어가듯이 실전에서 구사하려 한다. 계산법은 실력을 조금 더 체계적으로 정리하고 약간의 성공률 향상을 위한 하나의 수단이라고 생각해야 한다. 다시 말해서 자신이 생각하고 구사하려는 것이 맞는지 틀린지를 검토하는 수단으로 사용하여야 한다.

이 사용법의 정도를 넘어설 때는 내가 당구를 치는 것이 아니라 계산법이 당구를 치는 것이라고 말해야 할 것이고, 실제로 이렇게 구사하는 동호인들을 보면 당구대에 파묻혀서 헤어 나오지 못하는 경우가 많다.

계산법은 계산법일 뿐이다. 계산법이 당구의 전체가 되어서는 안 된다는 말이다. 이 말을 반드시 명심하고 계산법에 입문하기를 바란다.

> **Tip**
> 하수는 어려운 공을 못 쳐서 하수가 아니다. 쉬운 공이라고 생각하는 배열을 못 맞추기 때문에 하수인 것이다.

계산법

당구를 잘 치기 위해서는 수학이나 물리를 잘 해야 한다고들 말한다. 이 말은 문제를 해결해 나아가는 수학적인 사고방식과 공과 공이 부딪쳤을 때의 현상, 공이 쿠션에 부딪쳤을 때의 다음 코스로의 진행 경로의 예상을 잘 아는 사람들을 비유한 말일 것이다. 하지만 실제로는 엄청난 암기능력이 있어야 함을 알아야 한다. 주변의 많은 선수들과 수준급의 동호인들을 보면 암기력이 매우 뛰어나다는 공통점을 찾을 수 있다. 경로, 두께, 당점, 속도에 대한 암기력과 이를 종합해서 어떠한 상황에 적용시키는 암기력이 굉장히 뛰어나다는 것이다. 또 한 가지는 창의력이 매우 뛰어나다는 것이다. 얼마 되지 않는 직사각형 공간에서 하는 스포츠지만 항상 새로움에 놀라지 않을 수 없다.

이러한 암기력과 창의력은 계산법(System)을 배움으로써 향상시킬 수 있는데, 그 이유는 계산법이 기본적인 틀(Basic Line)을 제공해 주기 때문이다. 다시 말하면 어떤 어렵고 복잡한 경로도 계산법을 알고 있는 사람은 기본적인 진행 경로를 알고 있기 때문에 받아들이고 이해하는 속도가 훨씬 빠르다는 것이다. 따라서 계산법은 반드시 알아야 하고 숙지해야 하는 분야인 것은 말할 필요가 없다. 하지만 앞에서도 말한 바와 같이 계산법에 올인(All-in)하지 말아야 한다. 그래야지만 내가 숙지한 계산법이 더욱 빛을 발하게 되는 것이다.

한 가지 더 독자들이 알아야 할 사항은 계산법을 적용하는 '속도'를 반드시 기억해야 한다는 것이다. 계산을 잘해 놓고, 당점도 잘 겨냥을 했음에도 불구하고 근처에도 오지 않을 때가 있다. 이것은 속도를 맞추지 못한 원인이 80% 이상 된다. 이런 경험은 빈 쿠션(bank-shot) 치기를 했을 때보다 목적구를 맞추고 진행시켰을 때 경험해본 사람들이 매우 많을 것이라고 생각한다.

지금까지 계산법을 알아야 되는 이유와 계산법을 적용하는 기본적인 마음가짐을 간단하게 설명하였다. 독자들은 반드시 많은 연습이 있어야만 본인의 실력으로 만들 수 있다는 것을 기억하고 연습에 많은 시간을 투자하길 바란다.

시중에는 많은 당구서적이 출간되어 있다. 하지만 거의 대부분의 교본들이 시중에 떠도는 자료들을 모아서 엮은 책들이고, 다년간 연습이나 실전을 통하여 자신의 이름을 건 소신 있는 교본은 드물다.

이 책에서는 실전경험을 토대로 많은 연구를 통해 자신의 이름을 걸고 만들어진 외국서적을 몇 권 소개하고, 필자의 경험으로 정리한 기본적이지만 매우 필요성 있는 필수 암기사항을 독자들에게 소개하려 한다. 그러나 이 책에서 소개하는 것을 100% 맹신하지 않기를 바라고 필요한 것만 참고로 하고 잊을 것은 잊어버리기를 바란다.

1. R-C Point System

1979년에 초판 인쇄되어 알려진 이 책에는(MISTER 100) 세계대회를 100회 이상 우승한 레이몽드 클르망(벨기에)의 평생에 걸친 지식이 담겨져 있는데, 목록에서 볼 수 있듯이 현재에도 현역 선수들이 실전에서 사용하는 계산법을 창안해 낸 위대한 당구계의 거장임을 알 수 있다.

대부분의 독자들이 들어봄직한 Five & Half System의 모체가 되는 계산법으로 가장 많이 사용되고 있는 계산법이다. R-C Point System은 단순하게 장-단-장-단으로 진행하는 경로만을 진행시키는 것이 아니고, 레이몽드 클르망이 고안해낸 계산으로 다양한 진행에 접목시킬 수 있다는 것을 알아야 한다. 다시 말해서 더블레일이나 플러스 계산법은 R-C Point System (Raymond Ceulemans Point System)이 아닌 것이 아니라, R-C Point System으로 더블 레일이나 플러스 계산을 할 수 있다는 것이다.

R-C Point System의 내용은 다음과 같다.
- 단축에서 출발하여 장-단-장-단으로 진행하는 경로의 계산법
- 장축에서 출발하여 장-단-장-장 또는 단으로 진행하는 경로의 계산법
- 플러스 시스템(Plus System)
- 리버스 잉글리시 시스템(Reverse English System)
- 원 쿠션 뱅크 샷(One Cushion Bank-Shot in, out)
- 더블 레일 시스템(Double Rail System)
- 더블 쿠션(Double Cushion)
- 투 쿠션 뱅크 샷(Two Cushion Bank-Shot)
- 노 잉글리시 시스템(No English System)

> **Tip**
> 성공률이 5/10(50%)가 되는 것은 쉬운 공이 아니다. 자신이 얼마나 자기의 실력을 과대평가하고 있는지 진단을 해 보아야 할 것이다.

2. Jean Verworst System

1987년에 출판된 Berekend Biligarten이라는 교본의 저자인 Jean Verworst가 고안해낸 계산법으로, 레이몽드 클르망의 R-C Point System 중에서 단축 출발-장-단-장-단과 장축 출발-장-단-장-장 또는 단의 진행을 보이는 3 Bank-Shot(일명: 3가락)을 나름대로 보정법을 통하여 소개하고 있다.

이외에 특이한 계산법이 소개되어 있는데 대략의 목록은 다음과 같다.

- 30 System; 30포인트를 기준으로 구사하는 계산법
- 아코디언 시스템(Accordion System); 장-장-장 또는 단-단-단으로 진행하는 계산법
- 3-6-9 System; 무회전 2쿠션 걸어치기 계산법
- Contra Effect System; 역회전 계산법
- Speed System; 속도변화 계산법
- Zig-Zag System; 장-단-단-장으로 진행하는 계산법
- 코너 시스템(Corner System); 역회전 걸어치기 계산법
- 플러스 시스템(Plus System)
- 47 System; 47포인트를 기준으로 구사하는 더블 쿠션 계산법
- 우산 샷(Umbrella System)
- 리버스 시스템(Reverse System)

위의 내용을 보면 알 수 있듯이 30 System이나 47 System과 같은 계산법은 색다른 창안이고 Snelheides System (Speed System)은 약간의 속도변화에 따라 다르게 진행하는 경우를 수치로 정리해 놓았을 정도로 많은 연구의 흔적을 볼 수 있는 당구교본이라 할 수 있다.

3. Tüzül Billiard System

2003년에 터키(Turkey)에서 초판 인쇄된 서적으로 Murat Tüzül이 만든 계산법이 수록되어 있다. 이 서적은 출판할 때부터 6개 국어로 출판을 하였고 뒷부분에는 세미 세이기너(Semih Sayginer)와 토브욘 브롬달(Torbjorn Blomdahl)의 사진과 함께 이 책을 호평하는 친필의 글을 남김으로써 세계적으로 좋은 평가를 받고 있는 교본이다.

Tüzül Billiard System에서는 앞에서 소개한 다른 교본들과는 확실하게 다른 구성을 보여주고 있는데 특히, 단-장-단으로 진행하는 속도와 당점에 굉장히 예민한 경로를 집중적으로 다루고 있다.

구성은 다음과 같다.

- Starting from short cushion; 단축출발의 단-장-단 계산법
- Starting from long cushion; 장축출발의 단-장-단 계산법
- 1/4 Table Application; 당구대의 1/4(장축의 20포인트 안쪽)에서의 계산법
- Tüzül Double Rail System
- Tüzül Double Rail System 1/4 table Application
- Tüzül-Mol System; 단-장-장으로 진행하는 경로 계산법
  (Plus System과 진행방향은 같으나 계산방법은 다름)
- Tüzül Dead Ball System; 무회전 단-장-단으로 진행하는 경로 계산법
- Tüzül Dead Ball 1/4 table Application System; 장축의 20포인트 내에서의 무회전 진행경로 계산법
- Tüzül add point System; 더하기 계산법, 무회전 단-단-장으로 진행하는 경로의 계산법

위에서도 미리 말한 것 같이 Tüzül Billiard System에서는 속도, 회전, 타법에 민감하게 변화하는 경로를 많은 연습과 경험에 의해서 수치를 계산하여 쉽게 구사할 수 있도록 정리를 하였다. 세계적으로 인정받는 플레이어의 검증을 받은 3쿠션을 많이 연구한 흔적을 느낄 수 있는 교본이다.

4. Position Play (in three cushion billiards)

이 교본은 제목에서 알 수 있듯이 계산법을 소개하는 교본이 아니다. US 챔피언을 했었던 미국의 Eddie Robin이 1980년에 출간해 낸 교본으로 1점을 득점하기보다는 연속득점을 할 수 있는 방법을 기술한 책으로 국내에는 오래전에 번역되어 시판이 되었다.

이 Position Play에서는 다득점을 위한 좋은 배치를 하는 요령을 네 가지 방법으로 나누어 설명하였고 요령마다 이해를 돕기 위한 설명과 예제 문제를 제공함으로써 독자들에게 흥미를 느끼게 하고 있다.

후반부에는 보충 설명을 추가했는데 그 내용은 아래와 같다.

- 네 가지 기본형과 요령의 이유
- 요령 선택방법
- 이상적인 수구와 목적구의 속도
- 요령을 이용한 연속득점의 실례

또 하나의 이 교본의 특징은 연습 문제가 풍부하다는 것이다. 무려 534가지나 제시하고 있고, 풀이도 소개함으로써 무엇을 연습해야 하는지 모르는 동호인들에게 연습을 할 수 있게끔 하는 코치 역할을 하고 있다.

전체적인 내용만으로도 알 수 있듯이 초보자용은 아니고, 어느 정도(4구 300 이상)의 3쿠션 실력이 있는 동호인이 참고를 하여야 할 것이다.

문제를 제시하고 풀이한 내용들을 자세히 살펴보면 오래전에 구사하던 방식이 많이 소개되어 있다. 요즘 시대에 맞지 않은 개선되어야 할 부분이 종종 있다. 하지만 이런 것 또한 당구 동호인들이 서로 토의를 할 수 있는 시간을 갖게 하므로, 동호인들의 개인적인 발전뿐만 아니라, 다른 여러 동호인들과의 친목을 도모할 수 있게 하는 계기가 될 것이라 생각한다.

5. Billiard Atlas I~IV

미국의 월터 해리스(Walter Harris)가 1991년에 I권을 소개한 이 교본은 II권을 1993년, III권을 1996년, IV권을 1998년에 출판하면서 지금의 전 4권을 선보이고 있다.

전 세계적으로 많은 인기가 있었던 이 교본은 30개국 이상의 언어로 번역되어 널리 알려졌으며 이렇게 인기가 있었던 가장 큰 이유 중 하나는 책의 처음에 소개되는 도와주신 분들의 명단이 아닐까 생각한다.

지금은 현역에서 물러난 사람들도 있지만 거의 대부분이 베스트 플레이어(Best Player)였고, 소개된 20명의 선수들 중에서 가장 눈에 띄는 이름은 아마도 Sang Lee(이상천)라는 이름일 것이다.

이 교본은 참여한 인원만큼이나 다양한 계산법과 다른 교본에서는 볼 수 없었던 소재를 소개하고 있는데, 여기에서 소개하는 계산법만 나열을 해 보아도 엄청나게 다양함을 알 수 있다.

- Dead Ball System
- Long & Short Angle System
- Plus System
- Diamond & Track System
- End Rail System
- Rail First System
- Kisses Position
- Easy System
- A Ball System
- Across the Table System
- Kirikaeshi System
- Blue Moon Shot
- Six Ball System
- Minus Five System
- Vertical Axis System
- Speed System
- Michael's System

이 외에도 자세나, 당점, 스트로크 방법 등의 기초적인 부분도 다루고 있어서 당구이론을 발전시키는 좋은 교재임을 알 수 있다.

국내에서도 2007년에 번역본이 출판되어 많은 분들이 접했으리라 생각한다.

　지금까지 세계적으로 많이 알려져 있고, 세계적인 선수들이 참고로 하고 있는 5권의 교본을 간략하게 소개하였다.

　이 중에서 실제 3쿠션 경기에서 너무도 많이 사용하고 있는 계산법 몇 가지를 소개하고 수구와 목적구의 배치에 따라 어떤 식으로 적용해야 하는지를 좀 더 구체적으로 다뤄보고자 한다. 비슷한 배열이지만 전혀 다른 계산법이 적용되어야만 하는 너무도 많은 착각을 하는 배열도 소개해 보도록 하고 해결방안도 제시하고자 한다.

　다시 한 번 거듭 말하지만, 계산법은 자신의 감각적인 실력을 조금 더 향상시키기 위한 보충 자료라는 것을 잊지 말기를 바란다.

　우선 가장 많이 접해 보았으리라 생각하는 R-C Point System을 알아보기로 하자. R-C Point System에서도 가장 많이 사용하고 알려져 있는 장-단-장-단의 진행을 소개하려 한다. Five & Half System과는 약간의 차이가 있으나 근본적인 계산 원리는 같으므로 대대에서 많은 시행착오를 통해 만들어진 R-C Point System을 살펴보기로 하자.

Level Up of Carom Three Cushion

중급에서 고급으로 올라서는
Level Up!

레벨업
스리쿠션

Frederic Caudron

항상 겸손하라.

당구를 남들보다 조금 잘한다고 더 나은 사람이 되는 것이 아니고,
당구를 못 친다고 바보가 아니다. 겸손하고 자신을 낮추는
사람에게는 가르쳐 주고 싶은 마음이 생기지만,
모든 것을 다 알고 있다는 듯이 자만한 사람 옆에는 당구 친구뿐만 아니라
아무도 남아 있지 않게 된다.

당구 십계명 **01**

R-C Point System

STEP 01 | **LSL System** 장-단-장으로 진행하는 경로(Long-Short-Long)의 계산법

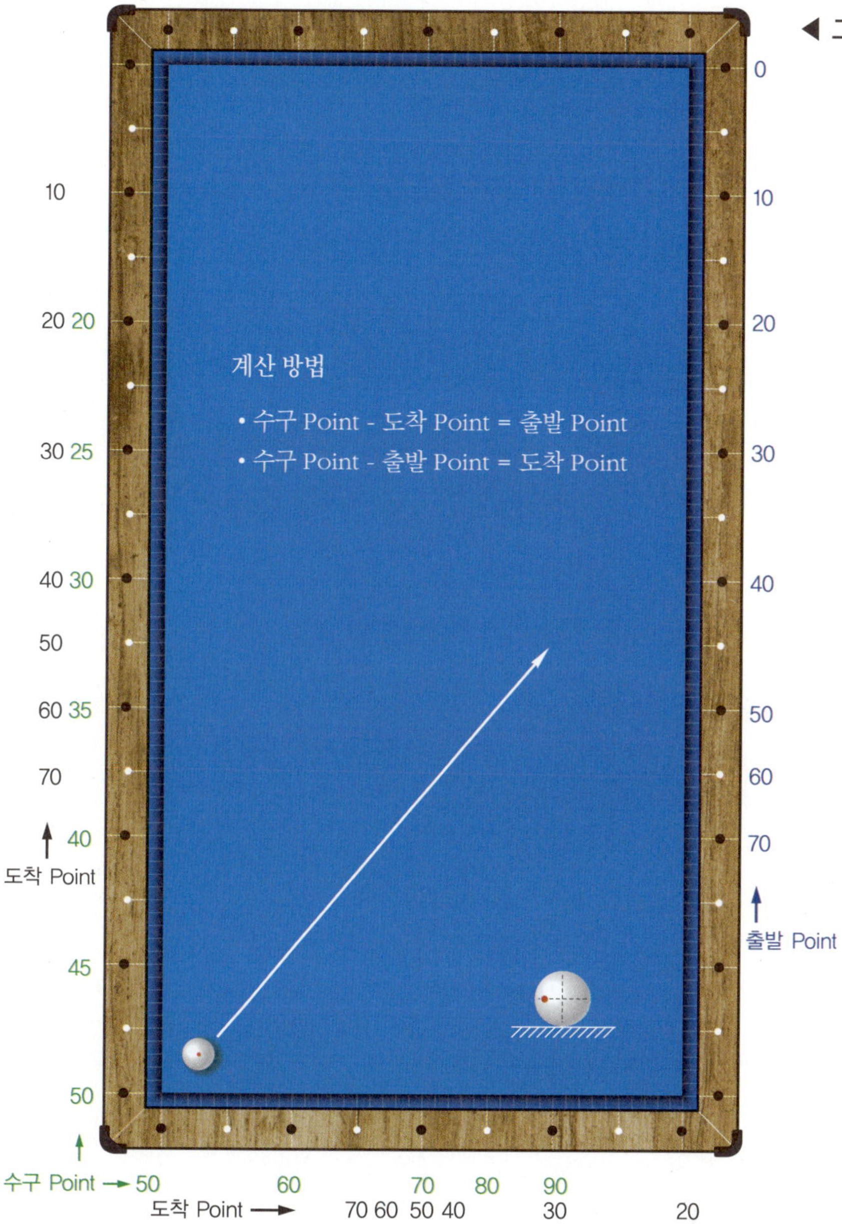

◀ 그림 1

계산 방법
- 수구 Point - 도착 Point = 출발 Point
- 수구 Point - 출발 Point = 도착 Point

적용 방법

1. 도착 포인트를 먼저 찾는다.
2. 임의의 수구 포인트를 정하고 출발 포인트를 빼면서 도착 포인트를 맞춰본다.
3. 수구 포인트와 출발 포인트를 연결한 선상에 수구가 존재해야 맞는 계산이 된다.
4. 계산 결과의 확신이 있다면 중단 최대 회전으로 부드럽고 길게 구사한다.
5. 출발 시 출발 포인트를 겨냥하여 구사한다.

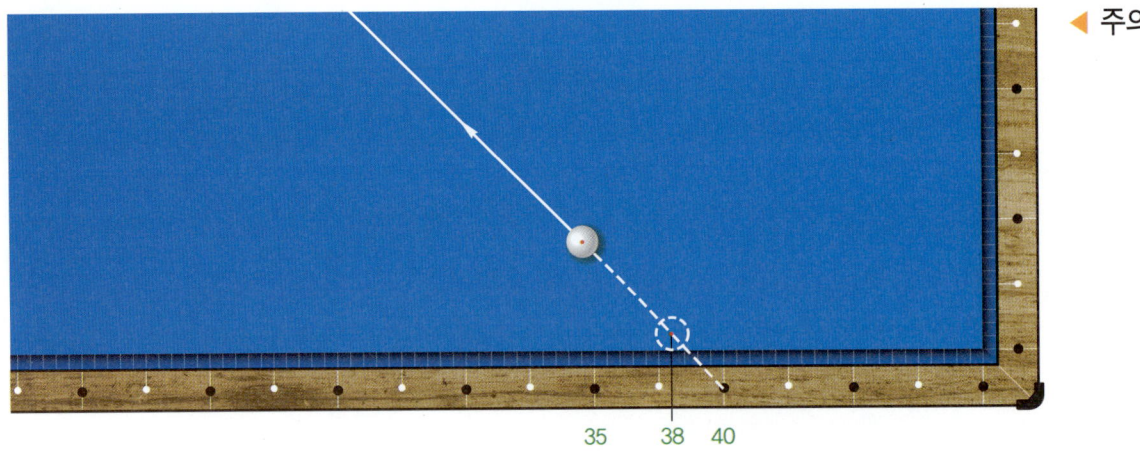

수구 포인트와 연장된 수구의 위치는 그 수구 포인트를 갖지 못한다(단, Five & Half System에서는 이렇게 계산한다).

다시 말하면 위 그림에서 보듯이 수구 포인트는 쿠션 면에서 수직 입사된 레일의 수치이다. 그러므로 정확한 수구 포인트는 38이라고 해야 한다.

> **Tip**
> 수구 포인트와 출발 포인트는 당구대의 목재부분에서 찾아야 한다. 하지만 도착 포인트는 쿠션 면에 도착한다는 것을 알아야 한다.

Terms of 3 cushion 그랜드 애버리지(Grand Average) – 모든 경기를 통틀어 득점을 이닝으로 나눈 득점률.

▼ 연습 1

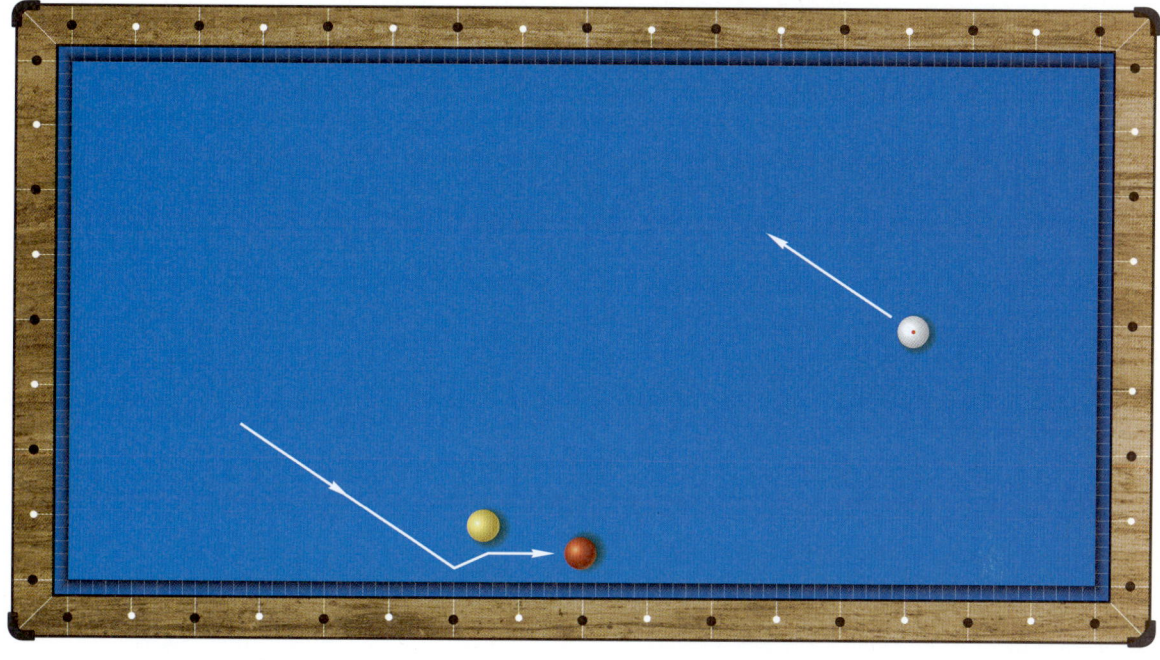

30

계산방법

1. 도착 포인트를 찾는다(30).
2. 임의의 수구 포인트를 설정하여 계산해 본다.

> • $50 - x = 30$ ∴$x = 20$ → 수구 포인트 50과 출발 포인트 20을 잇는 선을 그어보자. 수구가 그 선상에 있어야만 한다.
>
> • $65 - x = 30$ ∴$x = 35$ → 수구 포인트 65와 출발 포인트 35를 잇는 선을 그어보자. 수구가 그 선상에 있어야만 한다.
>
> • $60 - x = 30$ ∴$x = 30$ → 수구 포인트 60과 출발 포인트 30을 잇는 선을 그어보자. 수구가 이 선상에 존재하고 있음을 알 수 있다.

위의 문제에서 알 수 있듯이 수구 포인트와 출발 포인트는 정해져 있지 않다. 임의의 수구 포인트를 정하고 그에 따른 출발 포인트를 계산해내어 수구가 연장선을 지나는 값을 찾아내야 하는 것이다.

따라서 위의 연습문제에서는 수구 포인트(60) − 출발 포인트(30) = 도착 포인트(30)가 되는 것이다.

▼ 연습 2

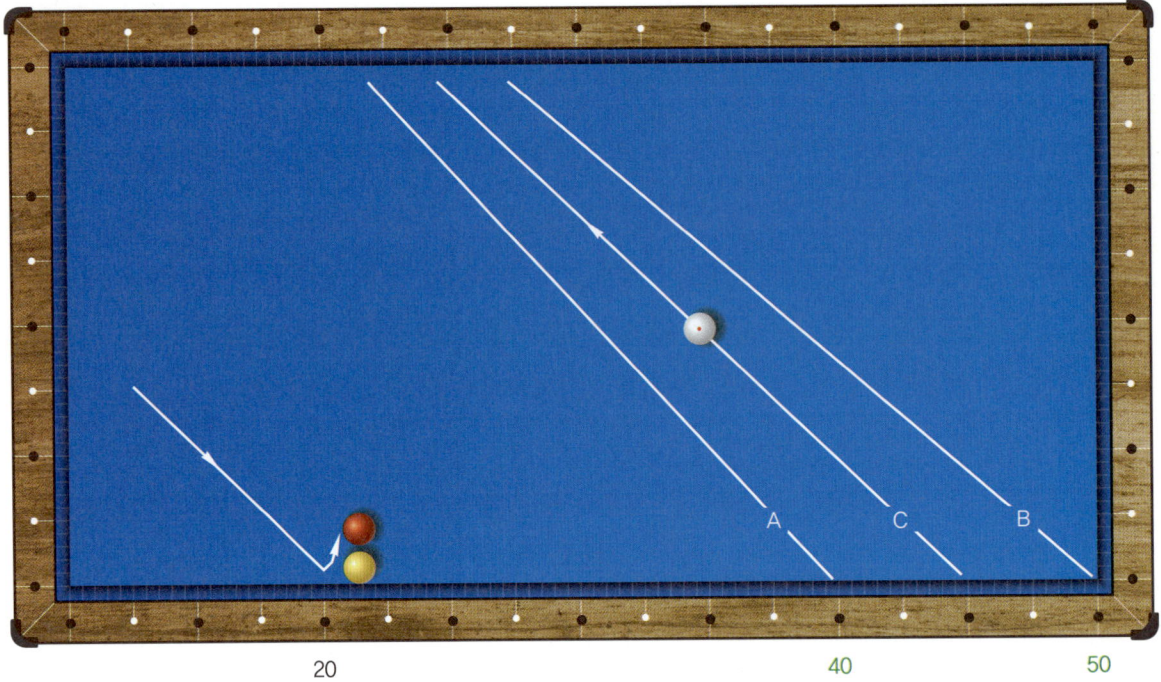

계산방법

1. 도착 포인트를 찾는다(20).
2. 임의의 수구 포인트를 가정하여 출발 포인트를 계산해낸다.

> A. 수구 포인트를 40이라 할 때 $40 - x = 20 \therefore x = 20$
>   출발 포인트는 20이 된다. 수구 포인트 40과 출발 포인트 20을 연결하는 선을 그려보자. 수구가 선상에 존재해야만 한다.
> B. 수구 포인트를 50이라 할 때 $50 - x = 20 \therefore x = 30$
>   출발 포인트는 30이 된다. 수구 포인트 50과 출발 포인트 30을 연결하는 선을 그려보자. 수구가 선상에 존재해야만 한다.
> C. 수구 포인트를 45라 할 때 $45 - x = 20 \therefore x = 25$
>   출발 포인트는 25가 된다. 수구 포인트 45와 출발 포인트 25를 연결하는 선을 그려보자. 수구가 선상에 존재함을 알 수 있다.

그러므로 수구 포인트(45) - 출발 포인트(25) = 도착 포인트(20)가 됨을 알 수 있다.

▼ 연습 3

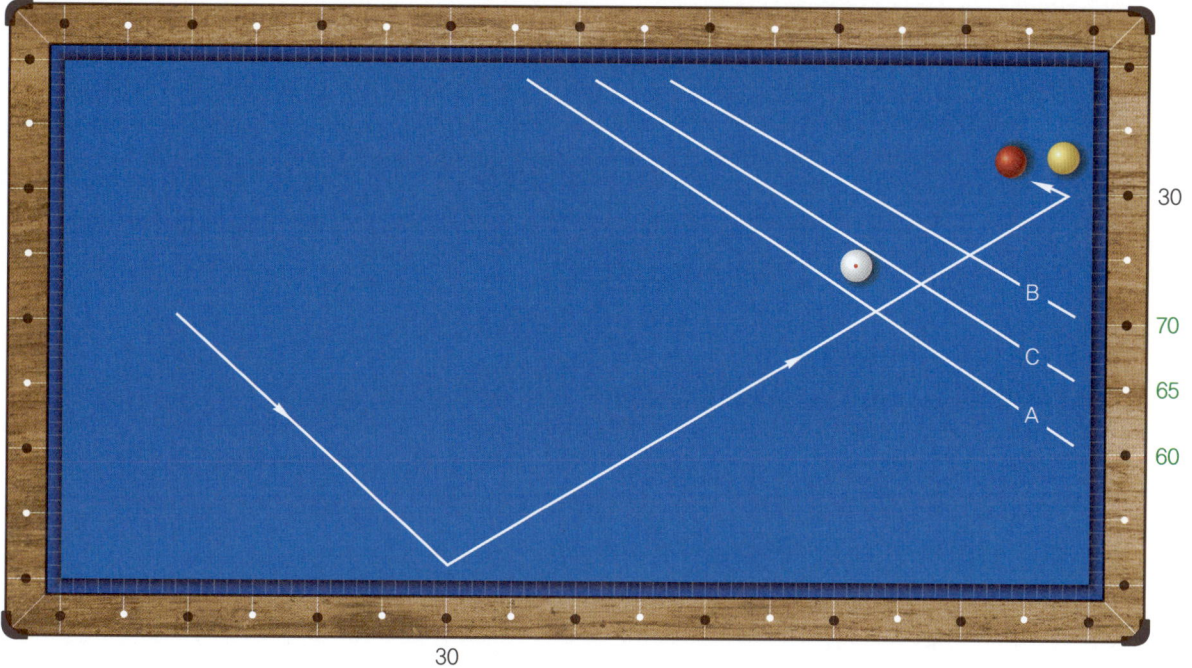

계산방법

1. 도착 포인트를 찾는다(30).
2. 임의의 수구 포인트를 가정하여 출발 포인트를 계산하여 본다.

> A. 수구 포인트를 60이라 할 때 $60 - x = 30 \therefore x = 30$
> 수구 포인트 60과 출발 포인트 30을 연결하는 선을 그려본다.
> 수구가 그 선상에 존재해야만 한다.
> B. 수구 포인트를 70이라 할 때 $70 - x = 30 \therefore x = 40$
> 수구 포인트 70과 출발 포인트 40을 연결하는 선을 그려본다.
> 수구가 그 선상에 존재해야만 한다.
> C. 수구 포인트를 65라 할 때 $65 - x = 30 \therefore x = 35$
> 수구 포인트 65와 출발 포인트 35를 연결하는 선을 그려본다.
> 수구가 선상에 존재해야만 한다.

〈연습 3〉의 계산결과 수구 포인트는 60과 65 사이임을 알 수 있고, 이에 따라 출발 포인트도 30에서 35 사이임을 알 수 있다. 좀 더 정확하게 계산을 한다면 수구 포인트(63) - 출발 포인트(33) = 도착 포인트(30)임을 알 수 있을 것이다.

이렇게 수구 포인트를 5에서 10단위로 먼저 계산하여 보고 그래도 정확한 계산이 나오지 않으면 조금씩 옮겨가면서 계산하여 답을 찾도록 한다.

이제 충분한 이해가 되었으리라 생각한다. 많은 반복을 통하여 실전에서 5초 안에 사용가능할 정도로 한눈에 계산이 되도록 연습하도록 하자.

그립(Grip) - 큐의 하대 부분에 끼우는 고무 재질의 소모품을 말하지만 자세에서 말하는 그립은 큐를 잡는 손의 모양 또는 방법.

▼ 수구 포인트 20

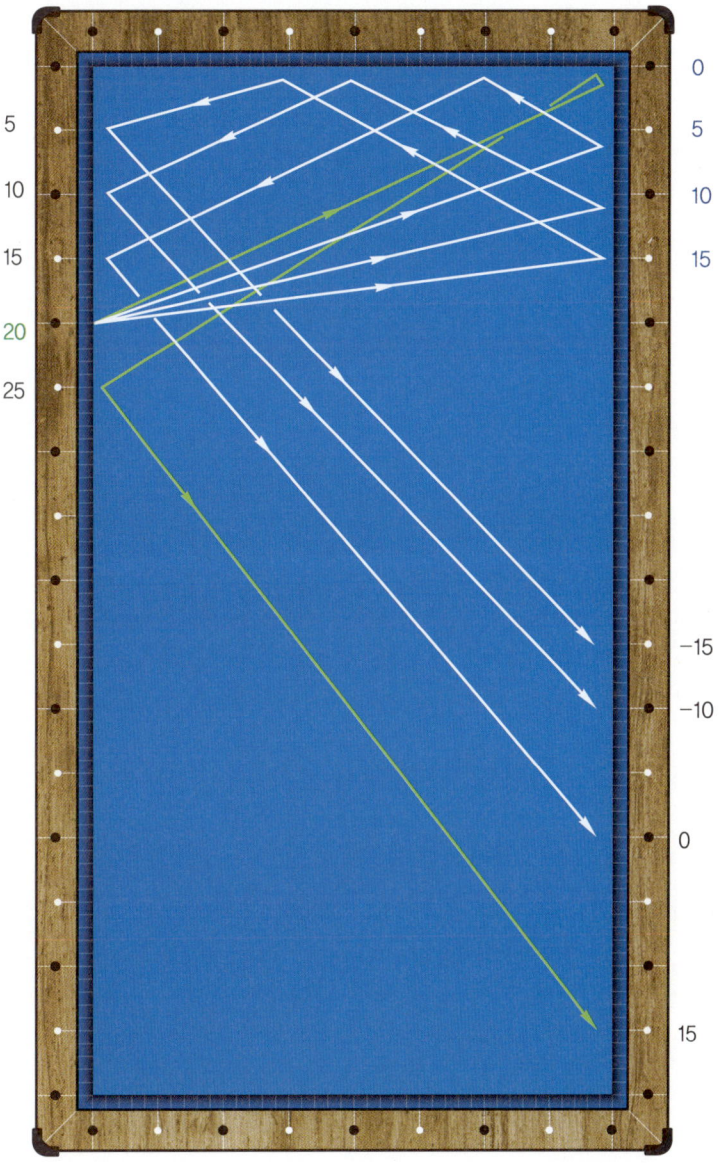

▼ 수구 포인트 30

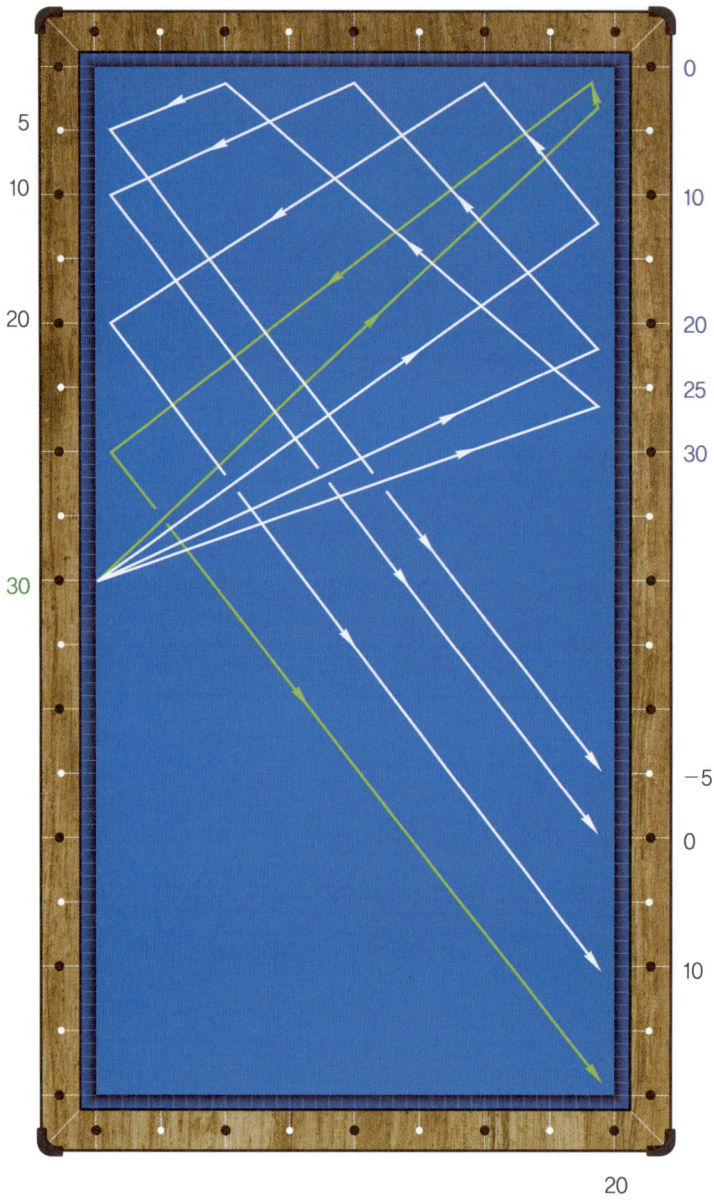

26

▼ 수구 포인트 40

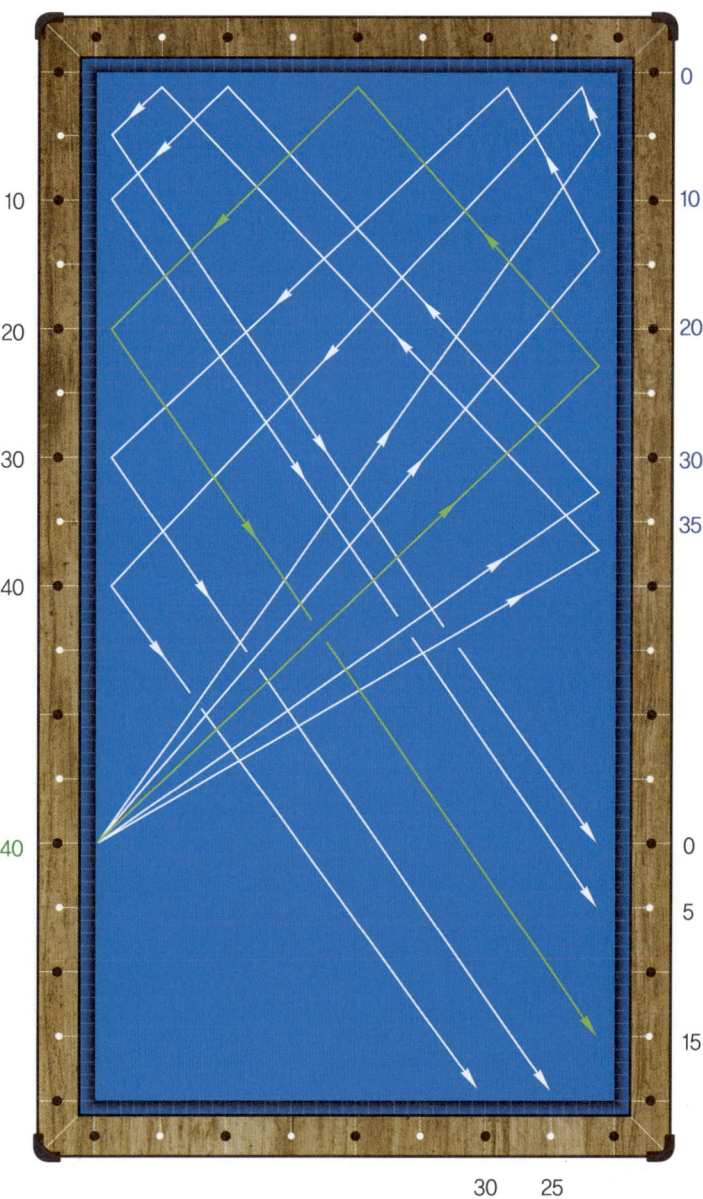

R-C Point System

▼ 수구 포인트 50

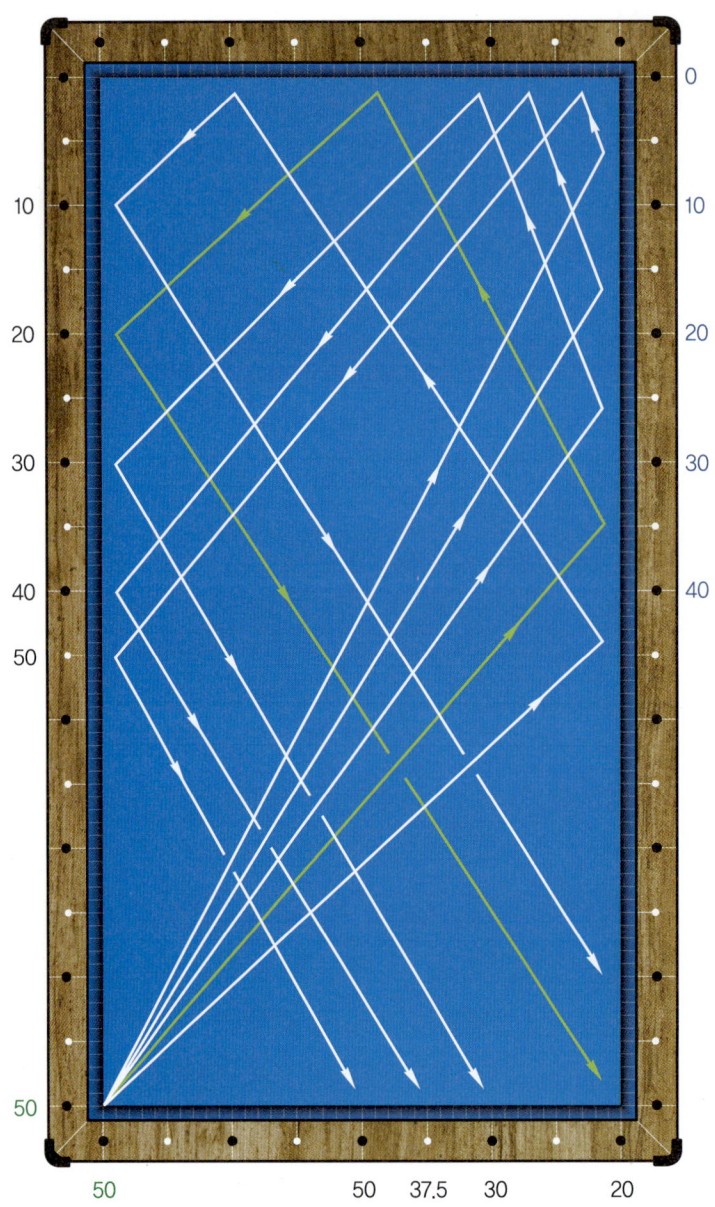

▼ 수구 포인트 60

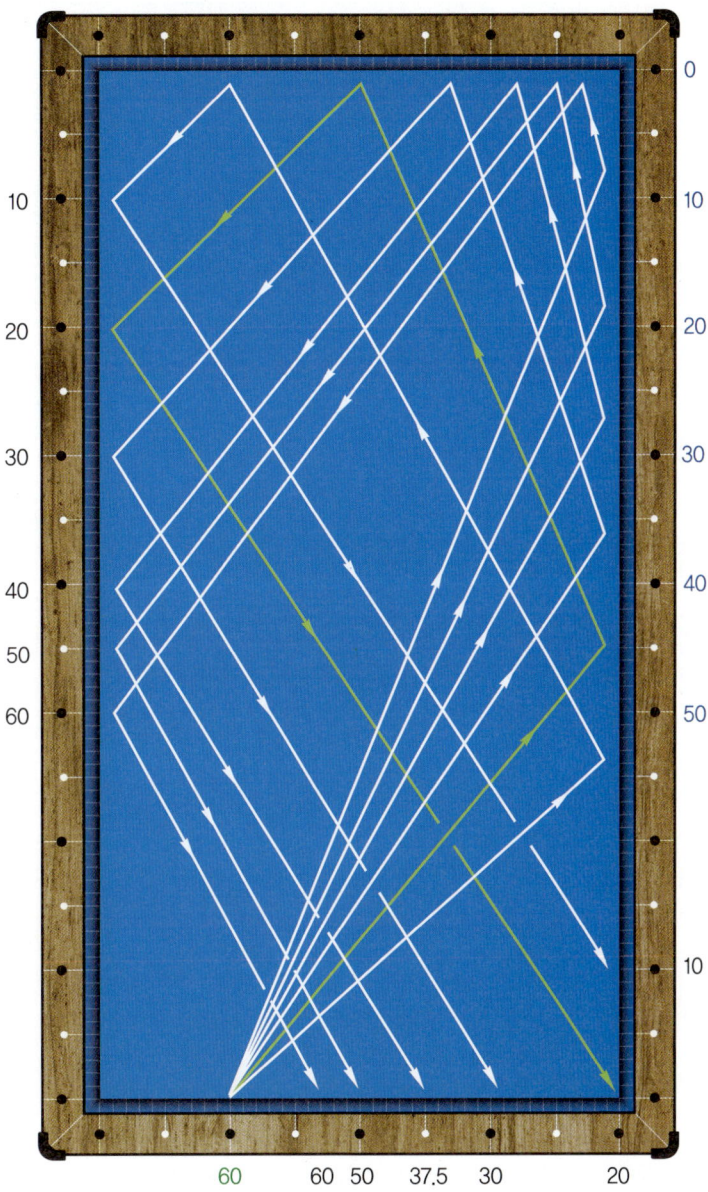

▼ 수구 포인트 70

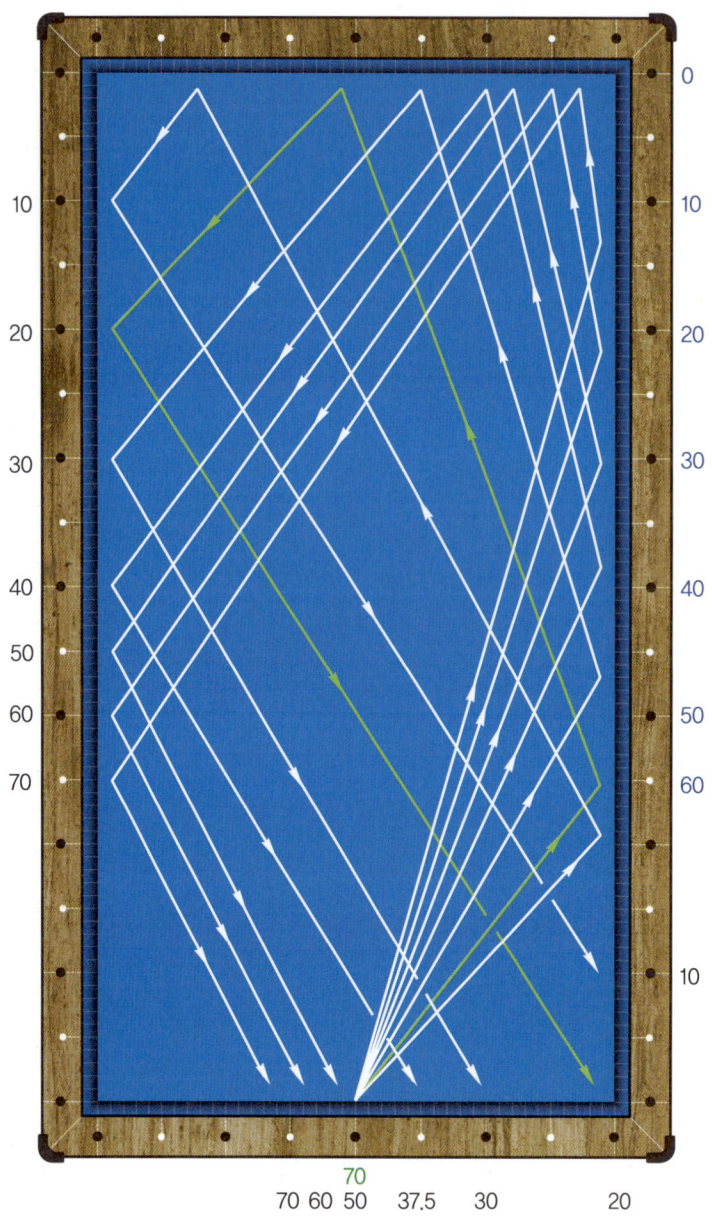

보정법

계산법을 배우다 보면 한계에 이르게 되고, 계산법이 적용이 안 된다고 하거나 계산법이 잘못 만들어졌다고 말들을 한다. R-C Point System이나 Five & Half System은 수구가 40~60 정도의 위치에 있을 경우는 비교적 정확하게 진행을 하지만 그 이외의 위치나 첫 번째 쿠션과 수구와의 거리가 가까울 경우에는 엉뚱한 결과를 보여줄 것이다.

▼ 그림 2

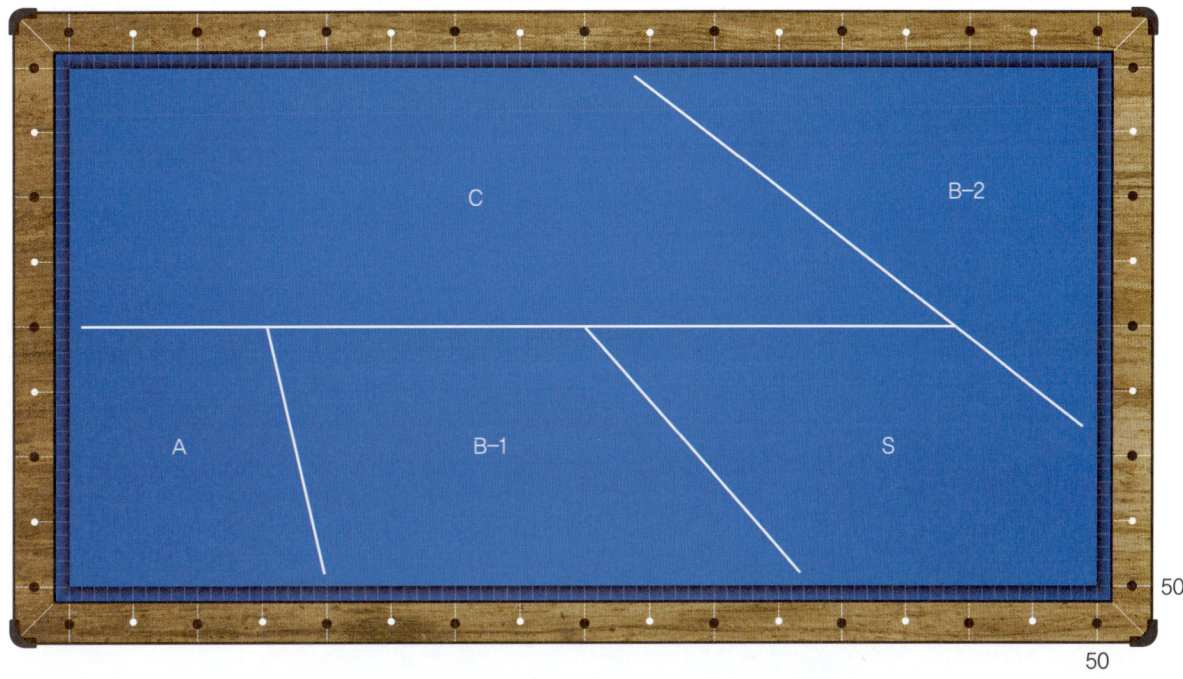

〈그림 2〉에서 볼 수 있듯이 당구대의 불과 1/4도 안 되는 부분(S구역)에서만 정확성을 나타내고 있다. 그러므로 여기까지만 이해를 한다면 계산법을 탓하거나 당구대를 탓하게 되고 아니면 자신의 스트로크가 잘못 되었다고 생각을 하게 된다. 이제 S구역 이외의 부분에서의 정확성을 높이는 보정법을 숙지하여야 하는데, 교정의 방법에는 크게 3가지 방법이 있다. 어찌 되었건 계산법은 자신의 연습으로 완성되어야 하는 미완성 작품인 것이다.

1. 비율 축소 또는 확대법(B-1구역, B-2구역)

비교적 정상적으로 진행되는 S구역에서 좌우로 약간 벗어난 구역에서 많이 사용하는 보정법으로 수구 포인트가 20~40, 60~90인 구역이다.

이 구역에서도 B-1구역은 부드러운 샷에 의한 느린 속도로 보정을 할 수 있고, B-2구역은 약간 빠른 속도로 보정할 수 있으나, 속도로 보정한다는 것은 계산보다는 많은 연습에 의한 감각적인 느낌으로 구사해야 하는 것을 의미한다.

B-1, B-2구역은 계산으로 진행되는 경로보다 약간 짧거나, 길게 진행하는 구역으로 가장 많이 사용하는 비율 축소 또는 확대법을 사용할 수 있다.

비율 축소 또는 확대법은 당구대의 한쪽 레일 전체를 한 포인트로 가정해서 수구 포인트 50에서 수구 포인트까지의 감소한 비율 또는 증가한 비율을 더하거나 빼주는 방법이다. 이해를 돕기 위해 아래 그림을 참고로 설명하기로 한다.

▼ 그림 3

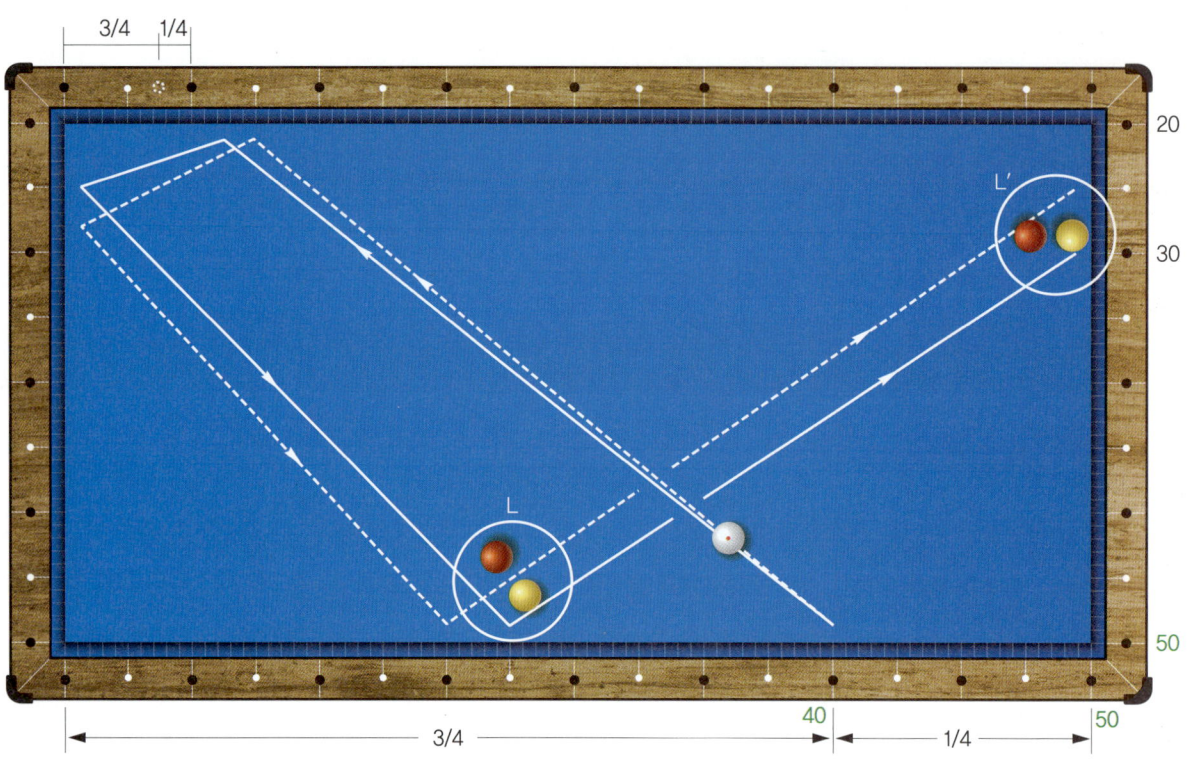

수구가 40 위치에서 출발하여 도착 포인트 30의 위치에 올 수 있다. 이때 출발 포인트를 10으로 계산하

여 구사하면 세 번째 쿠션의 30의 위치에 도착할 수는 있으나 네 번째 쿠션의 30의 위치에 도착하기는 힘들다(수구 포인트 50에서보다 첫 번째 쿠션으로 진행하는 입사각이 커졌기 때문). 그러므로 목적구가 세 번째 쿠션에 가까이 있으면(L) 출발 포인트를 10으로 하여도 되지만 목적구가 네 번째 쿠션의 위치에 있으면(L') 수구 포인트가 장축전체 길이에서 1/4만큼 감소한 위치에서 출발하므로 10포인트의 1/4, 즉 2.5포인트만큼을 더 길게 설정하여 10포인트가 아니라 7.5포인트를 겨냥하여 구사하여야 한다.

▼ 그림 4

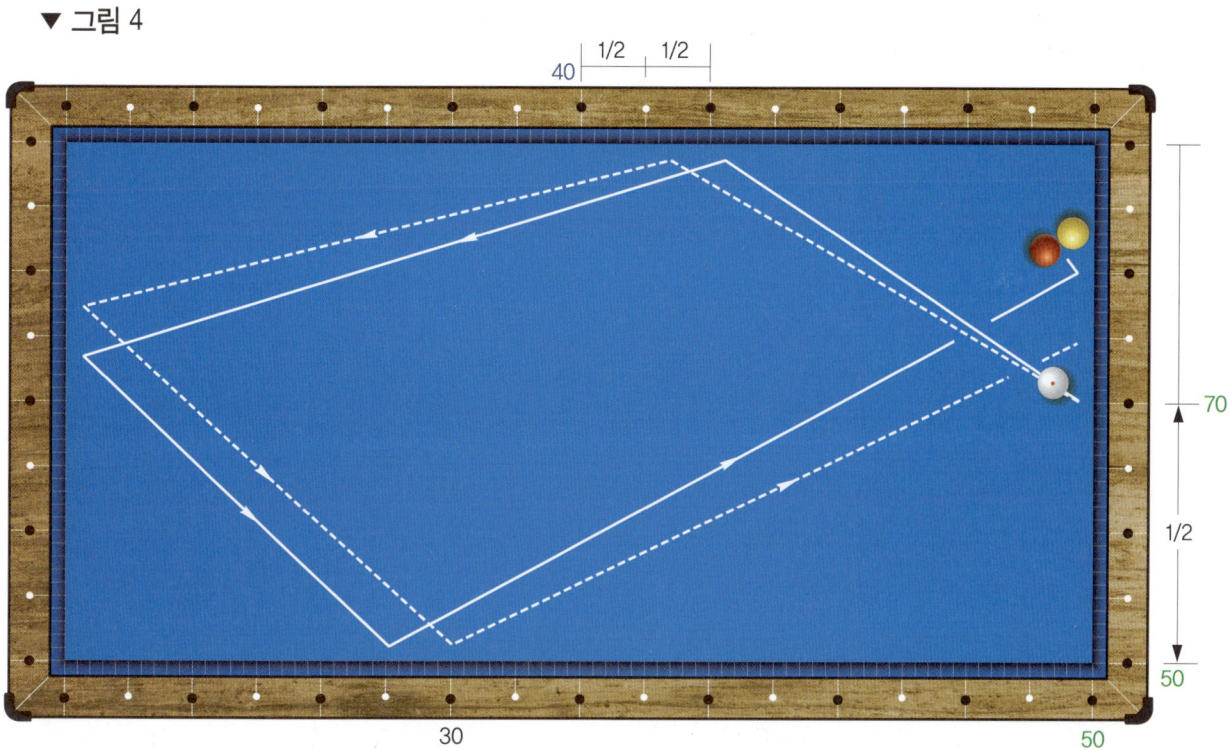

도착 포인트가 30이므로 70 − 40 = 30을 계산해낼 수 있다. 따라서 수구 포인트는 70, 출발 포인트는 40임을 알 수 있으나 실제로 구사했을 때 수구는 세 번째 쿠션에는 30 위치에 도착하지만 네 번째 쿠션에는 30이 아닌 35 또는 37.5의 위치에 도착함을 알 수 있다. 이러한 현상은 정상구역인 수구 포인트 50에서 길어지는 방향, 즉 단축방향으로 수구가 20포인트나 증가한 위치에서 출발하기 때문이다(첫 번째 쿠션에 입사하는 각이 수구 포인트 50에서 입사하는 각보다 더 작아졌기 때문). 증가한 비율만큼 보정을 해 보도록 하자.

수구가 단축의 전체길이 중에서 1/2, 50%나 증가하였으므로 10포인트의 1/2인 5포인트를 당겨서 45포인트를 겨누어 구사하여 보자.

이제야 비로소 네 번째 쿠션의 목적구를 맞출 수 있을 것이다. 이렇게, 수구가 정상구역인 S구역에서 벗어나서 B-1, B-2구역에 위치했을 때에는 수구 포인트가 증가하거나 감소한 양을 첫 번째 쿠션에서 비율만큼 줄이거나 더하여 보정하는 방법을 비율 축소 또는 확대법이라 할 수 있겠다.

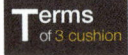 내추럴 잉글리시(Natural English) – 수구가 자연스럽게 구르도록 하고 중심을 칠 때보다 스피드가 빨라지도록 치는 자연스러운 회전.

2. 당점 조절법(A구역)

당점을 조정하여 계산법에 맞게 진행시키는 방법을 당점 조절법이라고 한다. 수구가 A구역에 위치해 있을 때 가장 많이 사용하는 방법으로 포인트를 바꾸거나 수구의 충격(Impact)을 줄여도 첫 번째 쿠션에서 두 번째 쿠션으로 진행할 때의 변화 정도(corner-walk)를 예상하기 어려울 때 사용한다.

이 A구역에서는 흔히 R-C Point System에서 사용하는 중단 2.5Tip의 당점이 아니라 중단 1~1.5Tip이나 중 상단 1~1.5Tip을 사용하여 계산에 맞게 이동시키는 것이 보편적이다.

▼ 그림 5

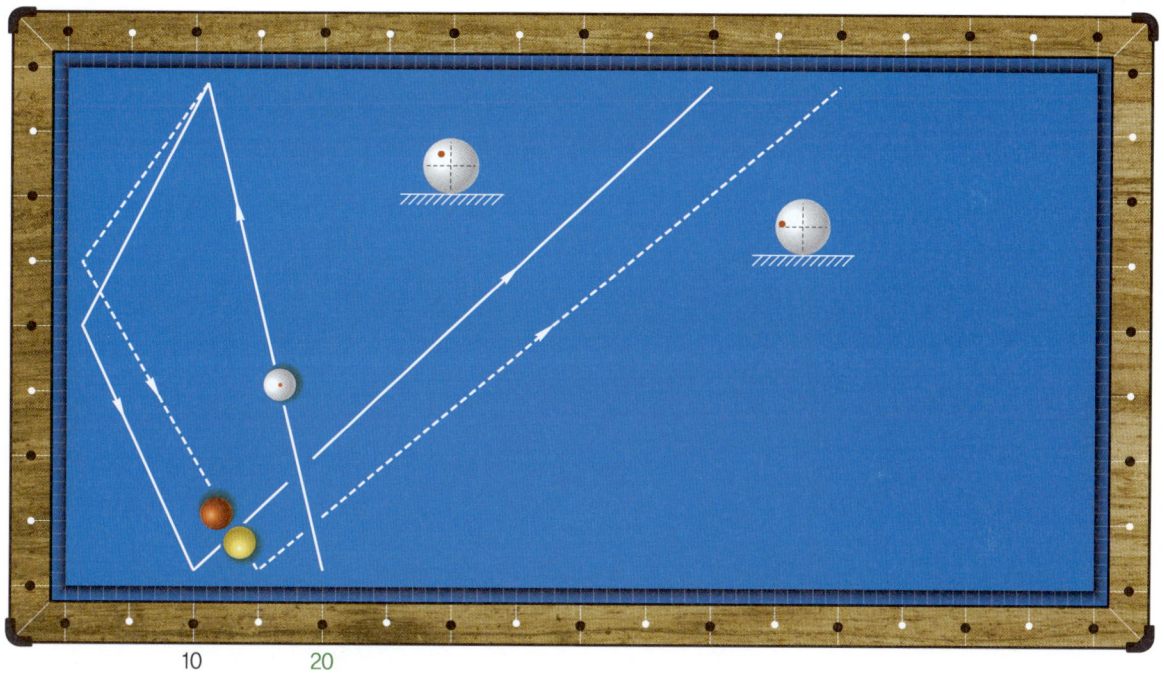

이와는 다르게 중단 2.5Tip의 당점을 사용하여 코너 웍을 극대화 시켜서 구사할 때도 있는데 이것은 Short Angle System에서 따로 소개하기로 하겠다.

내추럴(Natural) - 성공적인 득점하는데 자연스러운 각도와 스트로크가 필요할 경우의 샷. 쉽게 볼 수 있으며 행할 수 있는 샷.

3. 속도 조절법(C구역)

계산법을 배우다 보면 제일 혼동이 되는 것이 속도에 관한 것일 것이다. 계산을 정확하게 하였고, 샷이나 당점에도 문제가 없다고 생각하는데도 실제로 수구의 진행은 예상보다 짧게 진행되는 구역이다.

이유는 간단하다. 같은 수구 포인트는 50에서 출발 포인트 30으로 진행하는 경로라고 하여도 S구역에서 50에서 30으로 향하여 진행시킬 때와 C구역에서 50에서 30으로 향하여 진행시킬 때의 경로는 확연하게 다르게 진행한다. 차이점은 무엇일까? 첫 번째 쿠션과 수구와의 거리이다. C구역에서는 수구와 첫 번째 쿠션과의 거리가 너무 가까우므로 회전력이 작용할 시간이 너무 짧기 때문이다. 해결 방법 또한 간단하다.

첫 번째 쿠션에서 회전력이 생기도록 부드럽고 느리게 구사하면 계산법에 비슷하게 진행할 것이다. 얼마나 느리고 부드럽게 샷을 하여야 하는지 각자 많은 연습이 있어야 할 것이다.

보정법은 이외에도 몇 가지 방법이 더 있지만 제일 많이 사용하는 세 가지 방법을 소개하였다. 단순하게 계산만 잘하면 3쿠션을 잘 칠 수 있게 된다고 생각하는 것은 계산법으로 인해 실력을 퇴보시키는 위험한 결과가 따르므로 실전에서 한 번에 성공시킬 수 있을 정도로 많은 연습을 통하여 숙지하여야만 할 것이다.

 너스(Nurses) - 공을 쿠션이나 공 사이가 서로 밀접하게 붙도록 하여 쉽게 연속으로 득점할 수 있도록 하는 기술.

STEP 02 | Plus System (SLS System)
단-장-단 또는 장으로 진행하는 경로(Short-Long-Short)의 계산법

이번에 소개하고자 하는 플러스 계산법은 계산은 간단할 수 있지만 속도와 당점의 변화에 너무도 민감하게 차이를 보이므로 계산에 맞는 속도와 당점을 찾는 연습이 필요할 것이다. 별다른 계산이 필요 없이 수구 포인트와 출발 포인트를 더하면 도착 포인트라는 것만 외워두고 이 경로에 맞출 수 있는 당점과 속도를 익히도록 하자.

실전에서는 너무도 자주 쓰이는 계산법이므로 그냥 넘어가기에는 어렵고 귀찮지만 연습해두어야 할 것이다.

Terms of 3 cushion

닙 드로(Nip Draw) – 정상적인 드로 샷이 파울을 범할 우려가 있을 경우에 구사하는 짧고 예리한 스트로크.

▼ 수구 포인트 20 그림

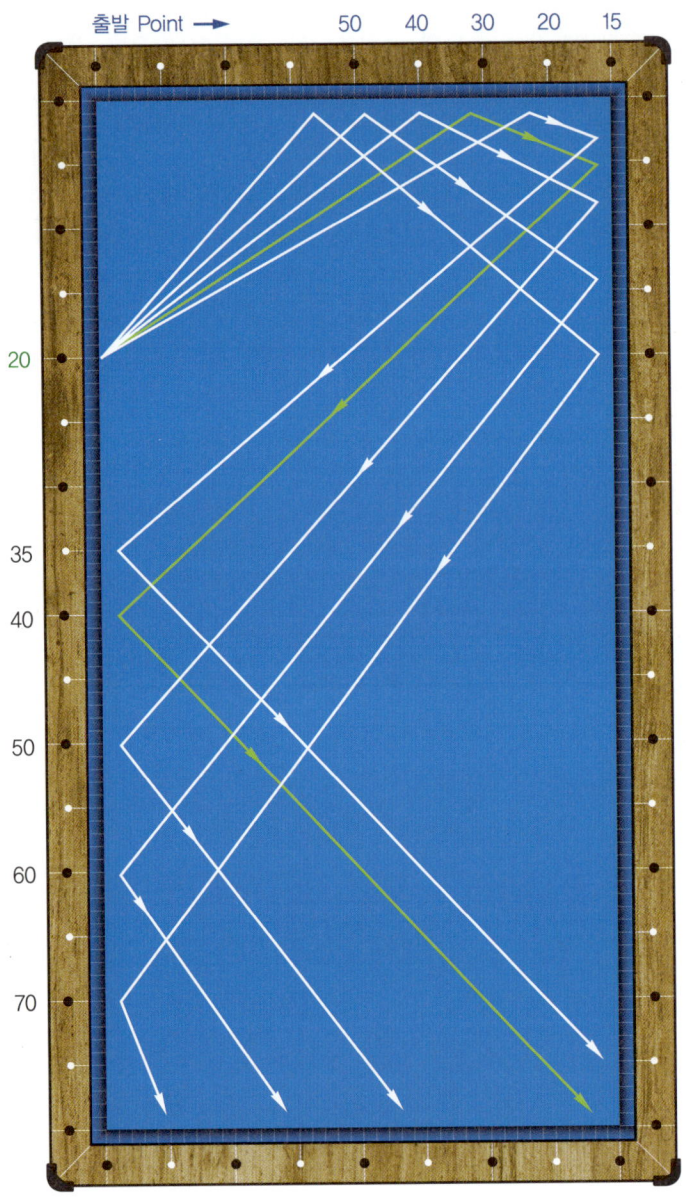

▼ 수구 포인트 30 그림

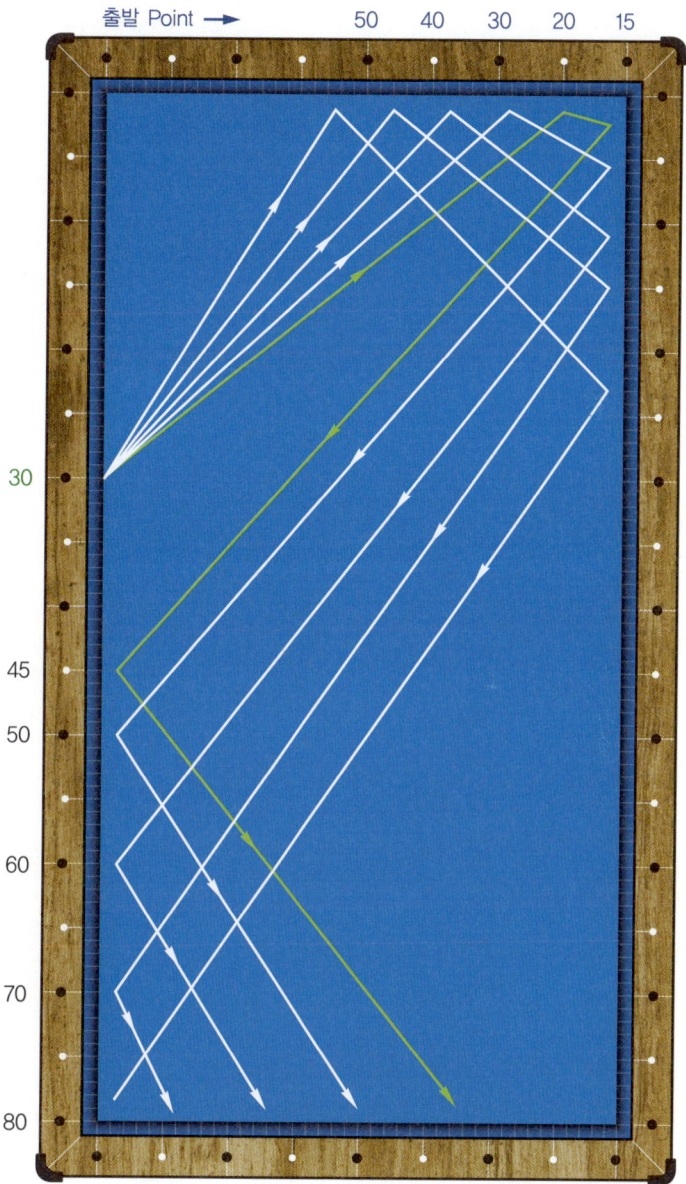

▼ 수구 포인트 40 그림

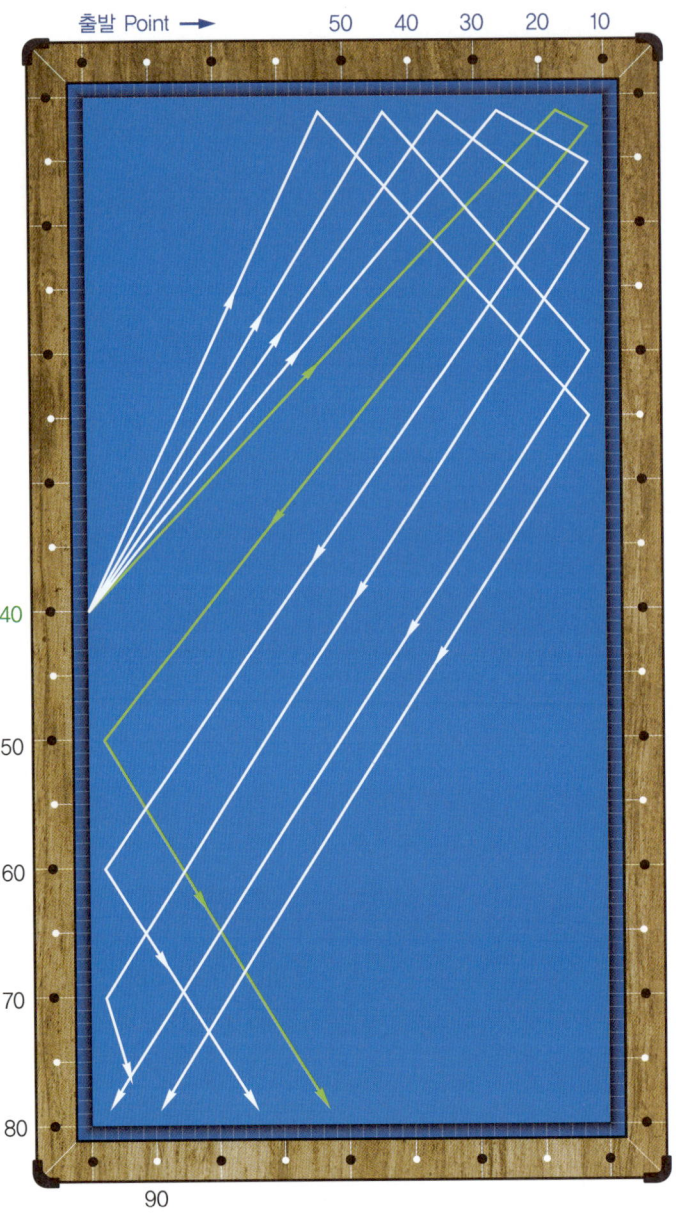

▼ 수구 포인트 50 그림

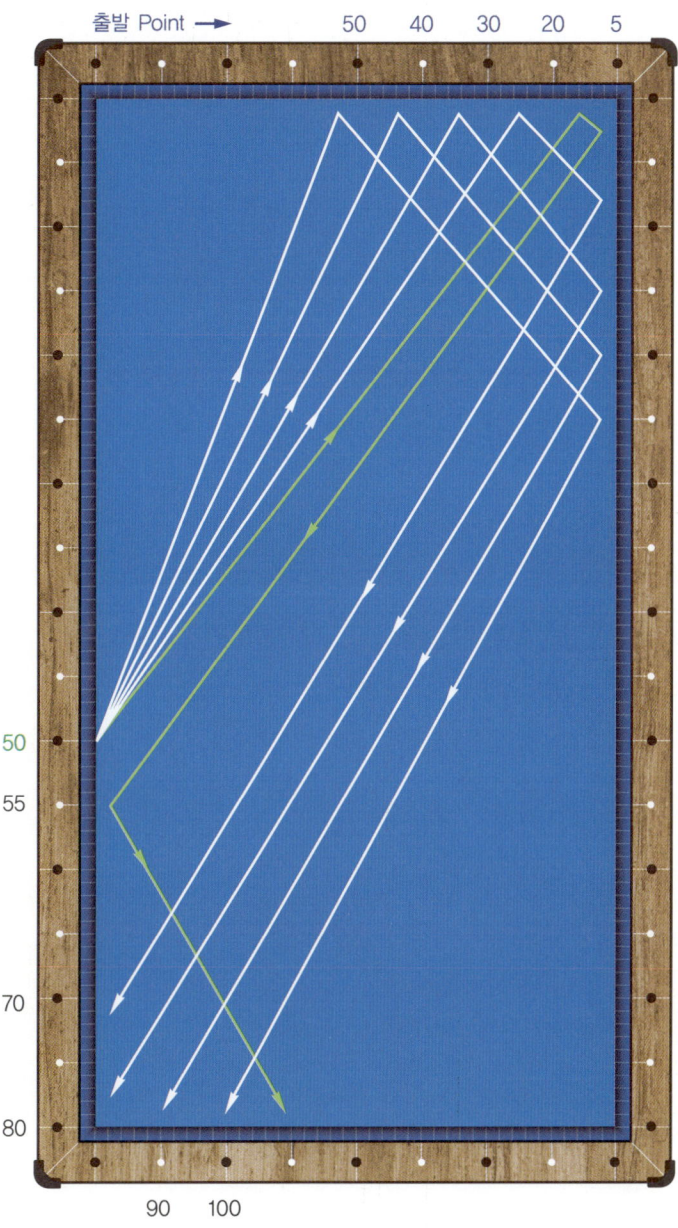

▼ 수구 포인트 60 그림

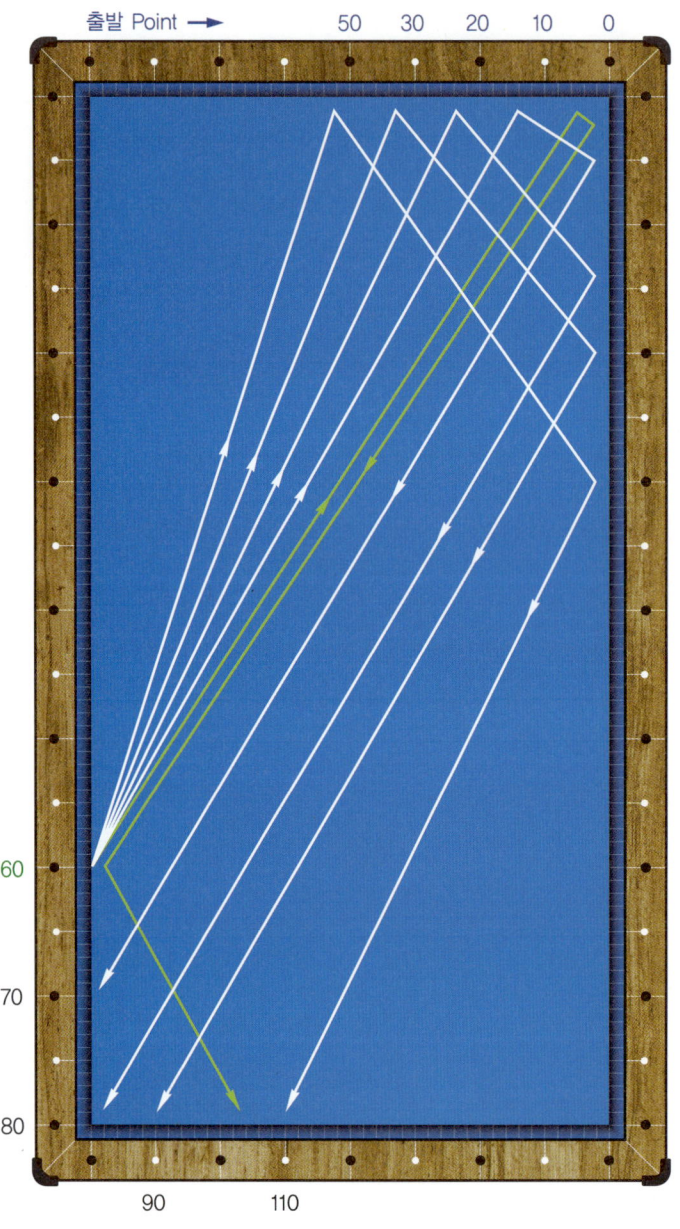

▼ 수구 포인트 70 그림

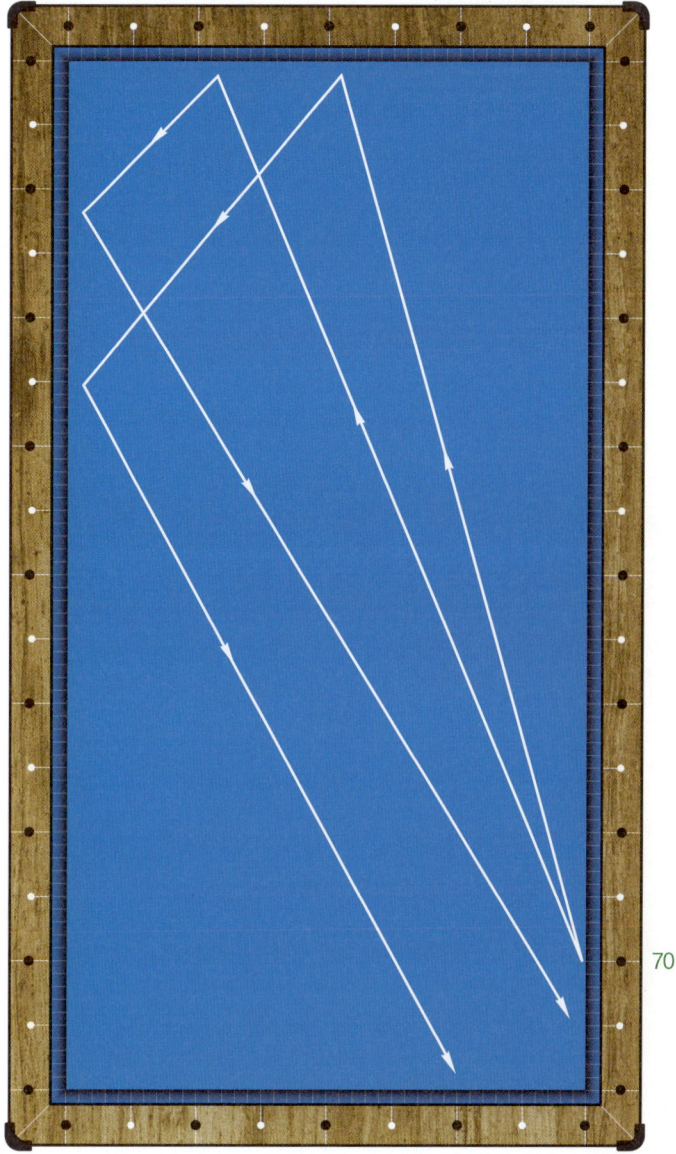

플러스 계산법은 수구가 60 위치에 있을 때까지만 적용된다. 수구 포인트 70 이상일 경우는 속도와 타법에 너무나 다양한 변화를 보이므로 몇 가지만 암기해서 사용하도록 한다.

▼ 수구 포인트 80 그림

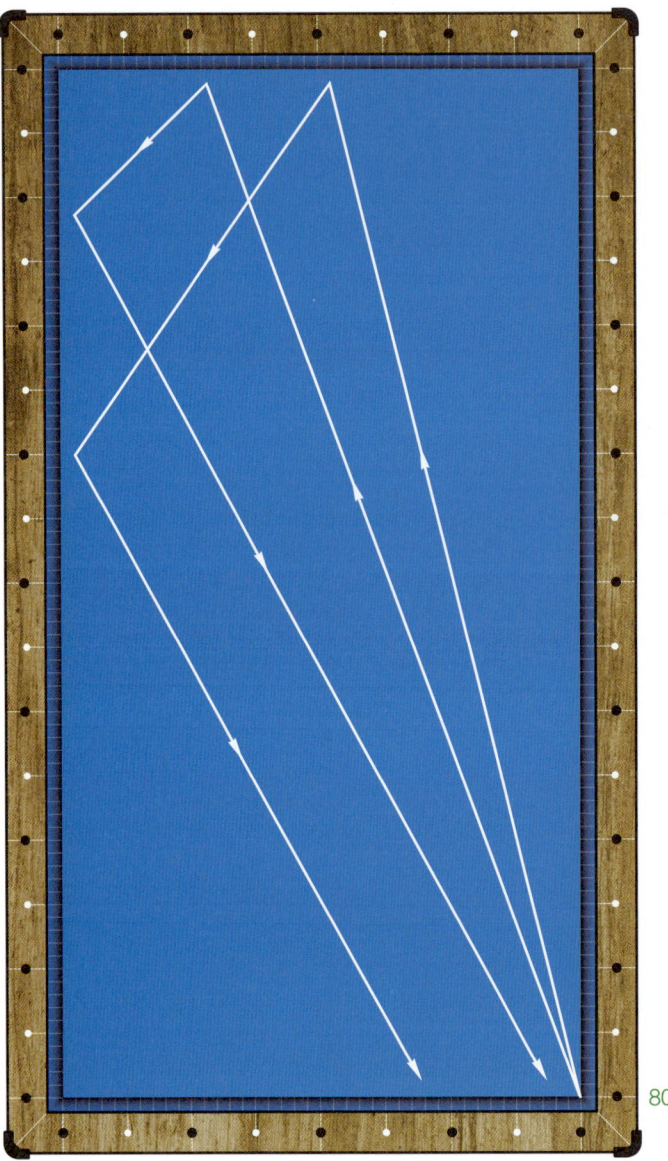

수구 포인트 70이나 수구 포인트 80에서의 진행은 별다른 차이점을 보이지 않는다. 수치는 10 차이가 나지만 입사각은 별 차이가 없으므로 약간의 차이만을 보일 뿐이다.

STEP 03 | Reverse System (LLS System)
역회전으로 장-장-단으로 진행하는 경로(Long-Long-Short)의 계산법

이번에 소개하고자 하는 장축-장축-단축으로 진행하는 리버스 잉글리시 샷(역회전 횡단 샷)은 실전에서 상당히 많이 사용하고 있으나 계산을 잘하였다 하더라도 정확하게 구사하기는 쉽지 않다. 회전력이 한번 묻혔다가 다시 되살아나야 하므로 당구대의 상태와 속도에 따라 매우 민감한 반응을 보이기 때문이다.

그럼에도 불구하고 리버스 시스템을 소개하려는 이유는 수구의 역회전이 다시 되살아날 수 있는 한계 입사각과 3쿠션의 경로를 다양한 시각으로 볼 수 있는 눈을 가질 수 있기 때문이다.

3쿠션을 득점하는 데 있어서 순방향으로 돌아가는 길만 있는 것은 아니다.

▼ 그림 1

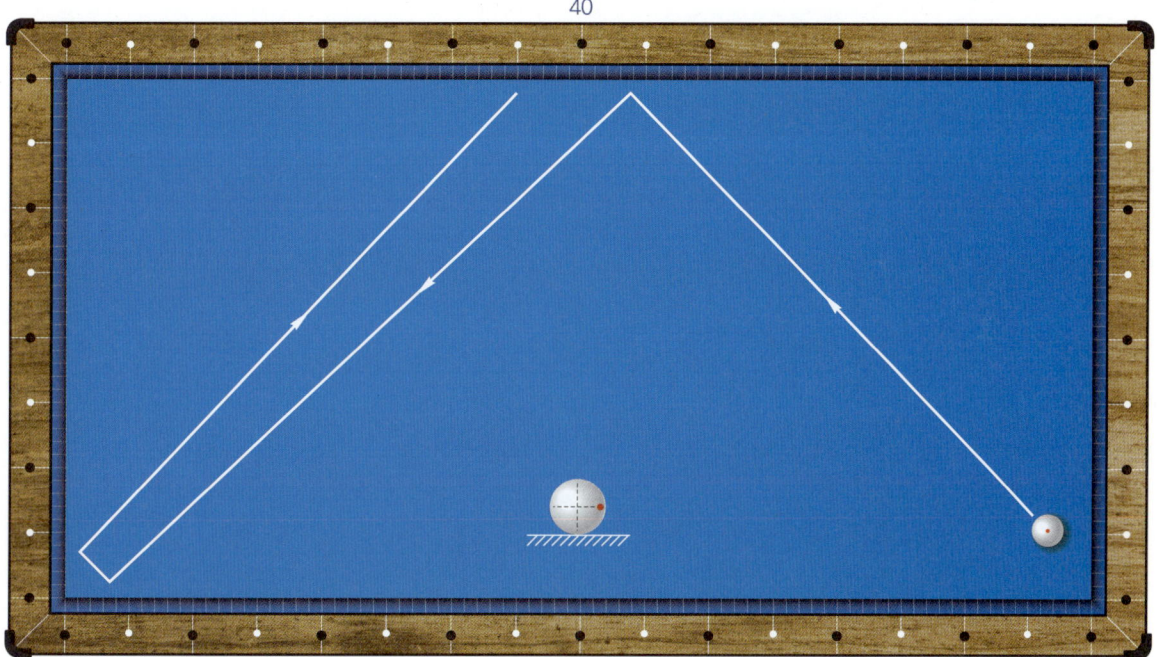

위 그림에서 소개한 역회전 진행도를 기본도로 삼고 수구를 이동시켜가며 이동 경로의 변화를 찾아보아야 할 것이다.

속도를 너무 빨리하면 규칙적인 변화를 찾아내기 어려울 것이다. 역회전을 최대한 살릴 수 있어야 한다. 수구를 이동해가며 진행경로를 찾아보면 다음 그림과 같다.

▼ 그림 2

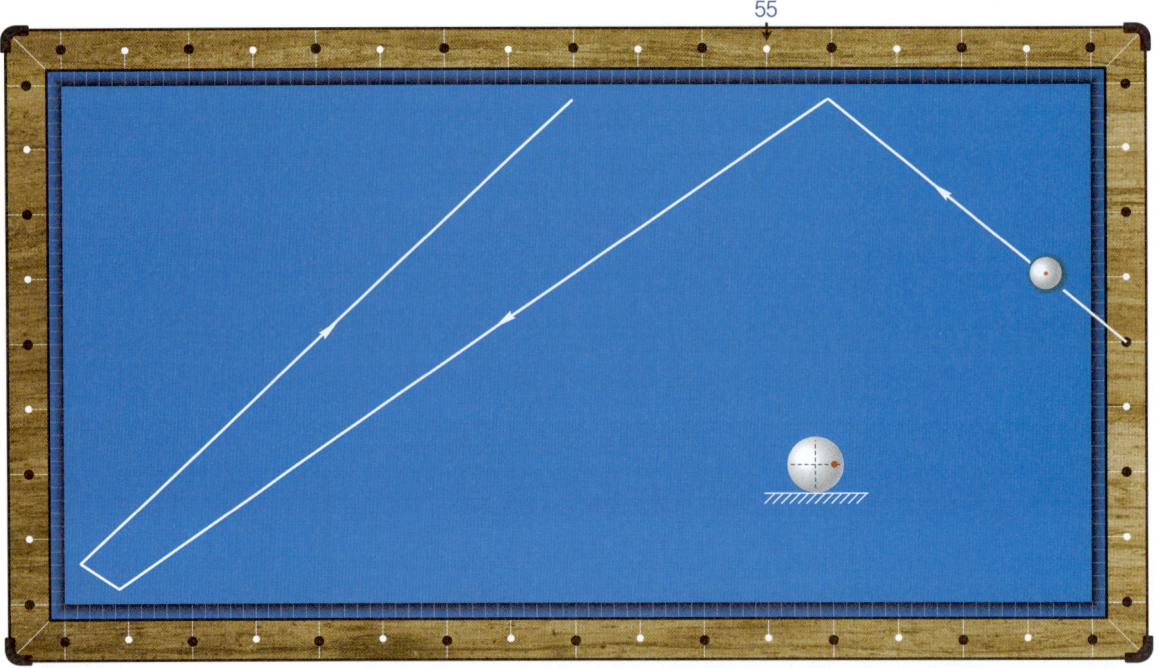

▼ 그림 3

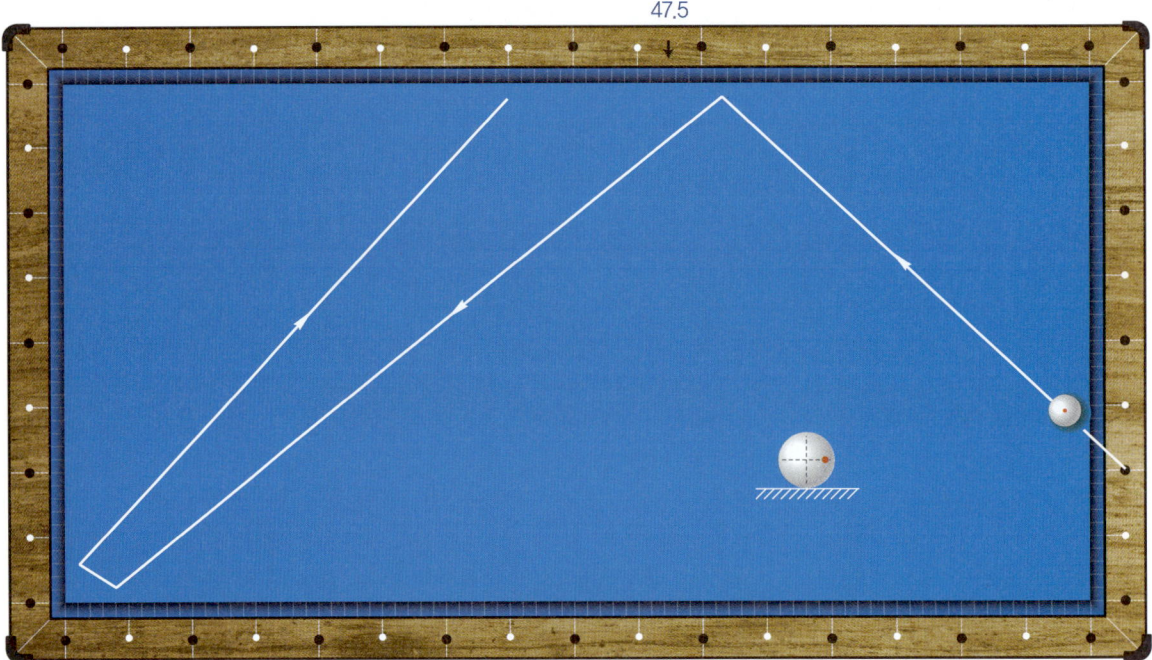

▼ 그림 4

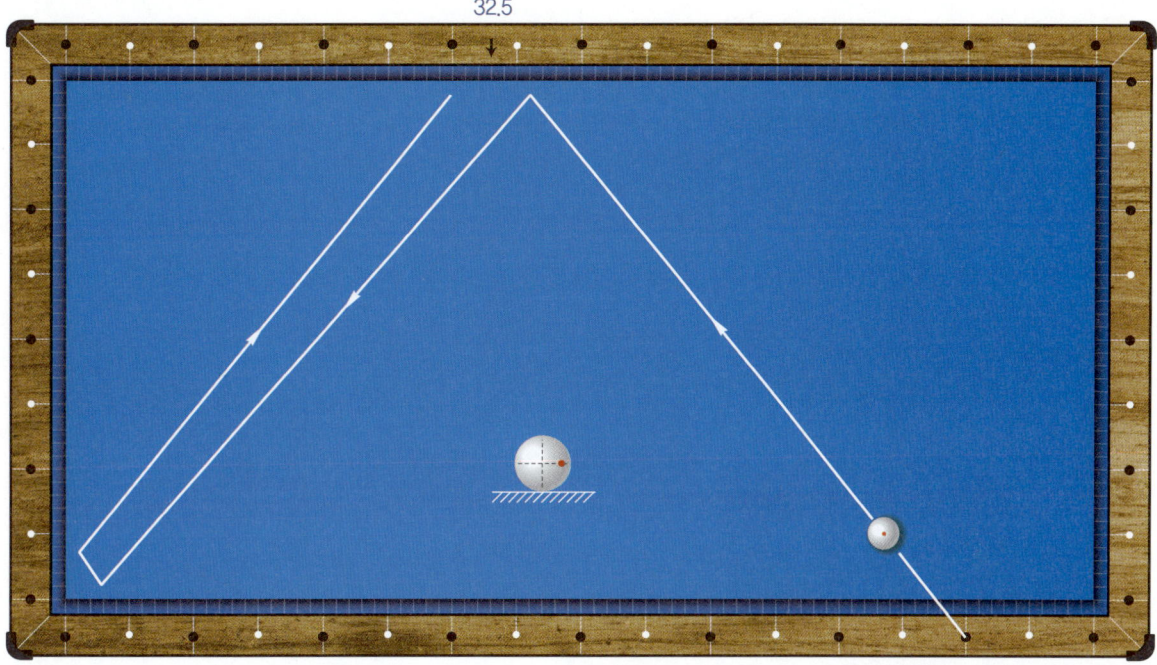

그림 1, 2, 3, 4에서 보는 바와 같이 코너로 수구를 진행시키기 위해서는 수구의 위치가 10포인트 차이가 날 때마다 코너로 보내기 위한 출발 포인트의 겨냥위치가 7.5포인트의 차이를 보이는 것을 알 수 있다. 앞의 그림 1~4를 반드시 외우고 실전에서 다양하게 구사해 보도록 하자.

 다이아몬드(Diamonds) - 참고용 또는 타겟(Target) 포인트로서 사용하는 당구대 테두리의 표식. 캐롬 경기에 사용되는 여러 수학적 계산법의 적용에 있어 필수적인 것.

핸디를 받고 이긴 경기는 이긴 것이 아니다. 자랑하지 말자.

서로 대등한 점수를 놓고 경기를 한 것이 아니라 고수에게 단 1점이라도
핸디를 받고 경기를 해서 이긴 것은 자랑할 일이 아니다.
만약 그런 행동을 보인다면 고수는 다시는 경기를 해 주려고 하지
않을 것이다.
얻어내고 싶은 것을 다 얻어낼 때까지는
승리의 포효를 감추자.

당구 십계명 02

Double Rail System (LSL, SLS System)

STEP 01 | 역회전으로 장-단-장 또는 단-장-단으로 진행하는 경로
(Long-Short-Long, Short-Long-Short)의 계산법

역회전을 이용해 장축 또는 단축으로 다시 되돌아오는 진행경로를 말한다. 실전에서는 빈쿠션(Bank shot)치기로도 많이 구사를 하지만 목적구를 맞추고 진행시키는 경우가 훨씬 많을 것이다.

▼ 그림 1

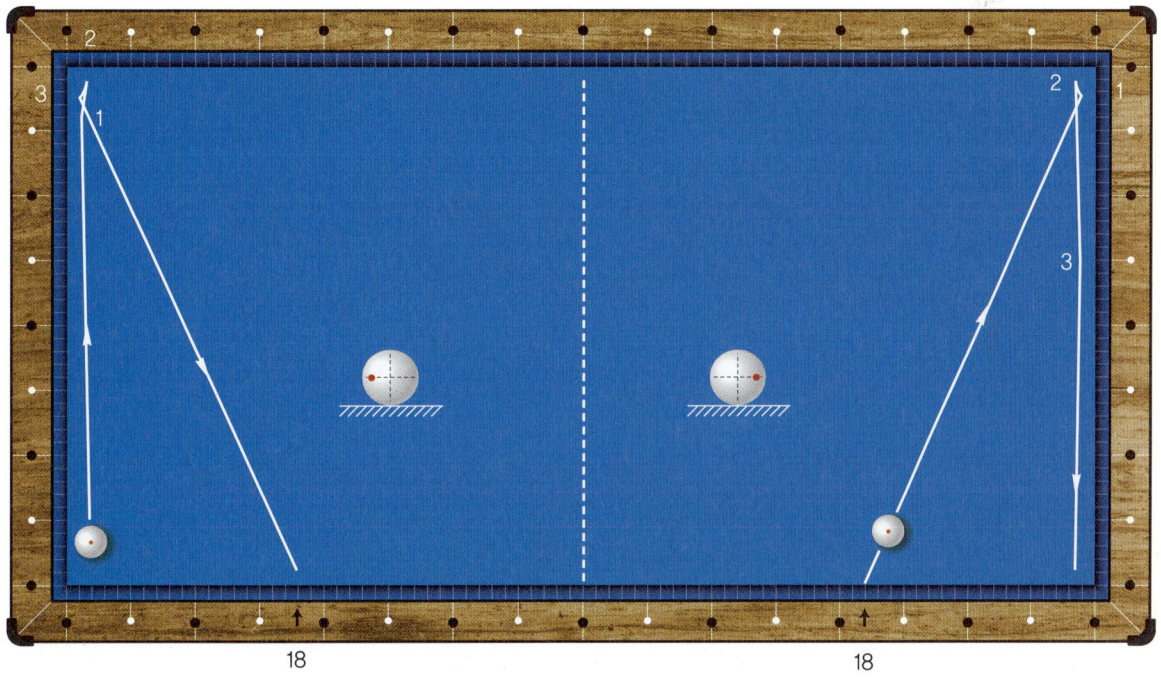

수구가 단축에 근접해 있을 때 00포인트를 향해 역회전으로 진행시킨다면 위 그림과 같이 18포인트를 향해 되돌아 나오게 된다(좌).

그렇다면 18포인트의 위치에서 00포인트를 향해 역회전으로 단축을 맞힌다면 3쿠션이 형성되면서 코너로 향하는 것은 당연할 것이다(우).

여기에서 아주 간단한 계산법을 알아낼 수 있을 것이다. 9시 방향의 회전력으로 구사했을 때 18포인트까지 진행했으므로 10시 30분 방향의 회전력이면 9포인트에 도착한다는 예상을 할 수 있겠다.

당점을 조금 더 세분하게 찾으면 4.5포인트와 13.5포인트도 도착시킬 수 있다는 것을 알 수 있을 것이다.

▼ 그림 2

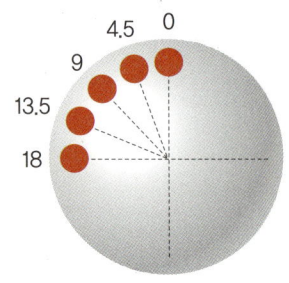

출발 포인트는 계산을 이용하여 찾아내는 방법도 있지만, 겨냥점을 00로 고정하고 당점 5개로만 처리하는 방법이 경험상 훨씬 편리하다고 느껴진다.

만약 장축으로 구사할 경우에는 어떻게 계산하면 적용시킬 수 있을지 생각해보자. 단축과 장축의 비율은 정확히 1:2라는 것을 생각하면 간단해진다.

단축에서는 18포인트까지 구사할 수 있지만 장축에서는 단축의 두 배이므로 36포인트까지 진행이 될 것이다.

세밀하게 당점을 찾는 연습을 하여야 실전에서 적용하는 데 불편함이 없을 것이다.

Terms of 3 cushion   단축 - 당구대의 짧은 쿠션 방향.

지금까지 3쿠션을 구사하기 위한 가장 기본적이고 가장 많이 사용하는 계산법을 소개하였고, 3쿠션을 즐기는 동호인들이라면 모두들 알고 있는 계산법 4가지를 어떤 것은 자세하게, 어떤 것은 간단하게 서술하였다. 물론 모르고 있었던 동호인들에게는 큰 도움이 되었으리라 생각한다.

이후에 소개할 계산법들은 필자가 다년간 당구를 치면서 알아낸, 어쩌면 별거 아닐 수도 있고, 대단히 중요할 수도 있는 실전용으로 구사하기 쉬운 간단한 계산법과 암기사항들을 소개하고자 한다.

당구는 많이 외우고 있는 사람이 잘 칠 수밖에 없다.

이후에 소개하는 도면의 진행경로는 무조건 외우기 바란다. 실전용으로 필자가 외우고 있는 것들이기 때문이다. 물론 모든 것을 소개할 수는 없다. 선수들이 알고 있으면서도 남들에게 소개하지 않는 몇 가지 것들을 보여 줄 뿐이다.

누구나 자신만의 노하우는 숨겨두고 있기 마련이다.

여기서 소개하는 것만 모두 암기하고 실전에서 써먹을 수 있다면 그 사람은 자신도 모르는 사이에 엄청난 실력이 향상되었음을 느낄 수 있을 것이다.

"반드시 외우고 반드시 연습하여야 한다. 남들이 치는 것을 한번 본적이 있는 것은 내 것이 아니다. 어쩌다가 한번쯤 성공한 것도 내 것이 되지 않았다는 것을 기억하자. 실전에서 구사할 수 있도록 연습하도록 하자. 실전에서 시도할 수 있는 기회는 단 한번이기 때문이다."

Terms of 3 cushion

당점 – 수구를 큐로 밀어 진행시킬 때 수구의 맞추는 부위.

실력 향상에 투자를
아끼지 마라.

돈, 시간, 노력(연구, 분석, 창조) 어느 것도 아끼지 말아야 한다.
자신이 투자를 하지 않으면서 실력이 늘기를 바란다면,
배고플 때 아무것도 하지 않으면서 누군가가 입에 먹을 것을 넣어주기를
바라는 것과 다르지 않다.

당구 십계명 **03**

03

Short Angle System

수구 포인트 25 안쪽에 수구가 위치할 때 사용하는 계산법으로 맥시멈 회전(Maximum-English)으로 구사할 때 진행하는 수구의 경로를 반드시 암기해야 한다. 이것은 빈쿠션치기(Bank Shot)에서만 유용한 계산법이 아니라 목적구를 맞춘 후에 진행시킬 때에도 굉장히 유용하게 사용할 수 있다.

▼ 그림 1

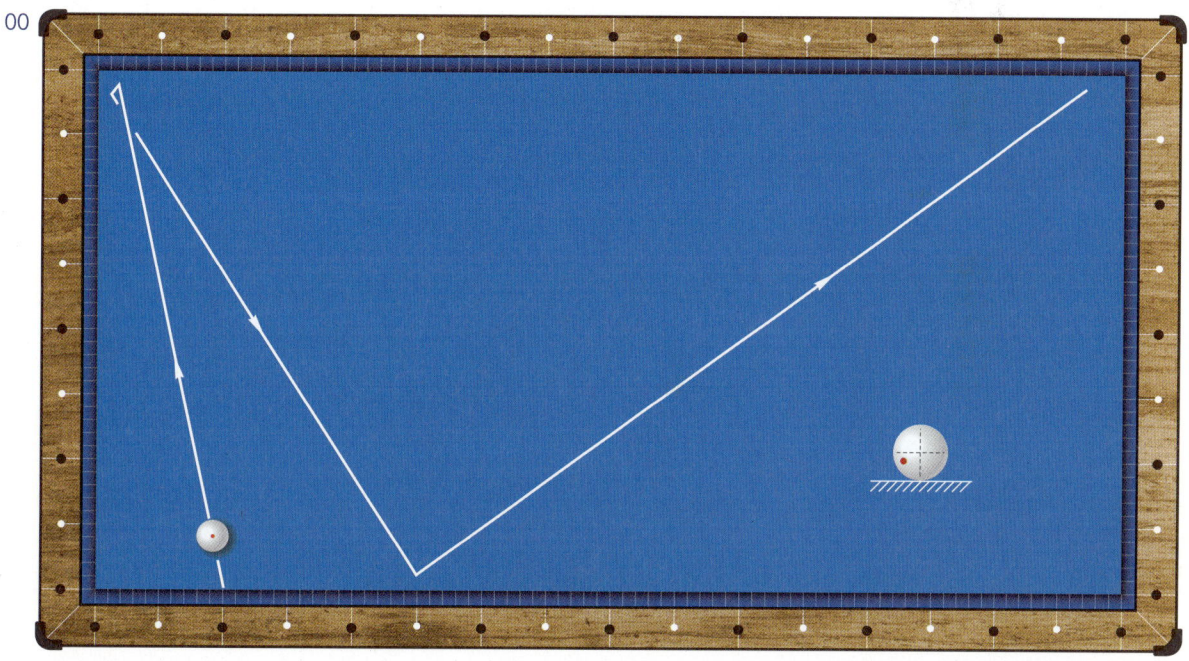

중단에서 하단으로 1Tip 정도 아래의 최대 회전으로 코너(00)를 겨냥하여 구사한다. 장축 첫 번째 포인트에서 출발시키면 3쿠션의 어디까지 도착하는지를 관찰해 보도록 하고, 연장하여 네 번째 쿠션은 어디로 향하는지를 반드시 외워두어야 할 것이다.

  위 그림의 수구위치에서 목적구 2개가 코너에 위치했을 때 많은 이들이 코너까지는 진행할 수 없다고 생각한다. 부드럽게 진행시켜보면 확인할 수 있을 것이다.

▼ 그림 2

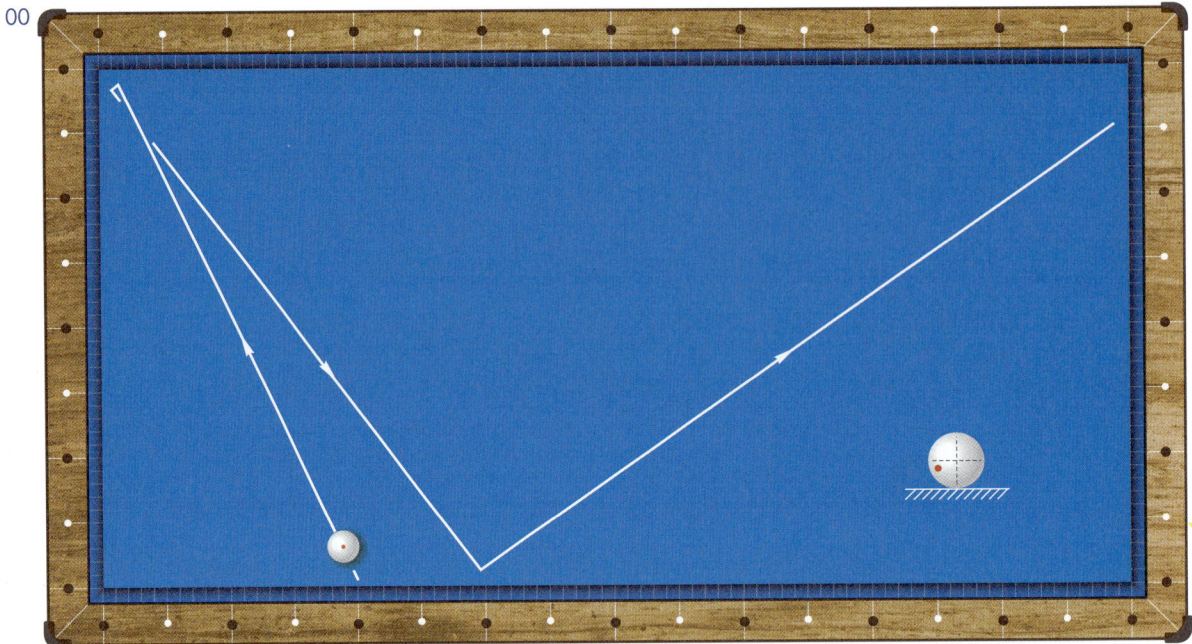

▼ 그림 3

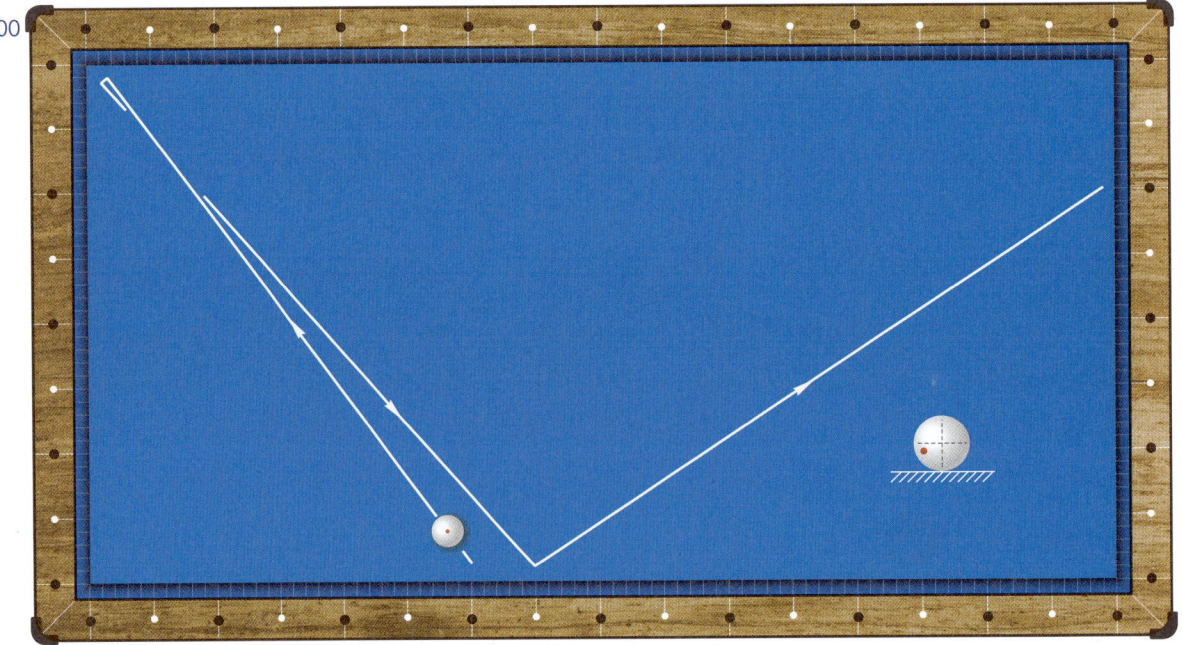

▼ 그림 4

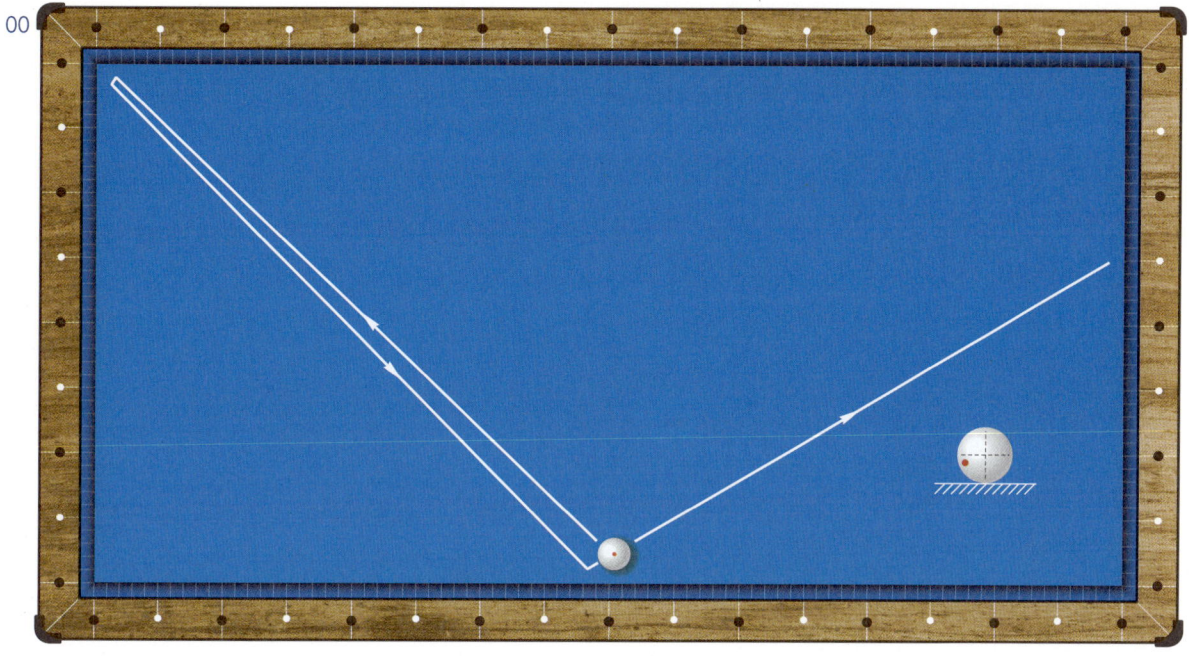

　〈그림 1~4〉에서 나타내는 진행경로를 보면 장축 첫 번째 포인트에서 출발시키면 2.5포인트로, 장축 두 번째 포인트에서 출발시키면 3포인트로, 장축 세 번째 포인트에서 출발시키면 3.5포인트로, 장축 네 번째 포인트에서 출발시키면 제자리인 네 번째 포인트에 도착함을 알 수 있다.
　이번에 소개하는 Short Angle System에서 겨냥점을 코너만 알고 있다면 약간의 부족함이 있다. 여러 번 반복해서 구사해 보면 항상 그 자리에 도착하는 답을 찾을 수 있을 것이다.
　조금 더 자세히 출발 포인트를 옮겨가면서 구사해보도록 하자.

Terms of 3 cushion　더블 라운드 로빈(Double Round Robin) – 한 팀의 한 경기자가 다른 팀의 경기자와 두 번 경기하는 것.

▼ 그림 5

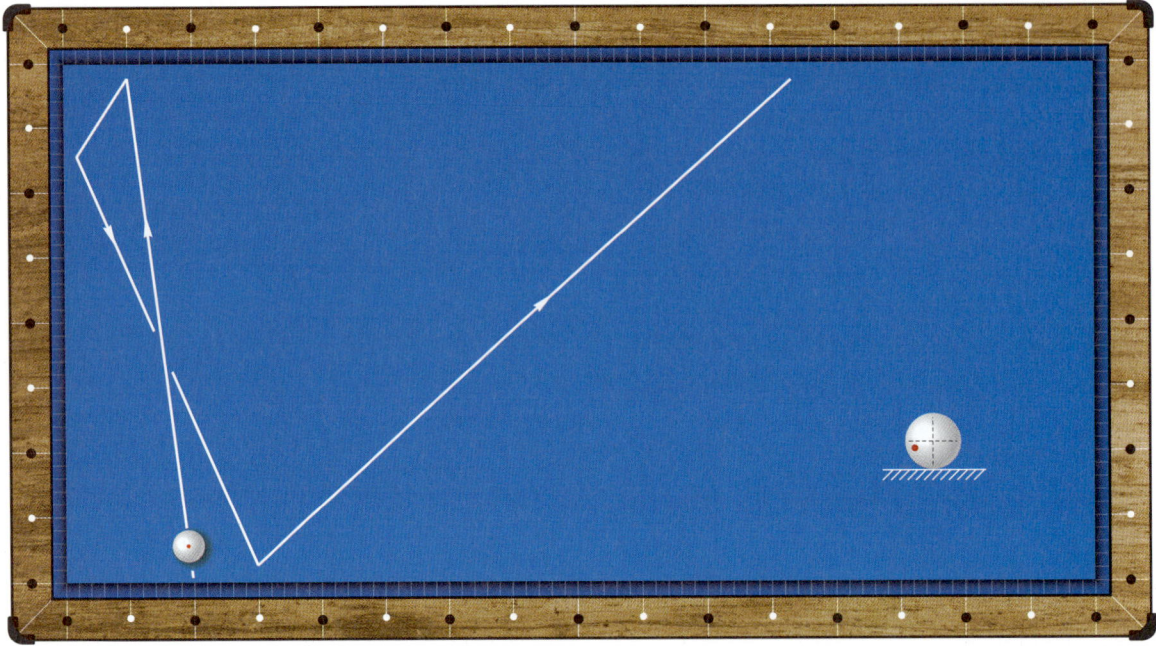

▼ 그림 6

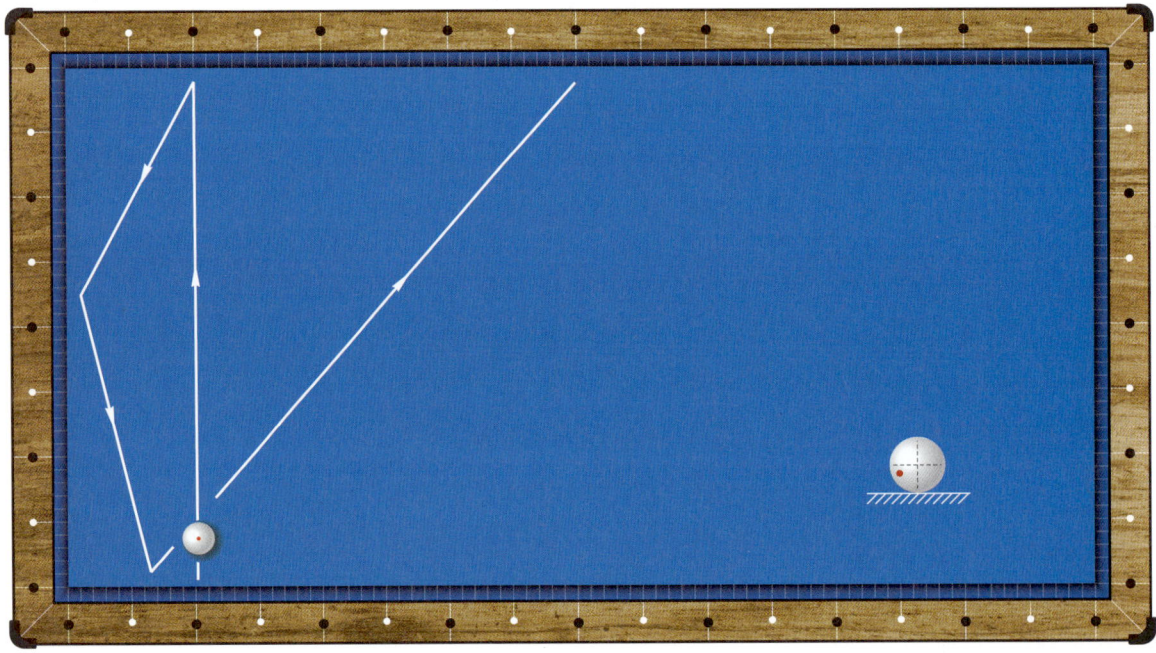

▼ 그림 7

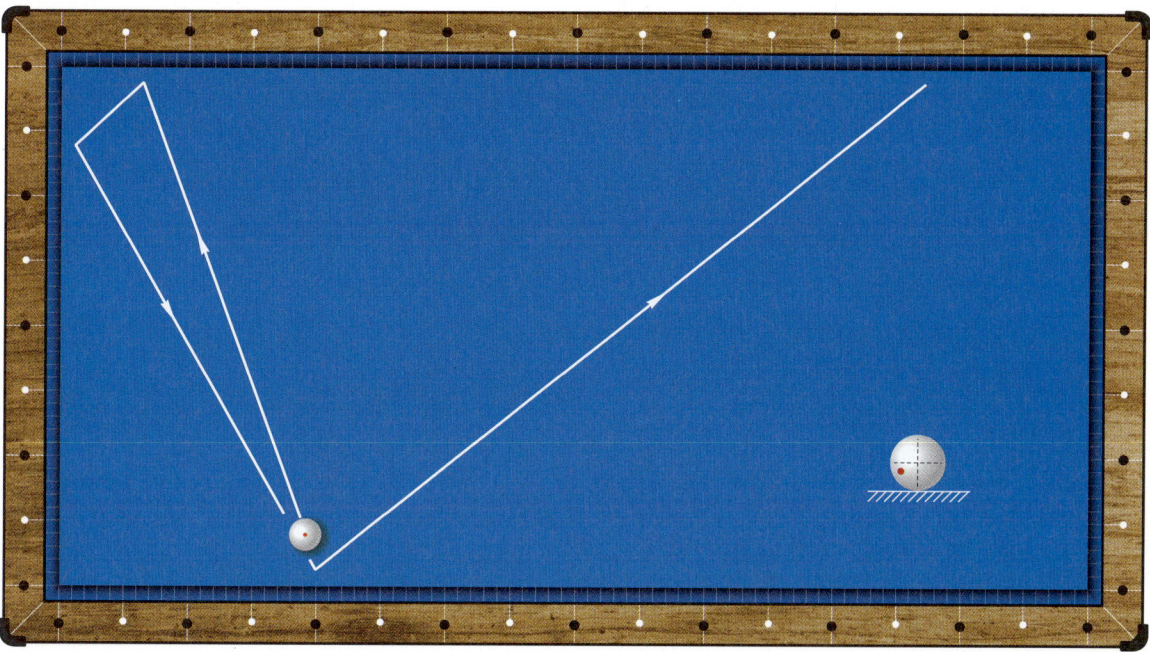

▼ 그림 8

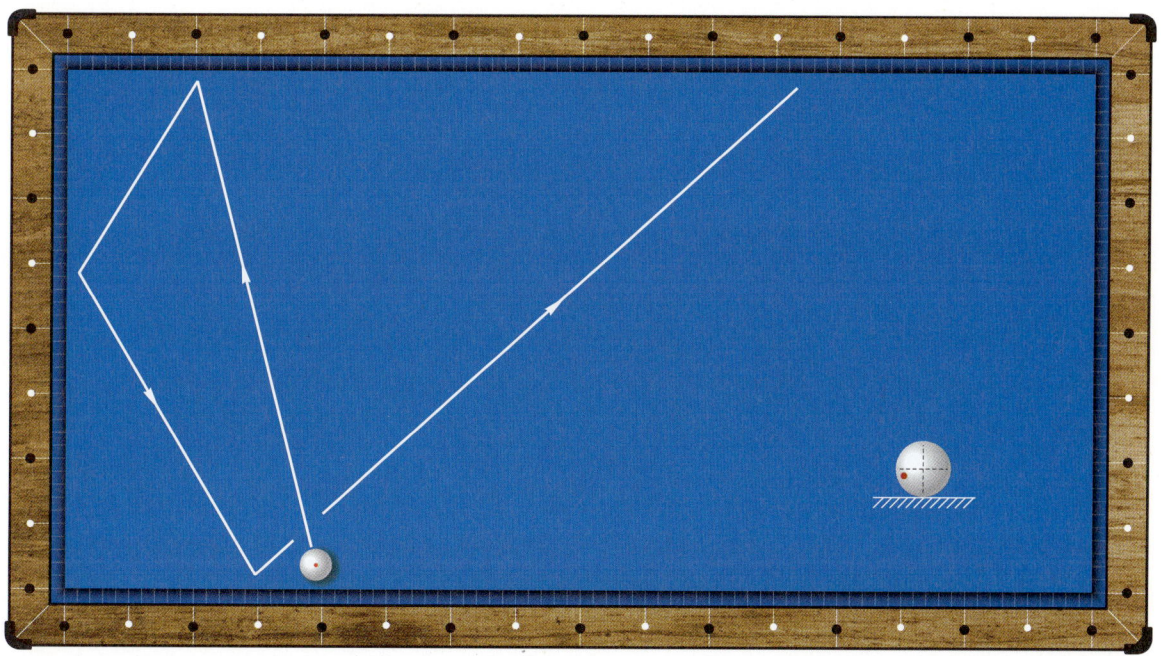

▼ 그림 9

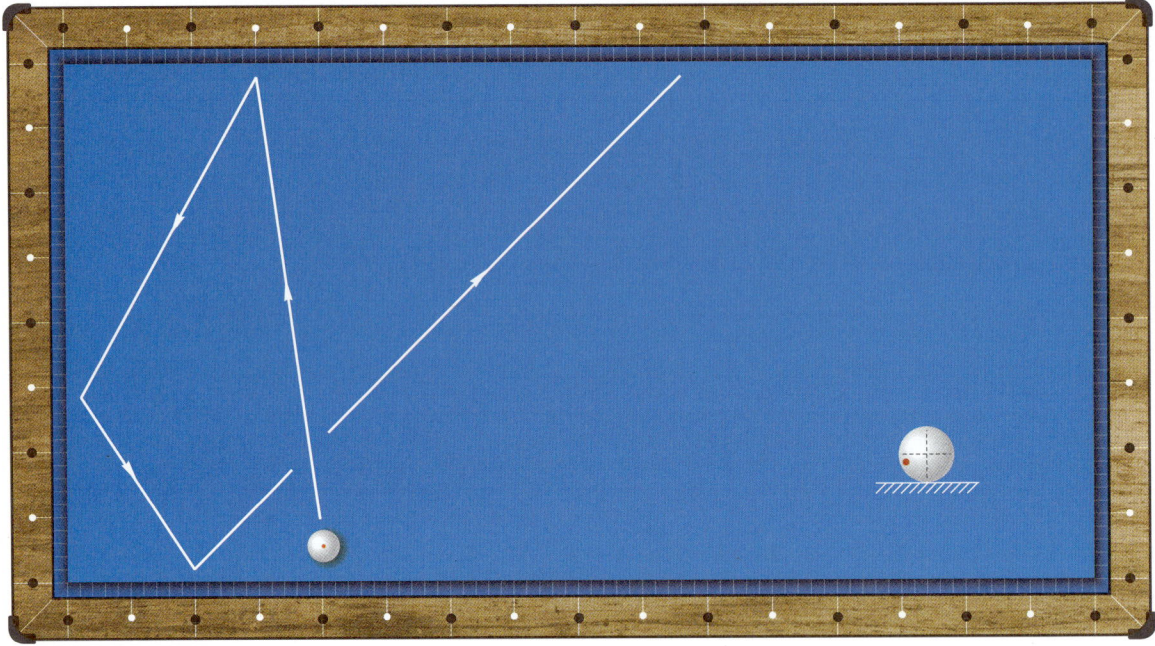

▼ 그림 10

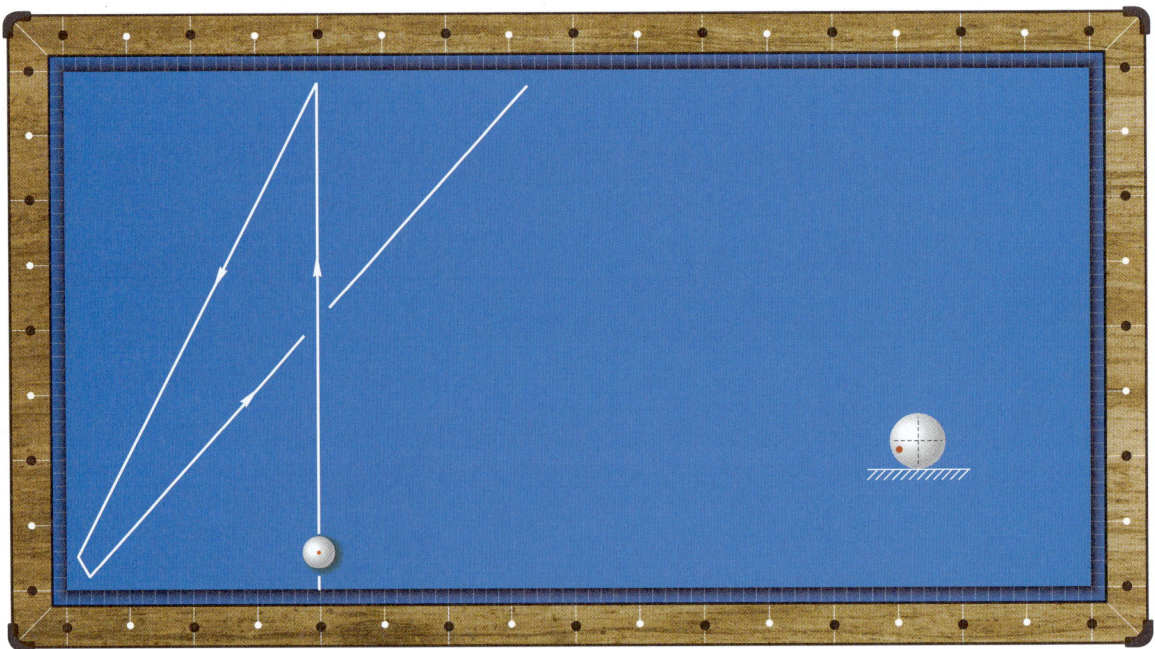

▼ 그림 11

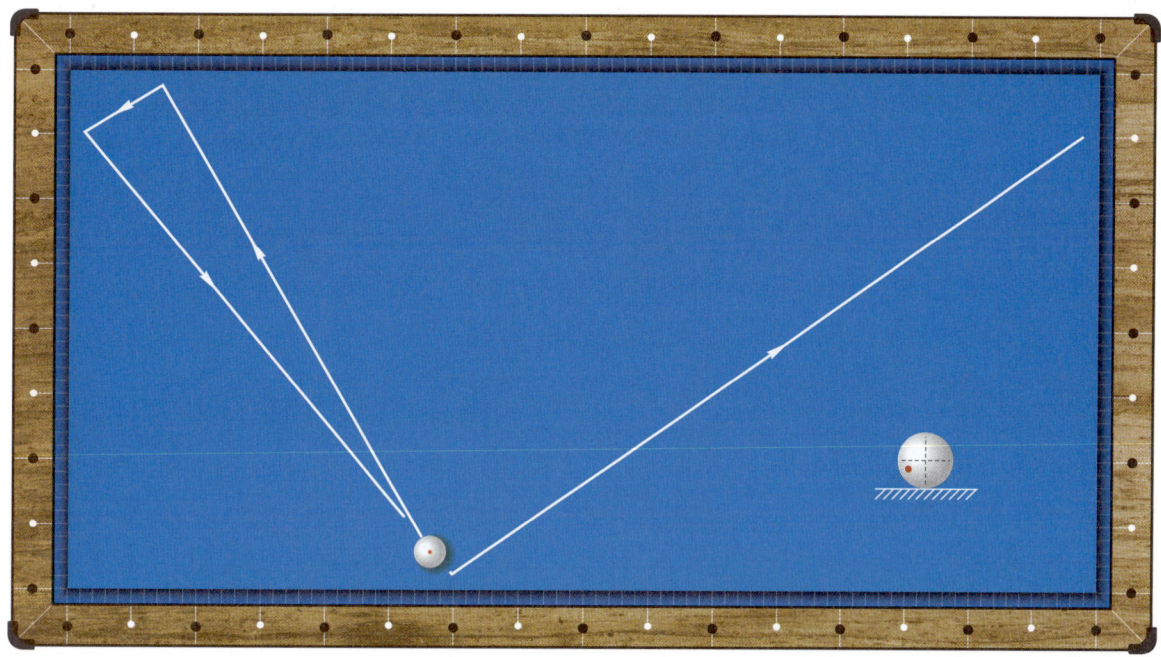

▼ 그림 12

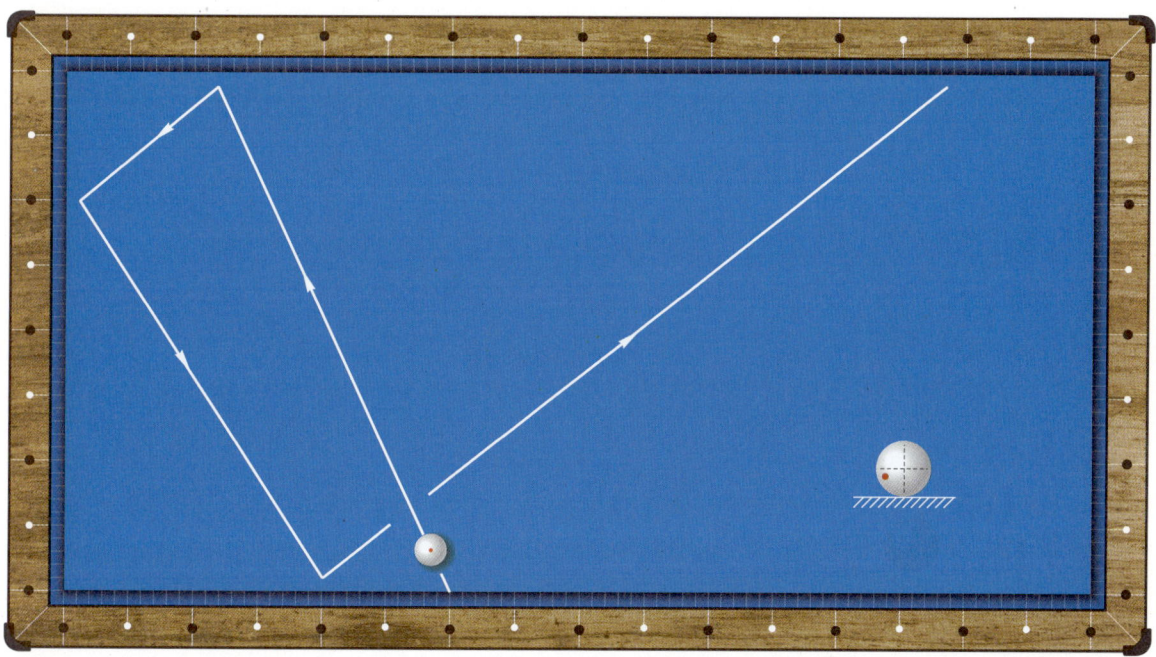

▼ 그림 13

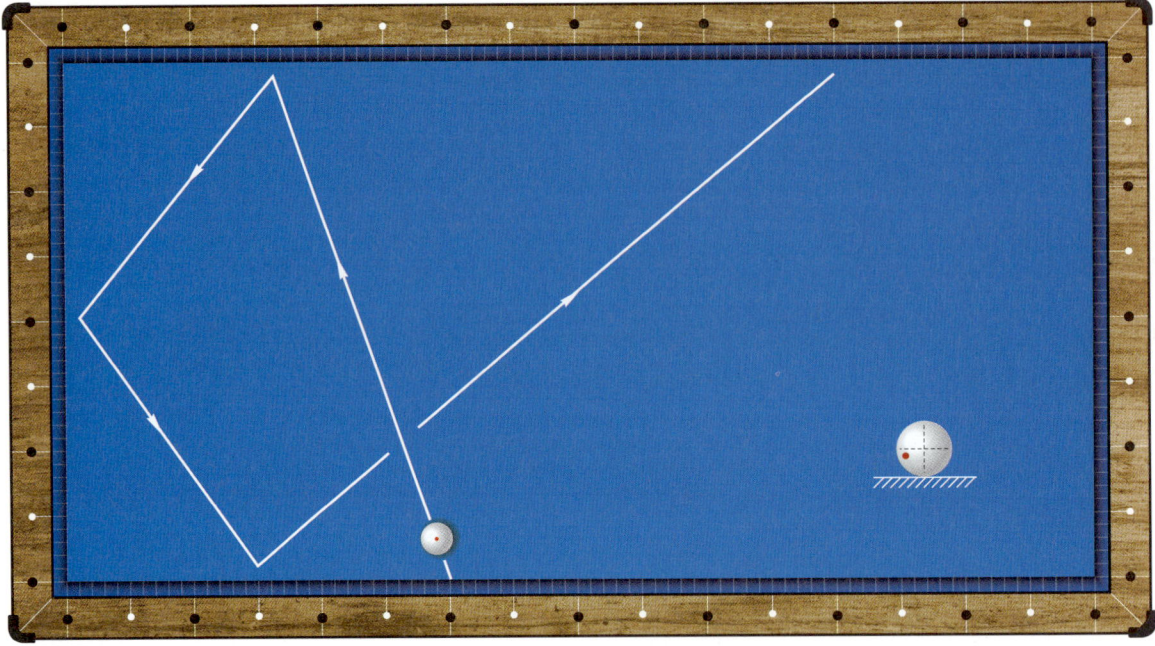

▼ 그림 14

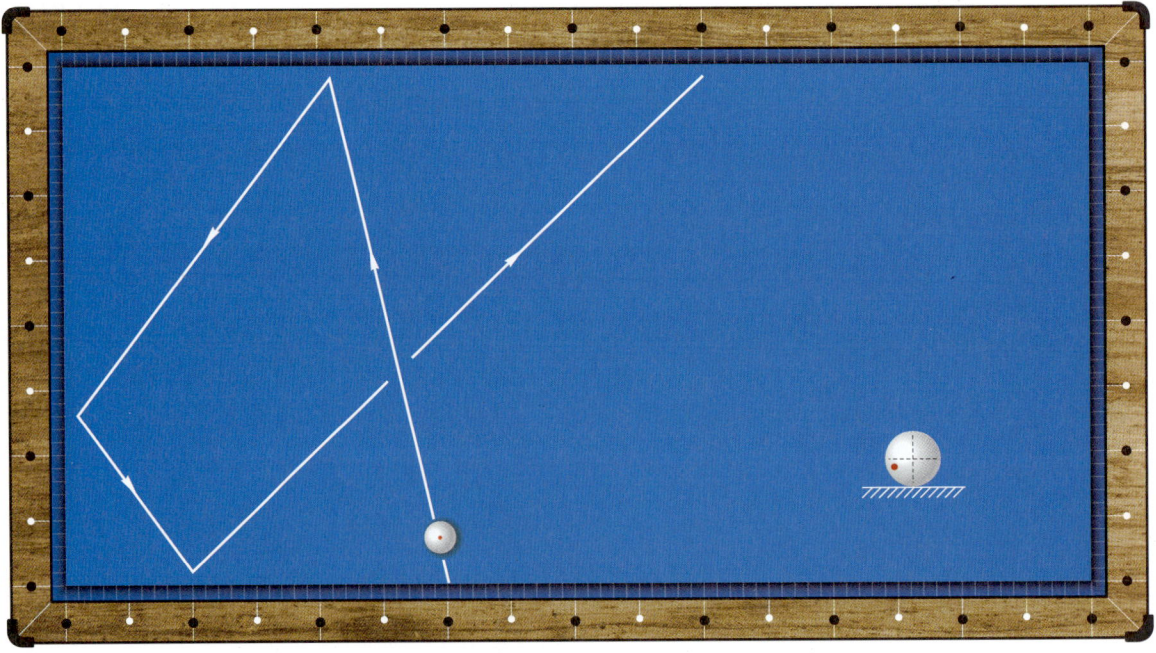

▼ 그림 15

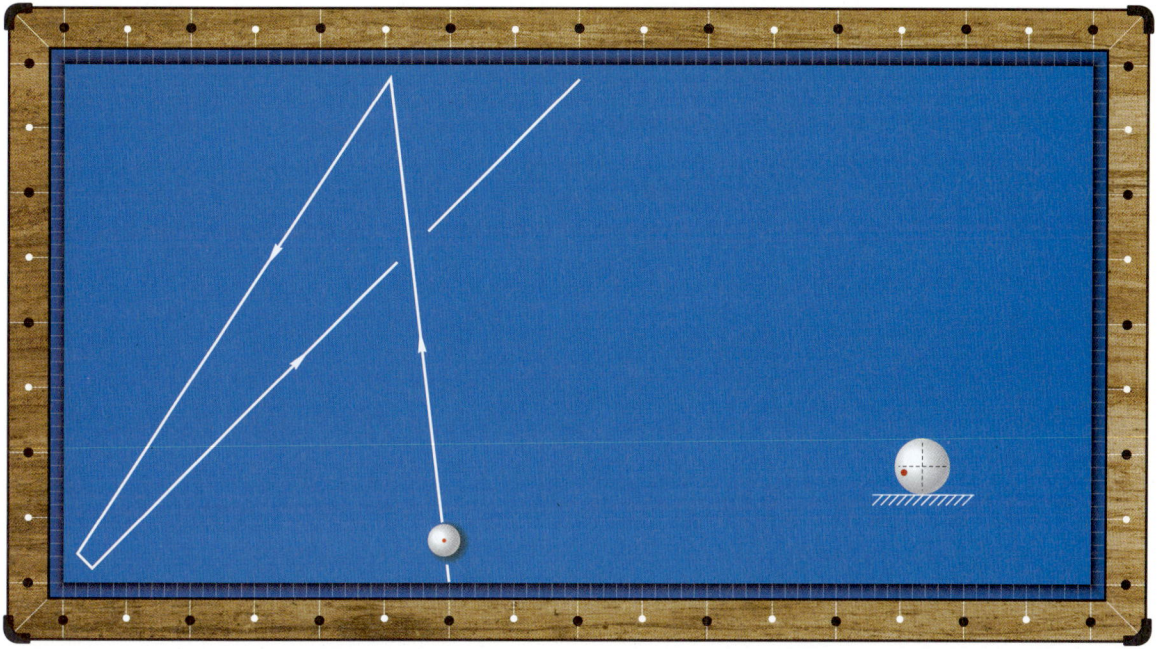

▼ 그림 16

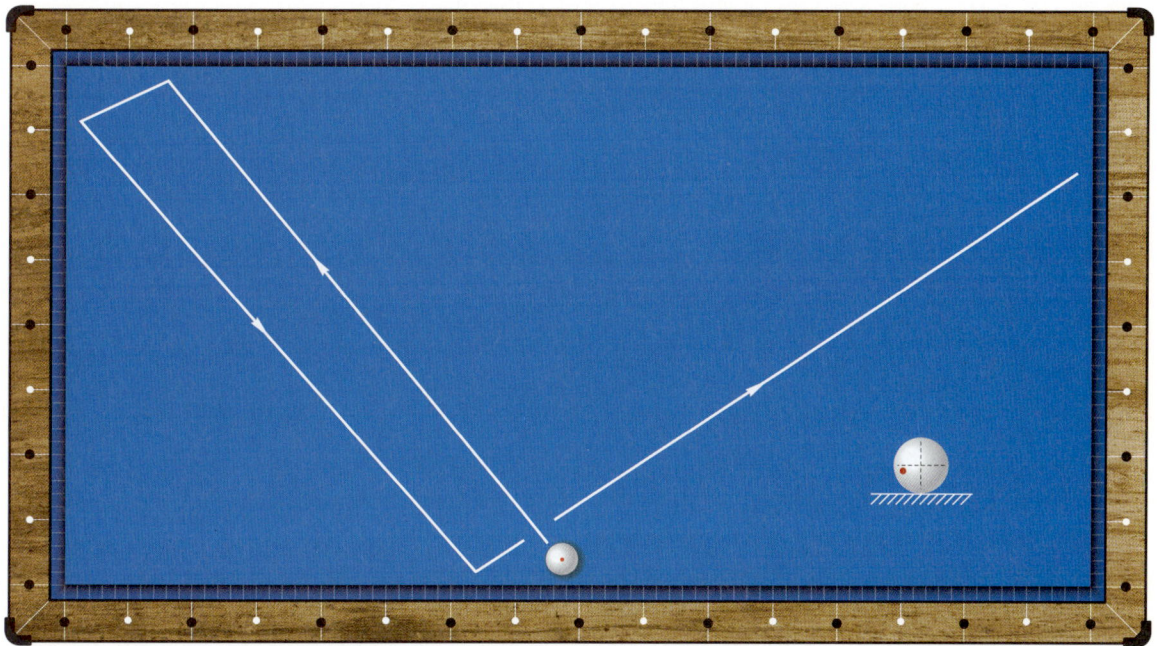

▼ 그림 17

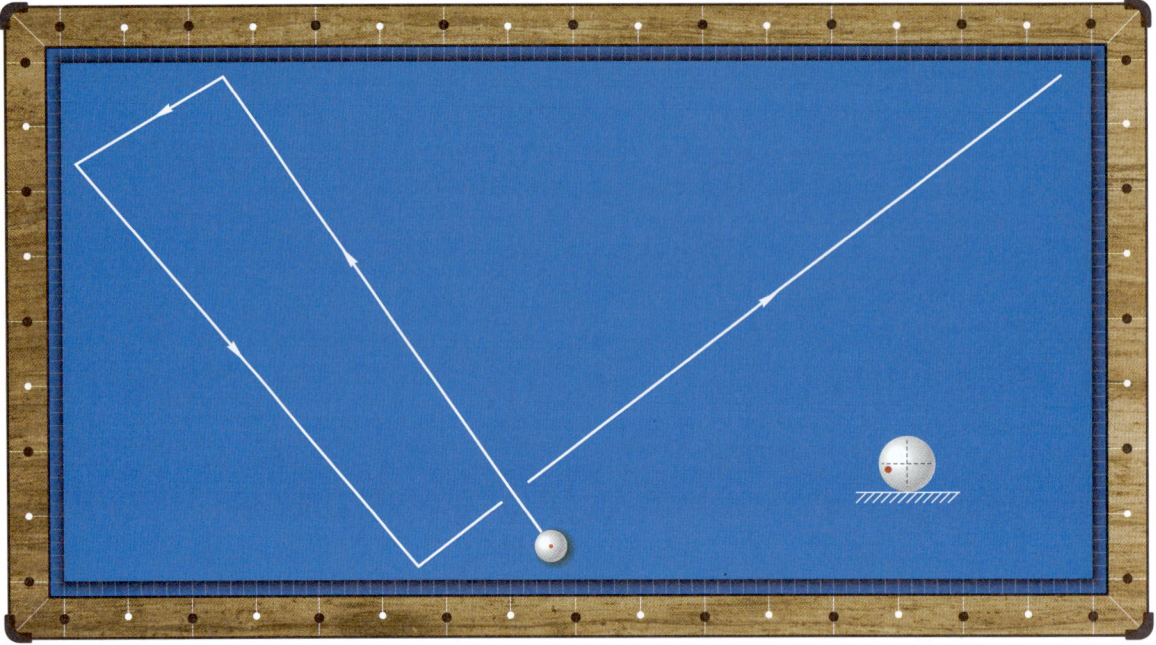

▼ 그림 18

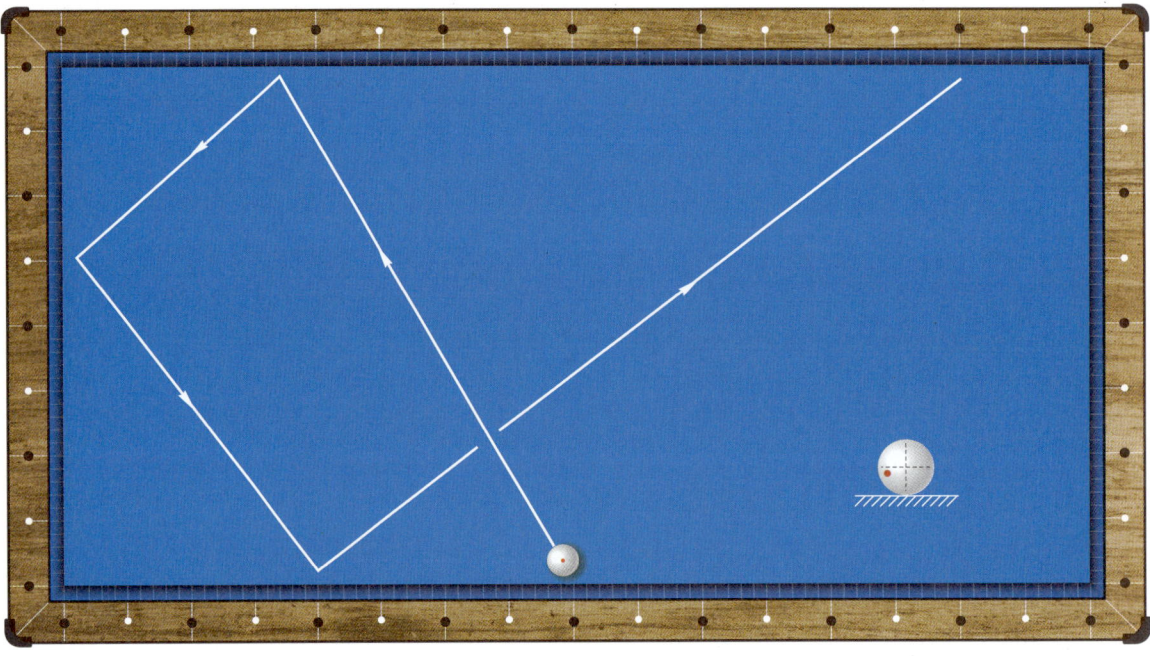

▼ 그림 19

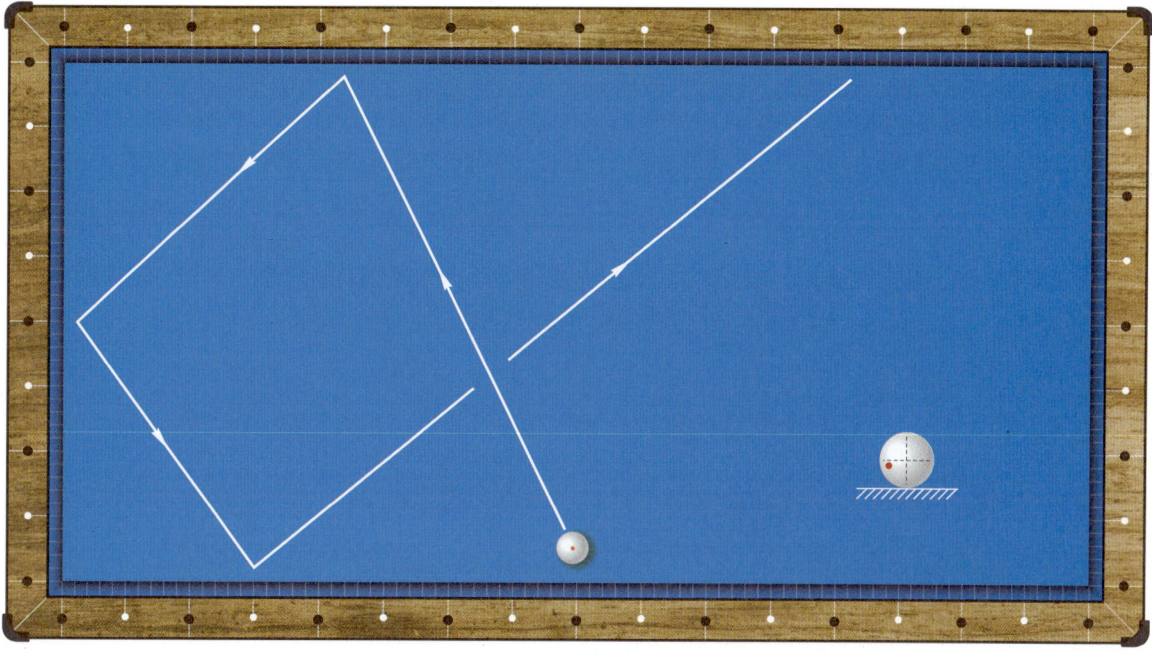

▼ 그림 20

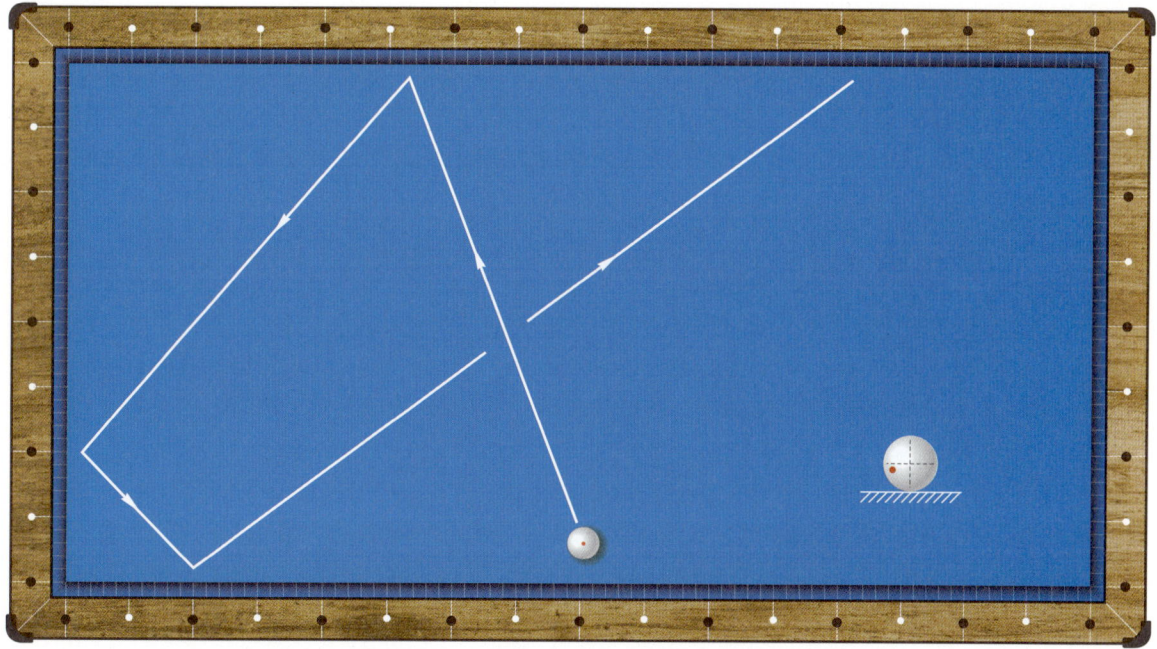

▼ 그림 21

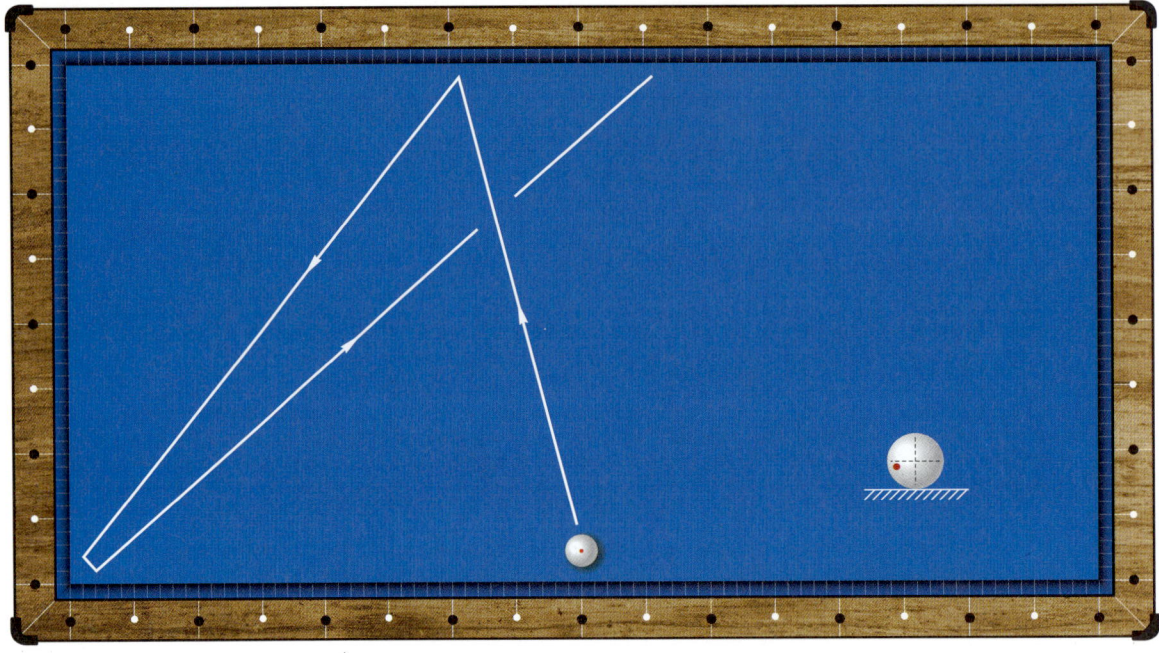

수구가 장축 첫 번째 포인트에 위치했을 때부터 네 번째 포인트의 위치까지 출발 포인트를 5포인트씩 옮겨가며 어떻게 진행하는지를 나타내 보았다.

   이 진행도는 분명히 R-C Point System과는 다르므로 R-C Point System과 Short Angle System과 같다고 착각하지 않기를 바란다.

   실제로 R-C Point System을 구사할 때 수구 포인트가 20이나 25포인트 정도에서 Short Angle System 처럼 구사해서 엉뚱하게 진행시키는 동호인들을 많이 보아왔다.

   두 가지 계산법은 분명 다르게 구분하여 사용되어야 함을 기억하고 직접 구사해 보면서 실전에서 어떻게 사용할 것인지를 생각해보자.

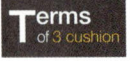 더블 일리미네이션(Double Elimination) – 한 플레이어가 두 번 질 때까지 탈락하지 않는 경기 방식.

▼ 연습 1

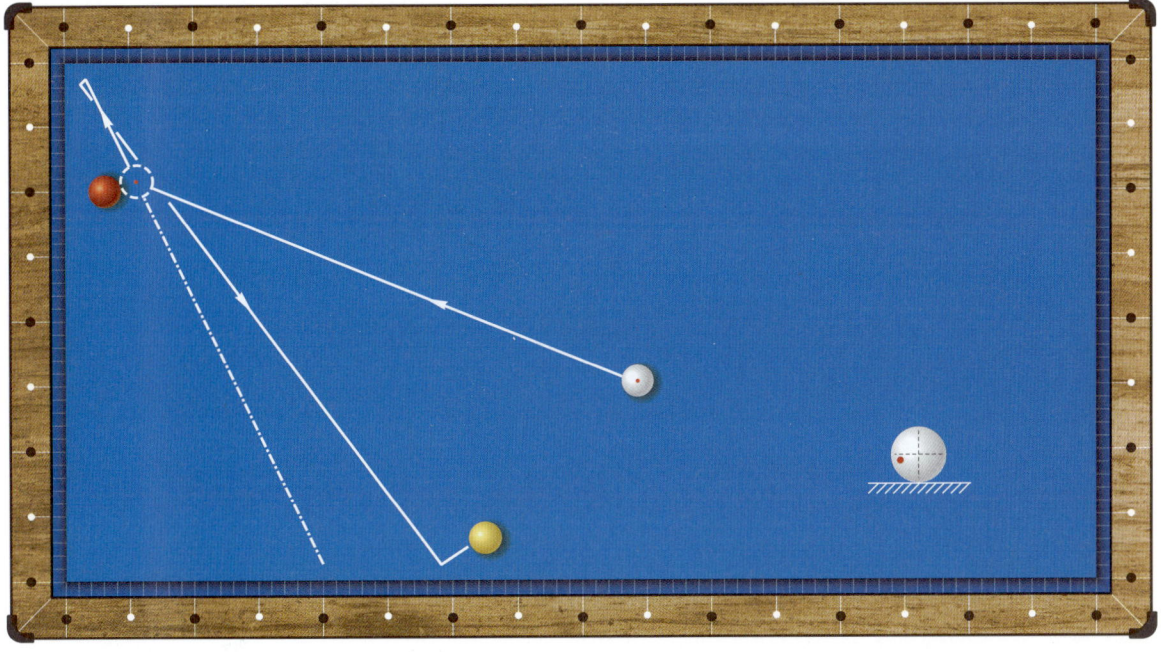

실전에서 이런 공의 배치를 접하였을 때, 과연 제2목적구까지 진행시킬 수 있을까 하고 의아하게 생각하는 사람들이 많이 있다. 너무 얇게 제1목적구를 맞추어 키스가 생기지 않도록 한다. 약간 두꺼워도 수구에 가벼운 충격을 주면서 샷을 한다면 충분히 제2목적구를 맞출 수 있을 것이다.

위의 진행도는 〈그림 2〉를 바탕으로, 실전에서 구사하는 모습이다. 이와 같이 여러 가지 진행도를 응용하여 목적구를 맞추고 진행시켜보면 지금까지 '안 나올 것이다.'라고 생각했던 의문의 배열들을 해결할 수 있다는 것을 알 수 있을 것이다.

또 하나의 재미있는 문제를 보자.

Terms of 3 cushion 더블 히트(Double Hit) - 한 번의 샷에 수구를 두 번 치는 것.

▼ 연습 2

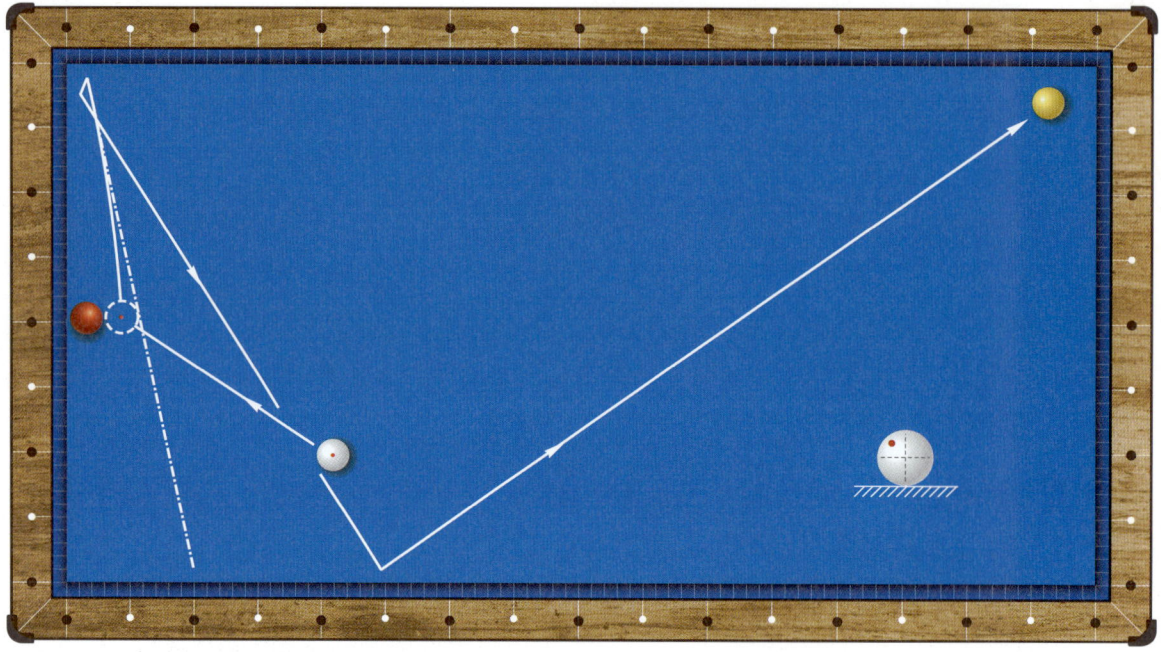

지금까지 사용하던 당점과는 반대로 상단의 10시 30분 방향의 당점을 사용했다. 어떤 동호인들은 회전력이 약해서 그림에서 진행되는 것보다 짧아질 것이라고 생각할 것이다. 하지만 제1목적구를 1/2 정도 맞추면 수구의 속도가 줄어들면서 약간의 라운드가 생길 것이다.

    그러면서 회전력도 극대화가 되는 것을 알 수 있을 것이다.

    상단으로 밀어 친다고 생각해서 너무 세게 구사하지 말아야 한다. 오히려 약한 충격으로 가볍게 구사하여야 성공하기 좋을 것이다.

    두께와 당점을 놓치지 않도록 한다.

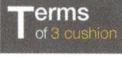

두께 - 수구와 목적구가 만나는 순간을 당구대의 바닥과 수평 높이에서 바라본 두 공의 겹쳐진 정도.

중급에서 고급으로 올라서는
Level Up!

레벨업
스리쿠션

Level Up of Carom Three Cushion

Torbjorn Blomdahl

반드시 실전에서
증명하라.

연습에서의 성공은 증명이 되지 못한다. 자신의 실력을 반드시 실전에서 보여 증명하여야 한다.
증명이 없으면 신용이 없고, 신용을 얻지 못하면 존경도 받지 못한다. 자신에 대한 많은 투자로
존경받을 수 있는 인물이 되자.

당구 십계명 **04**

No English System

대부분의 동호인들은 자신들이 준 회전력은 공이 멈추기 전까지 계속 그 회전력을 가지고 있을 것이라 생각한다. 많은 회전력을 주고 빈쿠션치기를 해보자. 큐 끝에서 공이 떨어지는 순간부터 바닥 마찰력 때문에 회전력이 줄어드는 것을 알 수 있을 것이다.

반면에 무회전으로 구사했을 때에도 많은 이들이 착각을 하고 있다. 무회전으로 출발시켰다고 공이 멈출 때까지 무회전으로 진행하지 않는다는 것이다.

실제로 R-C Point System 〈그림 1〉을 회전력을 주고 구사하여 보고 무회전으로도 구사하여 보자. 진행되는 과정이 조금 다를 뿐 회전력을 주거나 안주거나 반대쪽 코너(20) 방향으로 진행할 것이다.

이것은 회전력을 주어도 안주어도 쿠션을 3번 이상 거치게 되면 평범한 자연적인 회전만 남게 된다는 것을 보여주는 대표적인 예이다.

따라서 No English System을 구사하였을 때 예상보다 회전력이 생겼다면 속도가 너무 빨랐거나 쿠션을 3번 이상 거치면서 회전력이 생겼을 경우일 것이다(당점을 잘못 구사했을 경우가 가장 많다).

이제 설명하려 하는 1/4 안쪽에서 사용할 수 있는 무회전 계산법은 좁은 제각 돌리기나 짧은 바깥 돌리기에서 놀라운 성공률을 보일 것이다.

특별히 계산하는 방법은 다른 많은 교본에서 선보이고 있으나 매번 계산한다는 것보다는 여기서 소개하는 몇 가지를 외움으로써 좀 더 단순하고 쉽게 성공할 수 있다는 것을 알 수 있을 것이다.

Terms of 3 cushion 드로우 샷(Draw Shot) – 수구를 중심점 밑으로 쳐서 목적구를 맞춘 다음에 몸쪽으로 방향을 바꾸는 샷.

▼ 그림 1

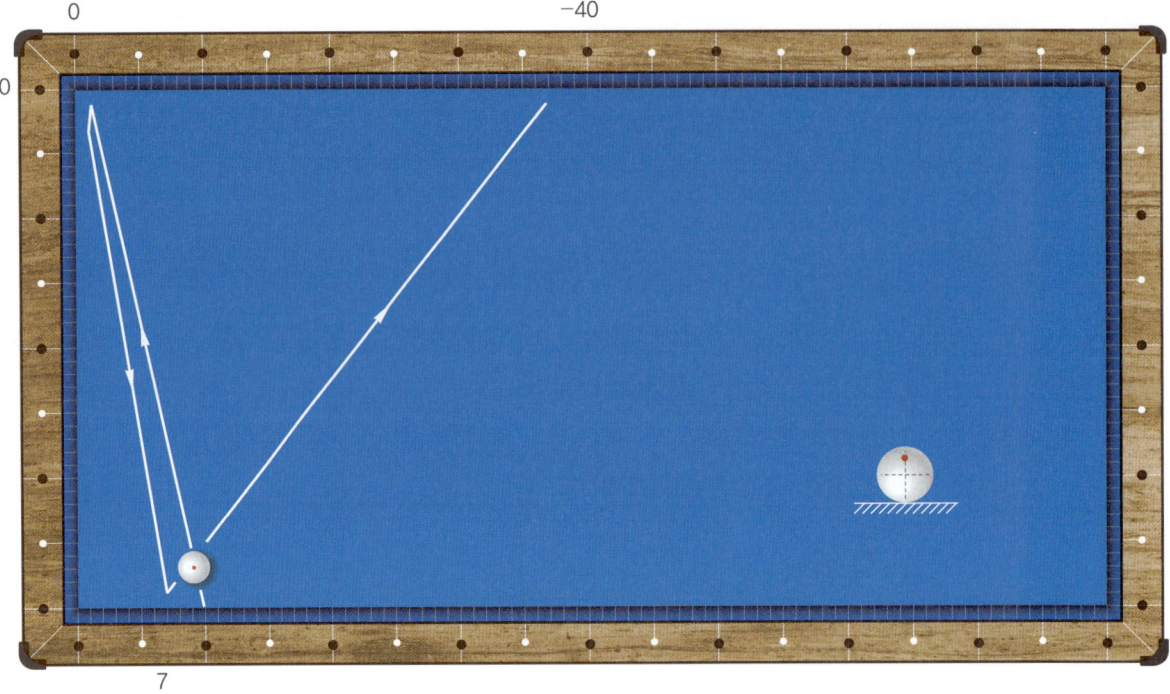

▼ 그림 2

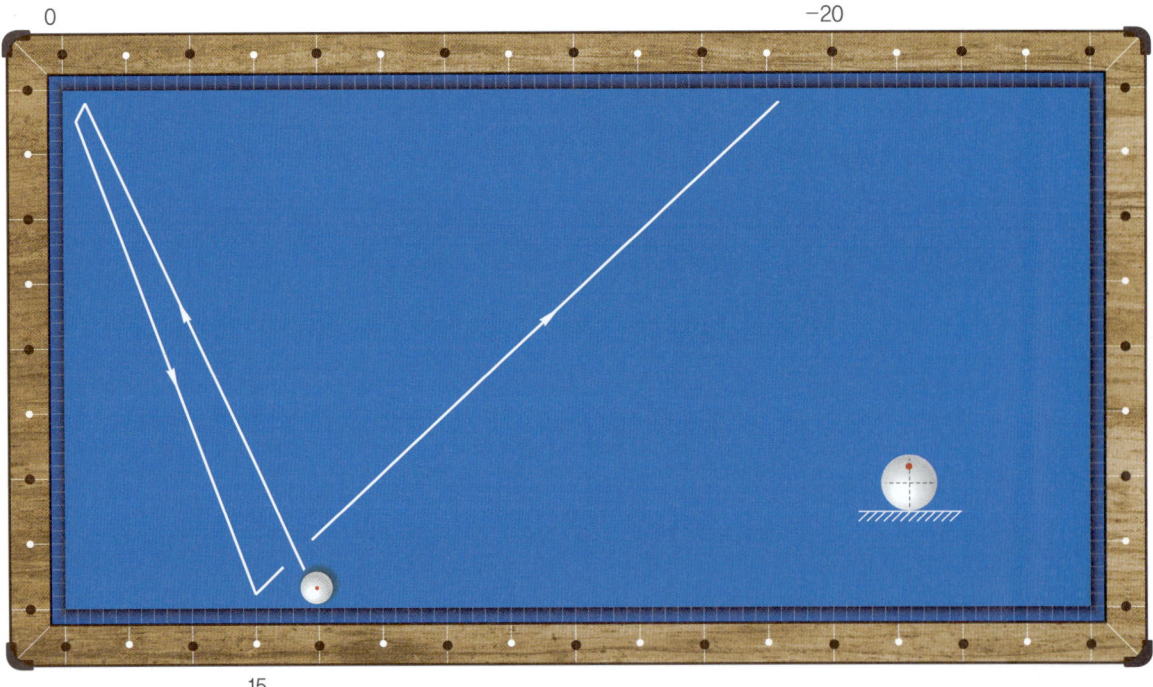

▼ 그림 3

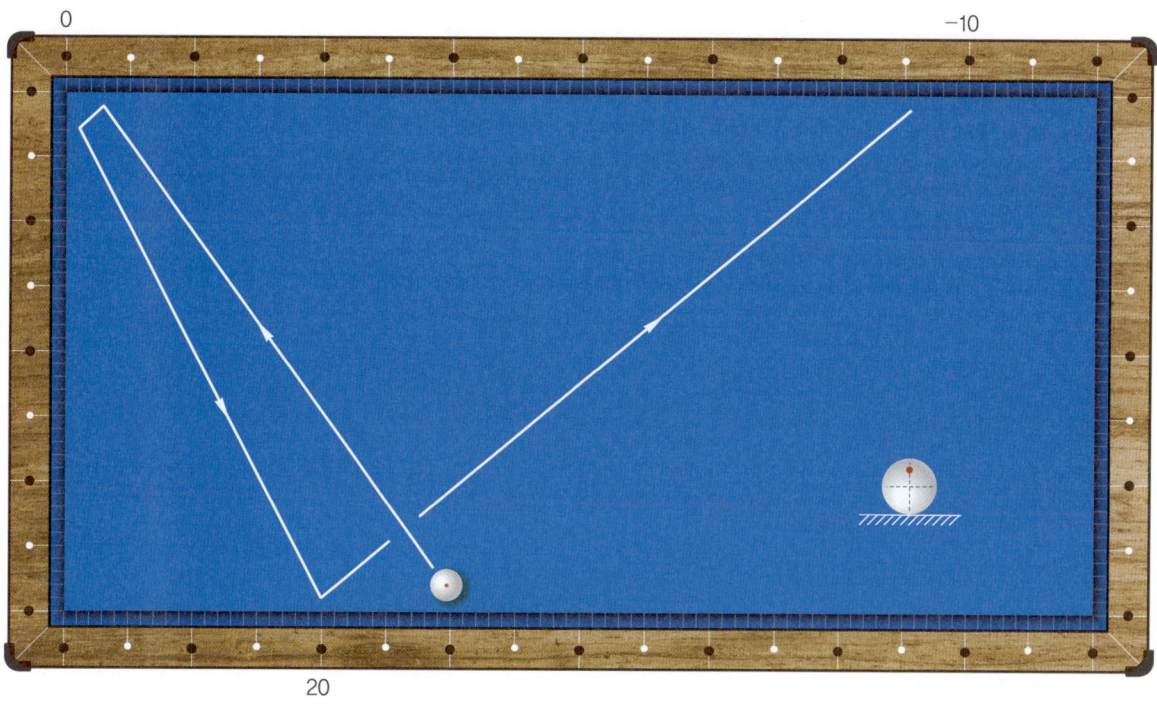

▼ 그림 4

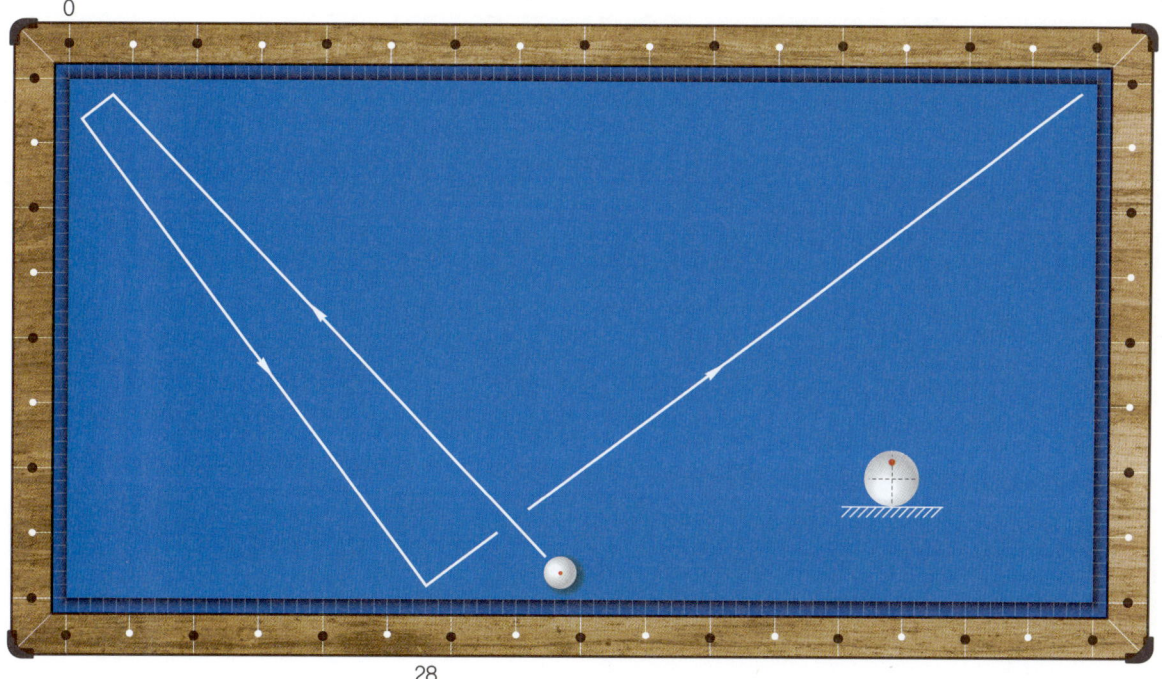

▼ 그림 5

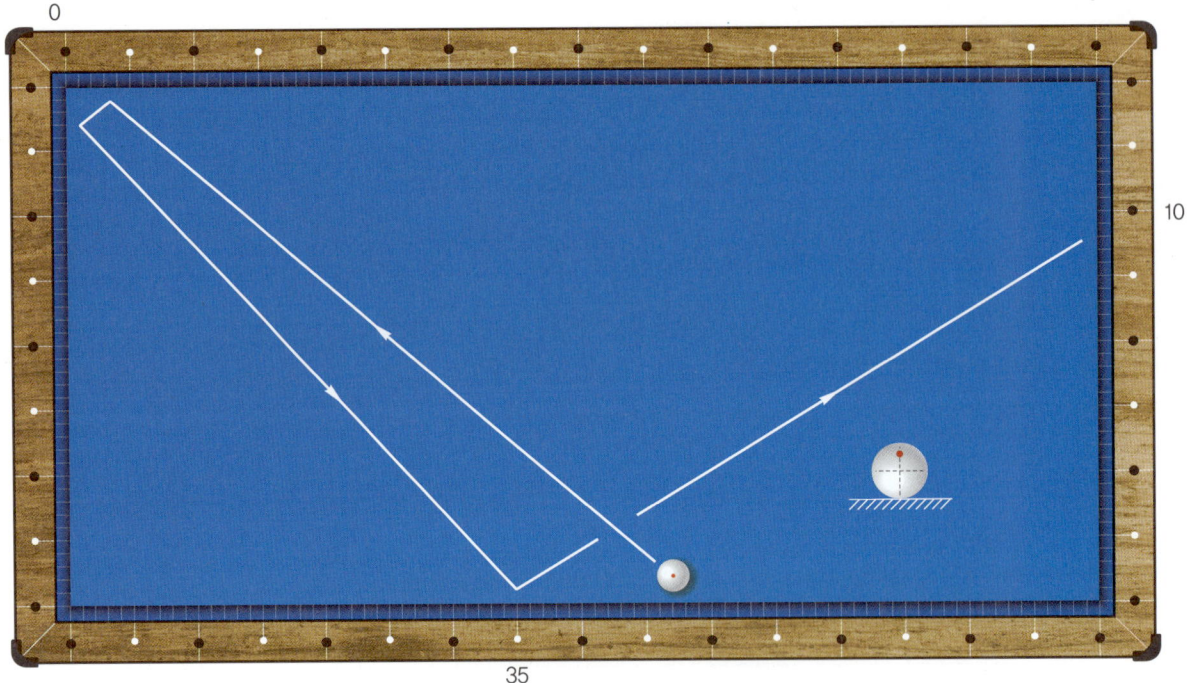

▼ 그림 6

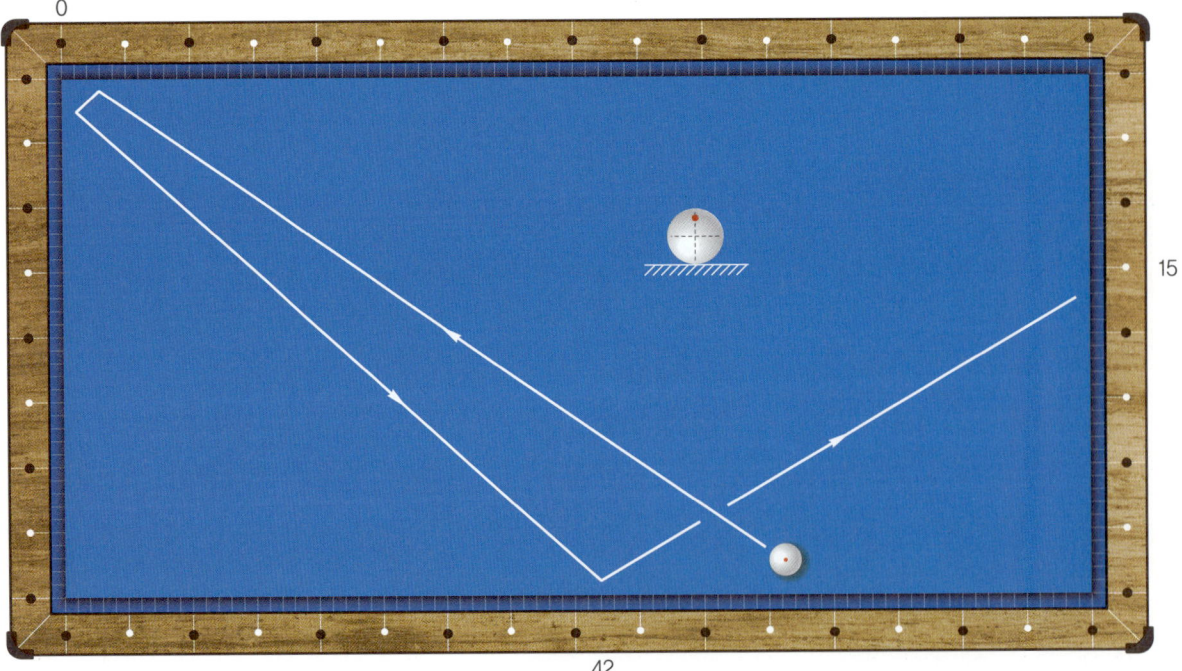

▼ 그림 7

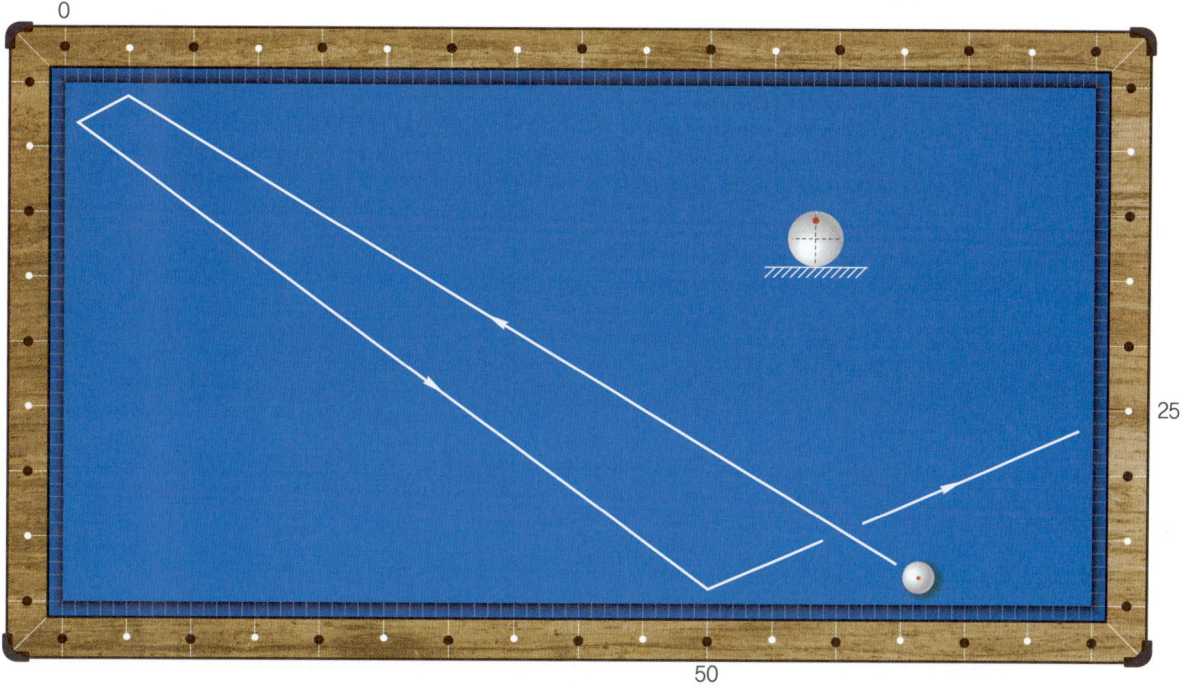

▼ 그림 8

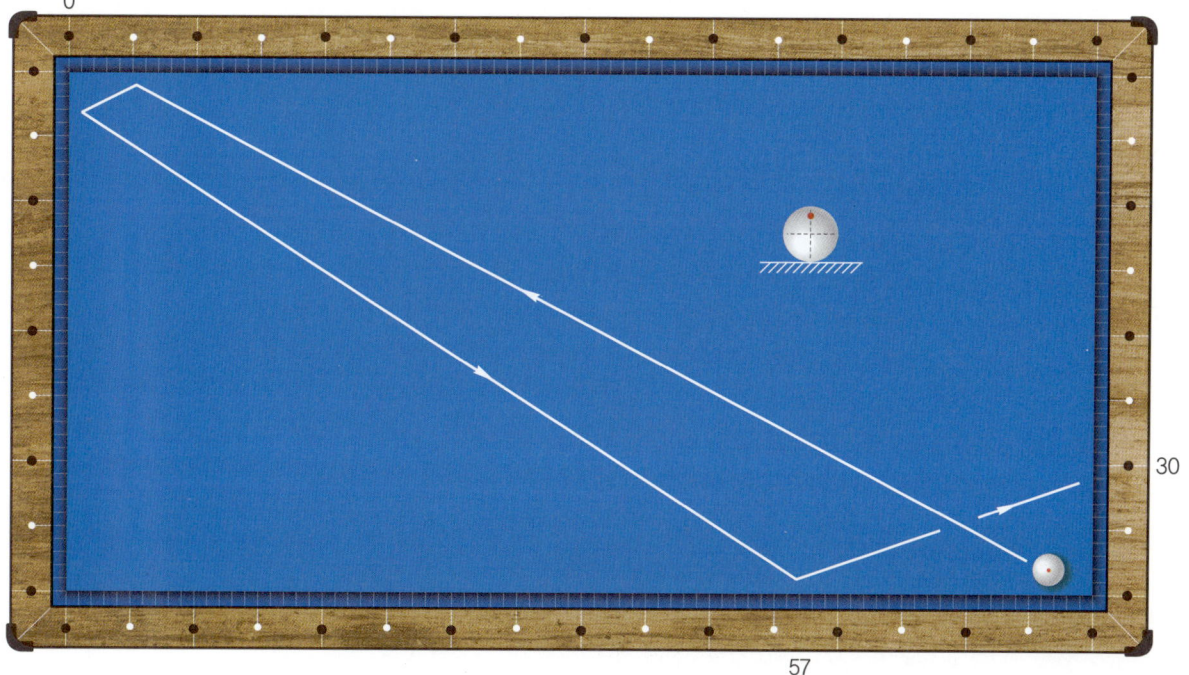

지금까지의 그림 1~8까지의 진행도를 보면서 무엇을 알아낼 수 있을까?

> 수구가 10포인트에서 출발하면 7포인트로(수구 포인트보다 -3)
> 수구가 20포인트에서 출발하면 15포인트로(수구 포인트보다 -5)
> 수구가 30포인트에서 출발하면 20포인트로(수구 포인트보다 -10)
> 수구가 40포인트에서 출발하면 28포인트로(수구 포인트보다 -12)
> 수구가 50포인트에서 출발하면 35포인트로(수구 포인트보다 -15)
> 수구가 60포인트에서 출발하면 42포인트로(수구 포인트보다 -18)
> 수구가 70포인트에서 출발하면 50포인트로(수구 포인트보다 -20)
> 수구가 80포인트에서 출발하면 57포인트로(수구 포인트보다 -23)

위와 같이 나열해 보면 한눈에 알아보기 쉬울 것이다. 수구 포인트가 증가할 때마다 도착 포인트도 일정한 수치만큼 감소가 된다. 코너 부근의 0포인트를 겨냥해서 진행하는 진행도만을 소개하였다.

출발 포인트를 5~10 포인트씩 이동하면서 도착하는 위치를 확인해 보자. 규칙적인 도착이 이루어짐을 알 수 있을 것이다.

장축에서 출발하여 무회전으로 진행시 어떤 경로를 보이는지 대략 알아보았다.

이제 1/4 안쪽에서의 진행도를 보고 구체적인 응용을 해 보기로 하자.

Terms of 3 cushion

디펜스(Defense) - 말 그대로 상대방에게 점수를 주지 않기 위한 방어.

▼ 그림 9

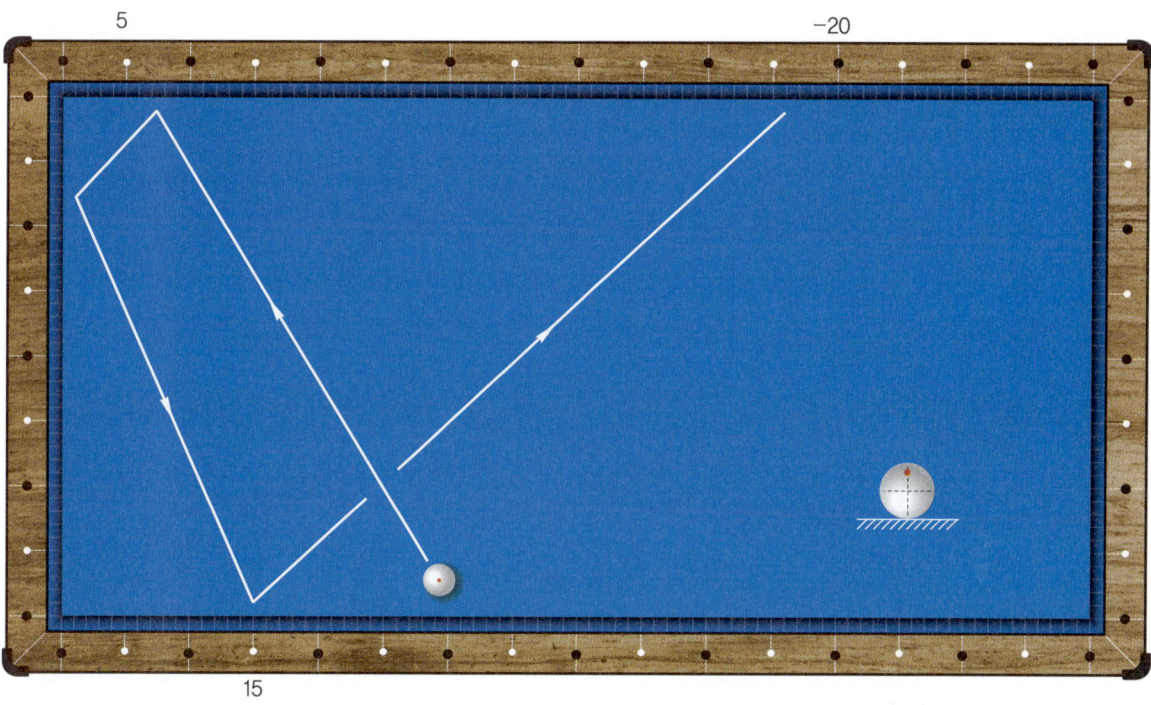

▼ 그림 10

〈그림 10〉과 〈그림 2〉 그리고 〈그림 3〉을 자세히 관찰해 보자. 또, 〈그림 9〉를 살펴보자. 입사가 어떻게 되었든지 간에 마지막 3쿠션의 도착 지점이 10포인트면 네 번째 쿠션은 −30포인트로 이동하고 도착 포인트 15에 이르면 네 번째 쿠션은 −20, 그리고 도착 포인트 20에 떨어지면 네 번째 쿠션의 −10 위치에 다다르는 것을 볼 수 있다.

이것은 다시 말해서 회전력을 많이 가지고 출발하던 회전력이 약하게 출발하던 간에 3쿠션째에 이르렀을 때는 지극히 평범한 진행방향의 회전만을 가지고 진행한다는 것이다.

따라서 맥시멈 회전을 구사하는 경우가 아니라 회전력을 조절해서 구사해야 하는 좁은 범위 내에서의 예상 진행 경로를 찾을 때는 이것만을 기억한다면 큰 도움이 되리라 생각한다.

> 3쿠션째 10포인트에 도착하면 4쿠션째(−) 30포인트로
> 3쿠션째 15포인트에 도착하면 4쿠션째(−) 20포인트로
> 3쿠션째 20포인트에 도착하면 4쿠션째(−) 10포인트로
> 3쿠션째 25포인트에 도착하면 4쿠션째   0포인트로
> 이동한다는 것만 기억하자.

이제 기억하고 있는 이 진행경로가 실전에서 어떻게 사용되는지 문제를 통해 확인해 보자.

라사(Raxa) – 모직물을 의미하는 포르투칼어로 당구대의 바닥과 쿠션 부분을 덮고 있는 천. 한자로는 羅紗.

▼ 연습 1

좁은 공간에서 넓게 퍼져 나오면서 득점을 해야 하는 제각 돌리기이다. 제2목적구가 3쿠션 가까이에 위치해 있다면 누구나 쉽게 득점할 수 있겠지만 위의 도면처럼 당구대 중앙에 위치하면 어려움을 느끼지 않을 수 없다.

하지만 이제는 자신 있게 공략할 수 있지 않겠는가? 3쿠션 째에 10포인트에 도착시키기만 한다면 4번째 쿠션의 -30으로 진행함을 기억하기 바란다.

회전을 많이 살려서 제1목적구를 얇게 맞추던 무회전으로 제1목적구를 두툼하게 맞추던 세 번째 쿠션의 10포인트에만 도착시켜보라. 굉장히 자신감이 생길 것이다.

Terms of 3 cushion 라운드 로빈(Round Robin) – 한 팀의 경기자가 다른 팀의 경기자와 한 번씩만 경기하도록 하는 방식.

▼ 연습 2

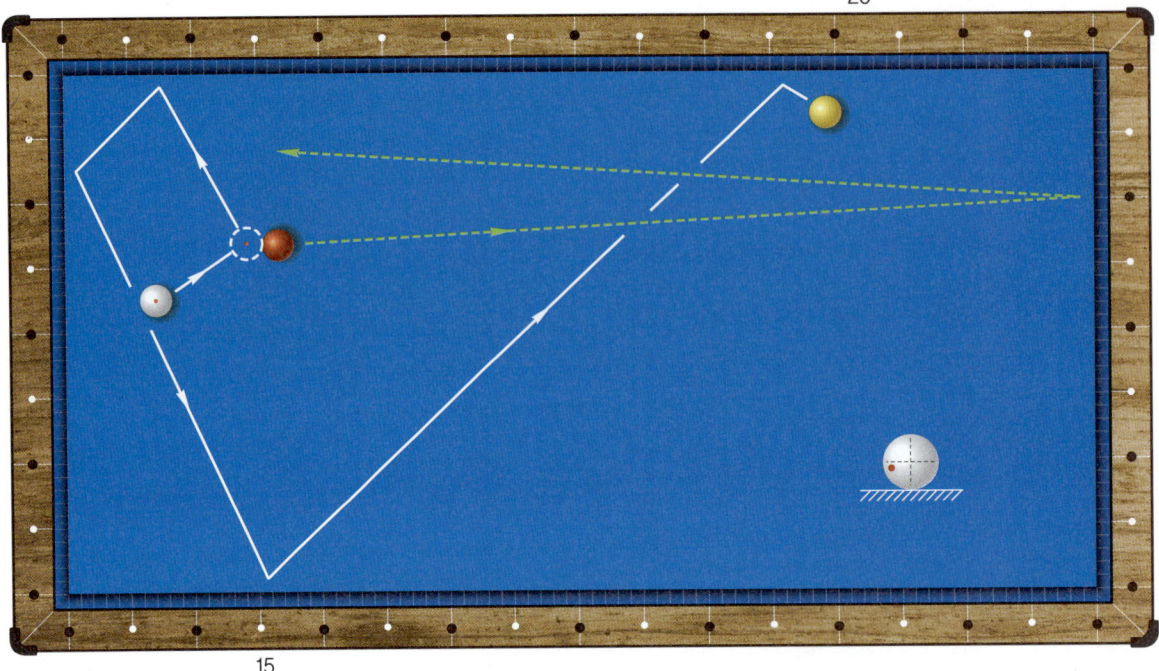

동호인들이 많이 의심하는 배열일 것이다.

  제1목적구를 맞히고 끌어당겨 이동을 시킬 때 수구가 회전하는 것을 보면 회전력이 엄청나게 많아 보여서 코너 쪽으로 진행할까 하고 걱정을 많이 하게 된다.

  실제로 구사해 보자.

  3번째 쿠션에 15포인트에 도착한다면 여지없이 네 번째 쿠션의 −20으로 진행할 것이다.

  또 하나의 문제를 들여다보자.

 러닝 잉글리시(Running English) - 회전을 수구에 가하여 회전을 사용하지 않은 때보다 빠른 속도와 예리한 각도로 목적구나 쿠션으로부터 리바운드 되도록 하는 샷.

▼ 연습 3

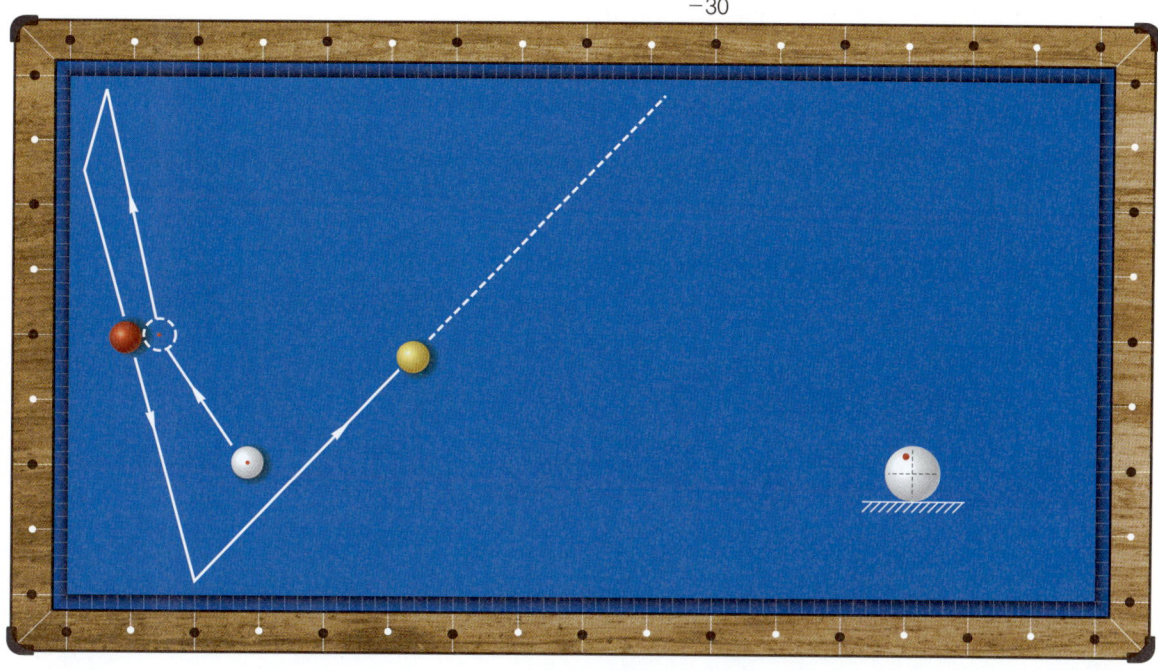

마찬가지로 좁은 각에서 넓게 퍼져서 나오면서 득점을 해야 하는 쉽지 않은 배열이다. 더군다나 제2목적구가 당구대 중앙에 위치해 있어서 정확성을 필요로 하는 배열임에 틀림이 없다.

여기 표시해 놓은 당점 말고도 여러 가지 당점을 사용할 수 있다. 세 번째 쿠션의 10포인트에 도착시키기만 한다면 스치면서라도 득점할 수 있을 것이다.

예상문제로 이해를 도왔기를 바란다. 많은 거리이동을 하지 않고 득점할 수 있는 배열들은 그만큼 정확성을 필요로 한다.

계산도 계산이지만 당점과 두께, 속도에 대한 집중적인 연습이 있어야 할 것이다.

Terms of 3 cushion
런(Run) - 한 이닝에서의 연속득점.

초구의 분석 및 이해

▼ 그림 1

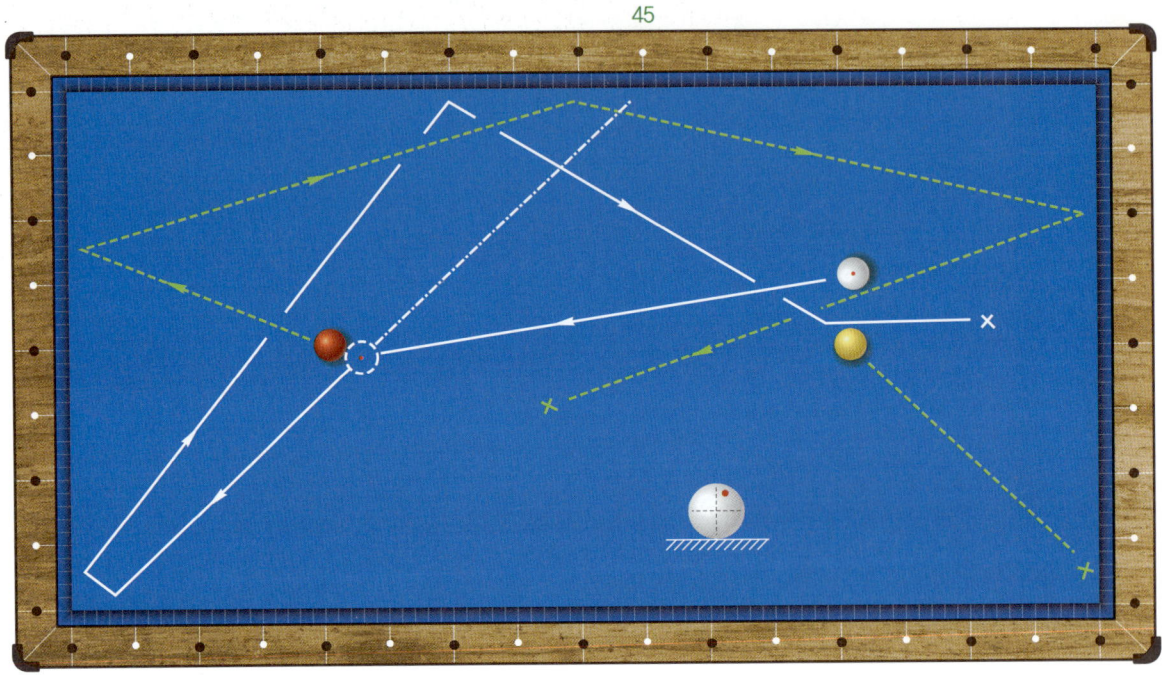

대부분의 계산법을 알고 있는 동호인들에게 초구를 처리할 때 어떤 계산법이 적용이 되겠냐고 물어보면 10이면 10명이 Five & Half System이 적용된다고 한다. Five & Half System이나 R-C Point System은 중단에서 2.5Tip의 회전력을 사용해서 진행시킨다는 전제가 있는 계산법이다.

위의 〈그림 1〉은 포지션을 하기 위한 모든 선수들이 구사하고 있는 진행도이다. 자세히 분석해 보면 바로 앞에서 설명한 No English System이 적용되고 있음을 알 수 있다.

수구가 제1목적구를 맞추고 진행하는 입사선은 수구 포인트가 45지점이다. No English System〈그림 4〉와 〈그림 5〉를 참고로 하여 보자.

〈그림 4〉에서는 세 번째 쿠션의 28포인트에, 〈그림 5〉에서는 세 번째 쿠션의 35포인트에 도착한다. 위의 〈그림 1〉은 수구가 45포인트에서 출발하여 0포인트에 입사하였을 때 세 번째 쿠션의 30에 도착한다.

따라서 초구의 진행에 맞는 계산법을 말하라고 한다면 No English System이라고 해야 할 것이다.

Level Up of Carom Three Cushion

● 중급에서 고급으로 올라서는
Level Up!

레벨업
스리쿠션

실전에서 연습하지 말라.

단 한 번의 실수나 자만으로 경기 결과가 뒤집히는 것을 너무도 많이 보아 왔고, 경험했다. 앞서고 있다고 해서 성공률이 낮은 묘기성 선택을 한다면 그 경기는 스스로 포기하는 것과 같다. 연습시간에는 같은 공을 몇 번씩 시도해 볼 수 있지만 실전에서는 단 한 번 밖에 기회가 주어지지 않기 때문이다. 호랑이는 토끼 한 마리를 잡을 때에도 최선을 다하는 법이다.

당구 십계명 05

더블 쿠션(Double Cushion)

더블 쿠션치기는 매우 어려울 수도 있다. 하지만 몇 가지를 외워둔다면 부담을 조금은 줄일 수 있을 것 같다.

우선 자신의 회전력을 자신이 알고 있어야 하겠다.

▼ 그림 1

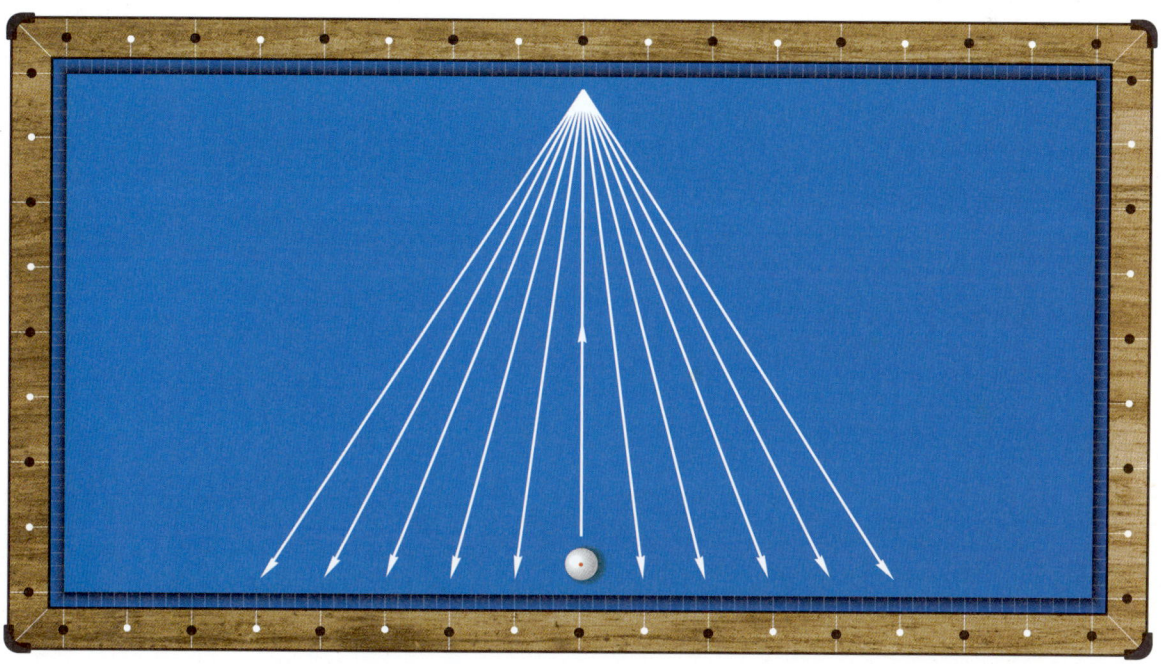

위의 〈그림 1〉은 초보자들을 위한 4구 교본에서 많이 볼 수 있는 도면이다. 위의 도면이 생소하다거나 시도해본 적이 없다면 기초를 소홀히 하였음을 반성해야 할 것이다.

우선 수구 하나만 놓고 정면을 겨냥하면서 좌 또는 우로 반 포인트씩 이동시킬 수 있는 회전을 찾아보자. 상단, 중단, 하단 어떤 회전이라도 상관없다. 반 포인트를 이동시킬 수 있는 당점은 굉장히 많다. 마찬가지로 한 포인트, 한 포인트 반, 두 포인트, 두 포인트 반을 이동시킬 수 있는 당점을 찾아두자.

왼쪽이나 오른쪽 한 가지만 찾아선 안 된다. 연습은 반드시 왼쪽, 오른쪽을 동시에 해야만 한다. 양손을 모두 사용해서 당구를 치지 않듯이, 우리의 눈도 주로 사용하는 주시는 왼쪽이나 오른쪽으로 치우쳐 있으므로 자신 있는 쪽과 자신 없는 쪽이 분명히 있기 때문이다. 착시 현상이 생기게 되므로 자신 없는 쪽을 더욱더 연습해야 할 것이다.

런 아웃(Run Out) – 경기에서 연속득점을 계속하여 상대방이 경기를 못하게 한 채로 끝내는 일.

▼ 그림 2

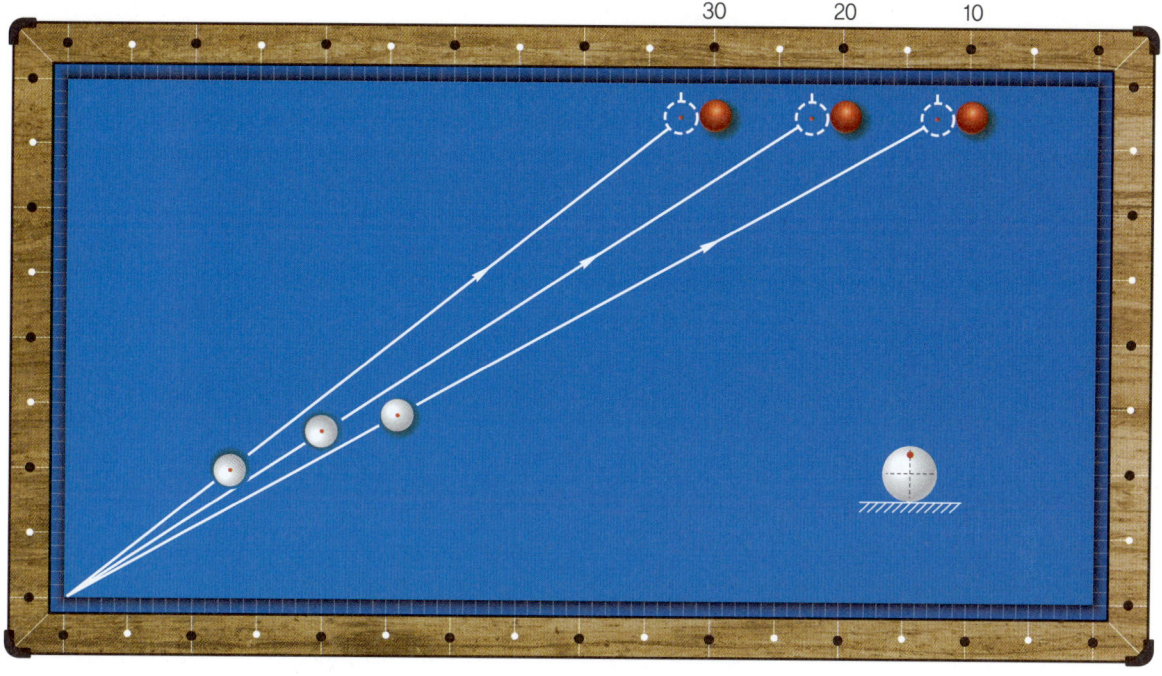

위의 〈그림 2〉는 더블 쿠션의 나름대로의 기준을 찾기 위한 연습도라고 할 수 있겠다. 제1목적구를 10, 20, 30포인트에 놓고 정 상단 회전으로 맞추어 보자(단, 두께는 제1목적구가 왼쪽 상단의 코너 쪽으로 진행할 수 있는 두께여야 한다).

이제 수구의 이동경로를 정확하게 확인하도록 하자. 확인이 되었다면 외워두어야 할 것이다. 더블 쿠션치기에서 이보다 중요한 기본도는 없을 것이다.

Tip
수구의 진행속도는 충격을 최소화한 타법으로 4쿠션까지만 이동할 수 있는 속도로 구사하도록 한다. 너무 빠르거나 충격량이 많아지면 수구가 바닥에서 휘어서 진행하게 되기 때문이다.

이제 좌우 회전이 없이 진행되는 기본 진행을 찾았을 것이다. 그렇다면 실전에서 많이 접하게 되는 문제를 해결해 보자.

Terms of 3 cushion
레이스(Race) - 경기에 승리하는 데 필요한 주최 측에서 미리 정한 경기의 숫자.

▼ 연습 1

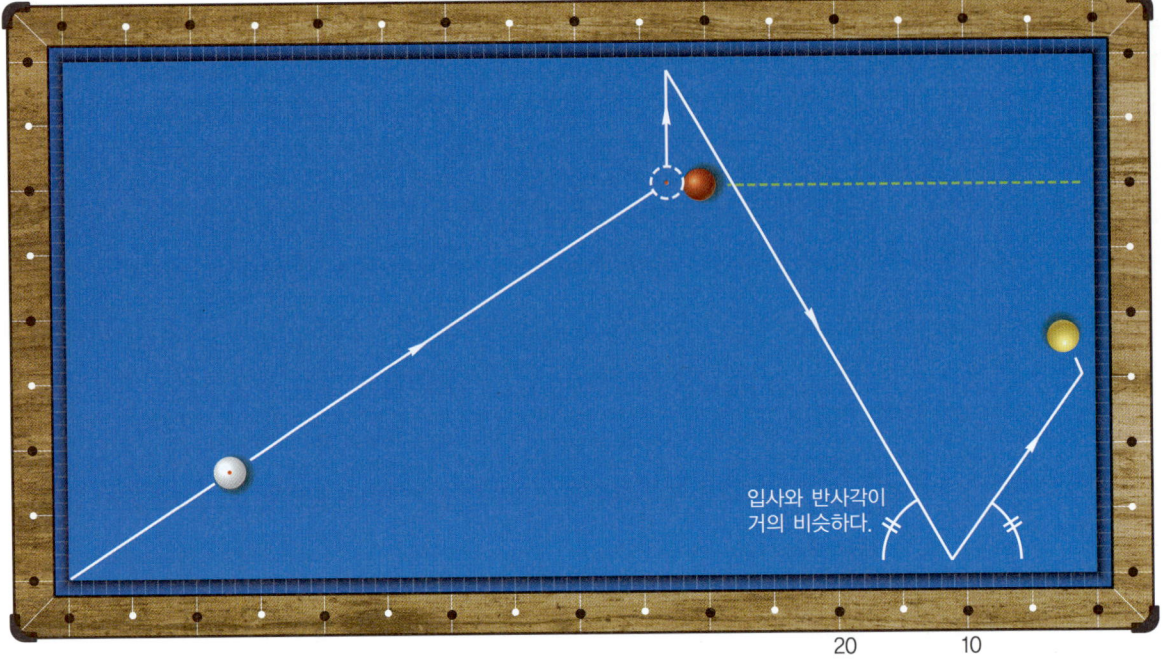

1. 수구가 제1목적구를 맞추고 장축에 수직이 되도록 입사시킨다.
2. 세 번째 포인트에 목적구가 위치했을 때 무회전으로 맞추면 두 번째 쿠션은 어디에 도착하는지를 기억하자. 〈그림 2〉의 30위치
3. 회전이 없을 때 두 번째 쿠션이 어느 위치에 도착하는지를 생각하면 얼마만큼 더 진행시켜야 하는지를 찾아보자. 그리고 필요한 만큼을 이동할 수 있는 자신만의 회전력을 부여하여 부드럽게 샷을 하도록 한다.

더블 쿠션을 해결할 때 제일 난해한 부분은 아마도 두 번째 쿠션의 도착지점을 찾아내는 것일 것이다. 휘어서 진행하지 않는다면 첫 번째 쿠션에서 두 번째 쿠션으로 진행하는 입사각과 반사각이 거의 비슷하다는 것을 알아두기 바란다.

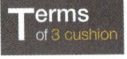 레일(Rail) - 천으로 덮이지 않은 테이블 위의 맨 바깥 부분. 여기에서 쿠션이 당구대 안쪽으로 나와 있다. 헤드 레일과 푸트 레일은 당구대의 짧은 레일이며 오른쪽 레일과 왼쪽 레일은 긴 레일.

▼ 그림 3

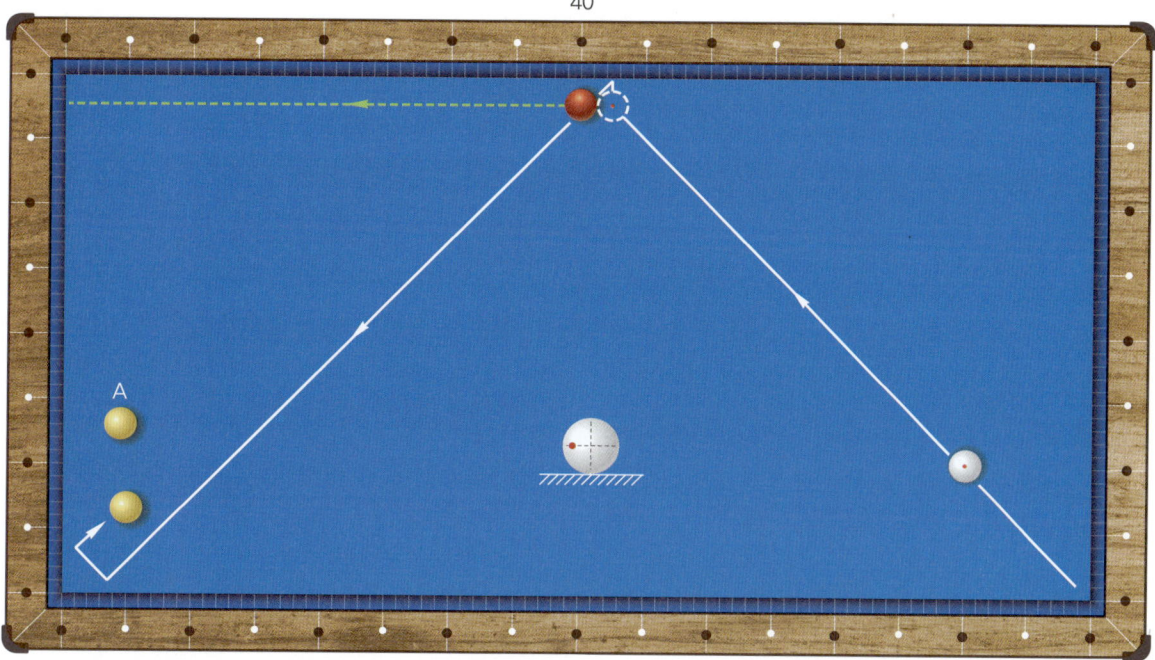

▼ 그림 4

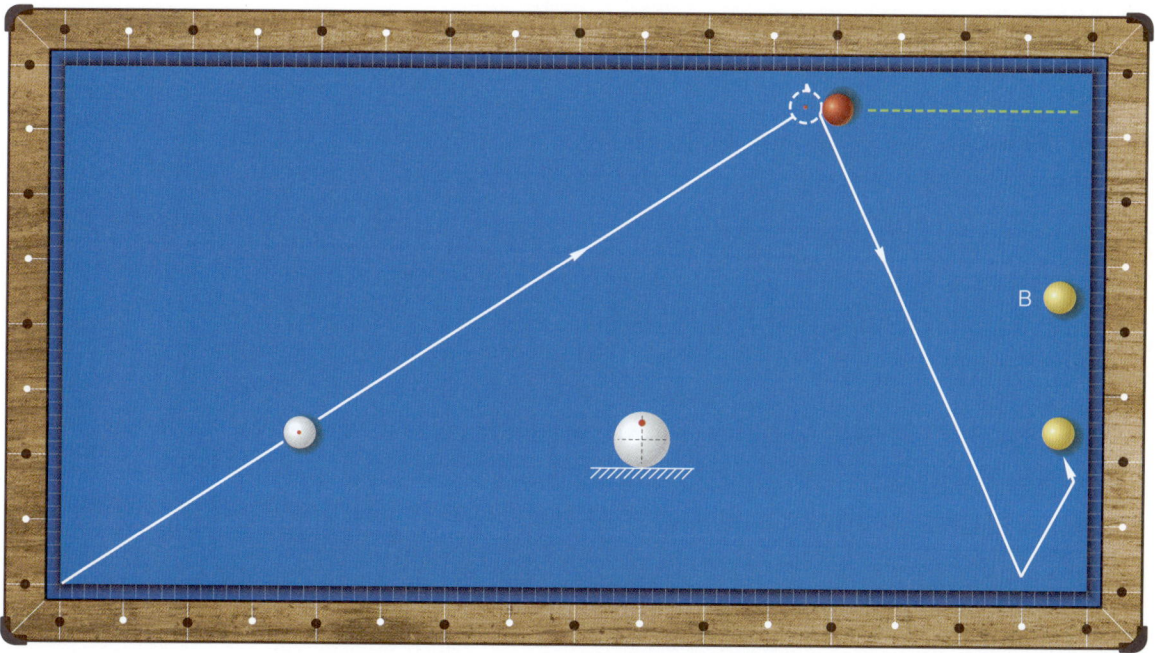

〈그림 3〉은 이동경로가 너무 멀어서 어렵다고 생각할 수 있겠다. 하지만 너무 쉬운 경로임을 알아야 하고, 이 형태를 반드시 기억하기 바란다.

제1목적구가 장축중앙에 위치해 있고, 수구가 45° 방향, 즉 코너 방향에 위치했을 때, 최대회 전력으로 키스를 피할 수 있을 정도의 얇은 두께(목적구를 두껍게 맞추어 수구가 커브를 그리는 진행을 시키지 않도록 한다)로 부드럽게 구사하면 자연스럽게 코너에 더블이 형성된다(절대로 단 쿠션이 먼저 맞지 않는다).

〈그림 4〉는 제1목적구가 두 번째 포인트에 위치해 있고, 수구가 코너 부근에 위치해 있을때, 무회전으로 구사하면 (단, 목적구를 너무 두껍게 맞춰서 수구가 커브를 그리면서 진행하지 않도록 한다) 단축 중앙에 위치한 제2목적구를 자연스럽게 3쿠션으로 성공할 수 있다.

〈그림 3〉, 〈그림 4〉는 더블 쿠션을 구사할 때 기준으로 삼을 수 있는 기본도라고 할 수 있겠다. 독자들도 한 번씩 구사해 보도록 하고 익숙해졌다면 기준으로 삼아서 실전에서 써먹을 수 있기를 바란다.

그렇다면 〈그림 3〉에서 제2목적구가 A의 위치에 있고, 〈그림 4〉에서 제2목적구가 B위치에 있다면 어떻게 해결해야 할까를 생각해보자.

회전을 약간 뺀다? 두께를 약간 조절한다?

당구에서 약간이란 표현처럼 애매하고 어려운 것이 없다.

너무 어렵게 생각하지 말도록 하자. 조금만 빠르게 구사하면 성공할 수 있을 것이다.

3쿠션 플레이어라면 반드시 외워야 할 사항들을 소개하고 있다.

순서에 연연하지 말고 최대한 많이 외우도록 해야 할 것이다. 이제부터 소개하는 필수암기 진행도는 난구풀이 또는 포지션 플레이에 많은 도움이 될 것이다.

공 배열을 받을 때마다 계산을 하는 것도 좋은 방법일 수 있지만 외우고 있는 진행도가 많을수록 고민도 적어지고 경기를 쉽게 풀어갈 수 있다.

무조건 외우도록 하자.

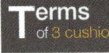

로스트(Lost) - 공식용어로 경기에서 패배한 것을 말하고 L로 기록.

Daniel Sanchez Galvez

항상 포지션 플레이를 생각하라.

매 이닝(inning)마다 1점으로 끝난다는 것은 상대방이 만들어준 1점만을 득점했다는 것이다. 즉 내가 만들어낸 점수는 없다는 말이다. 매번 공격 기회 때마다 후구에 대한 생각을 하고, 연속 득점에 만전을 기하는 노력을 해야만 할 것이다.

반드시 외워야 할 진행도

STEP 01 | 암기 1~13

◀ 암기 1

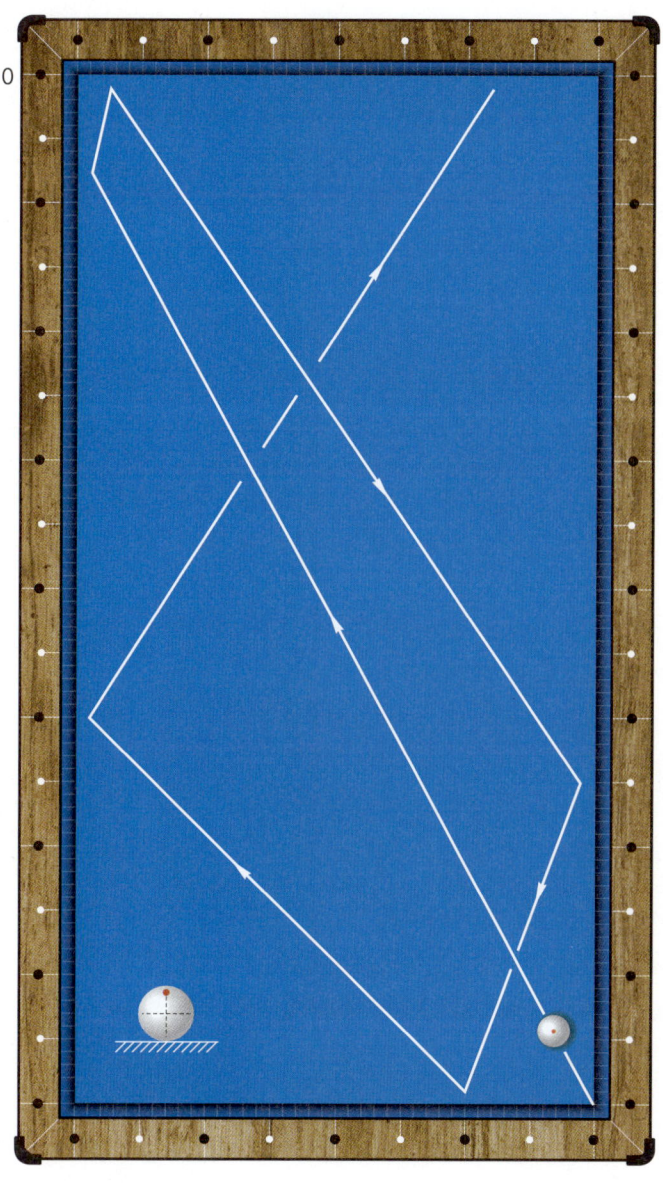

정 상단 회전으로 0포인트를 겨냥하여 구사한다. 3쿠션, 4쿠션, 5쿠션, 6쿠션의 도착지점을 반드시 암기하자.

▼ 암기 2

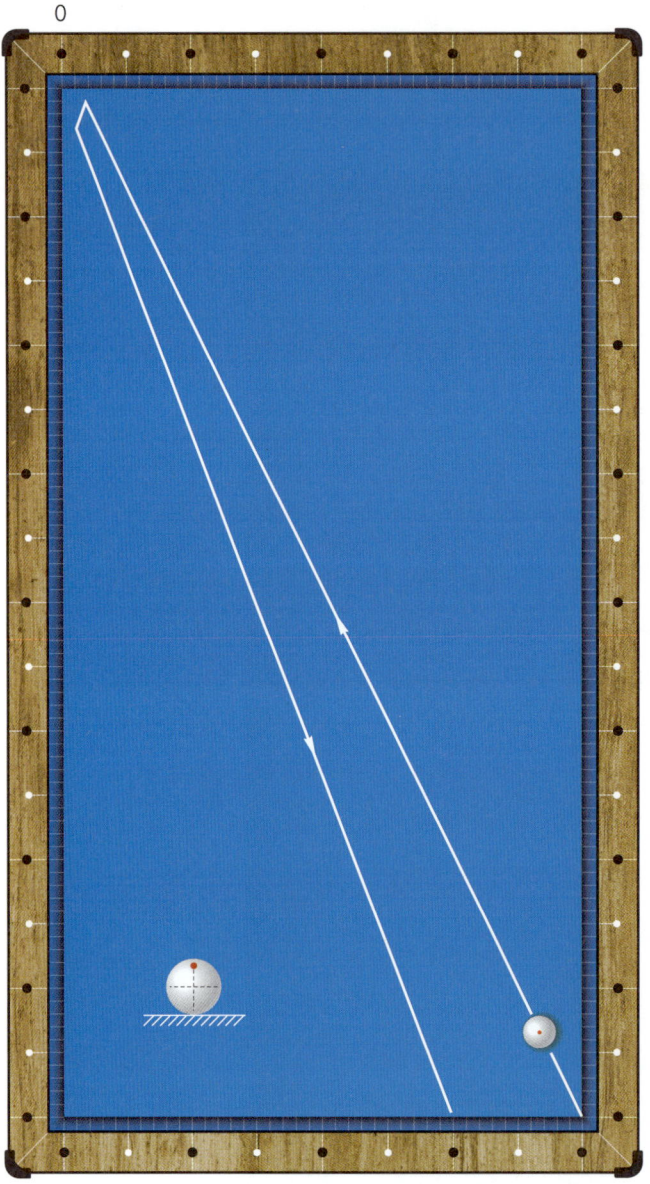

정 상단 회전으로 단축의 0포인트로 진행시킨다. 3쿠션, 4쿠션, 5쿠션의 도착지점을 외운다.

▼ 암기 3

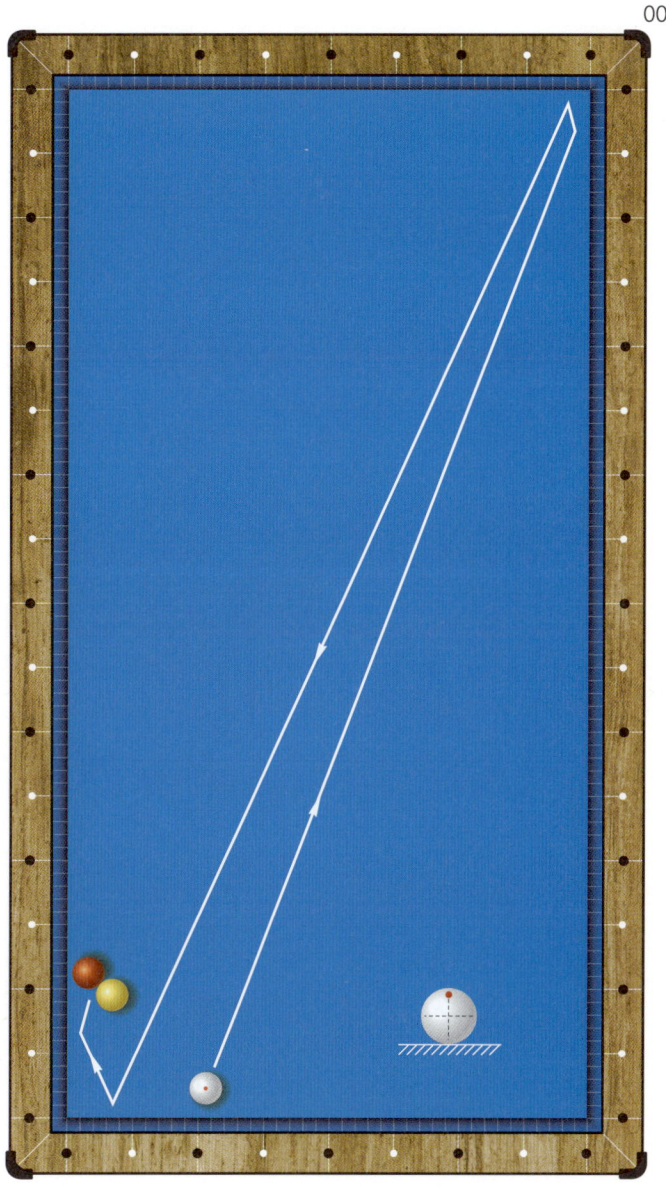

단축 첫 번째 포인트에서 장축의 00포인트를 향해 입사시킨다. 돌지 않고 다시 몸쪽 단축으로 진행할 것이다.

▼ 암기 4

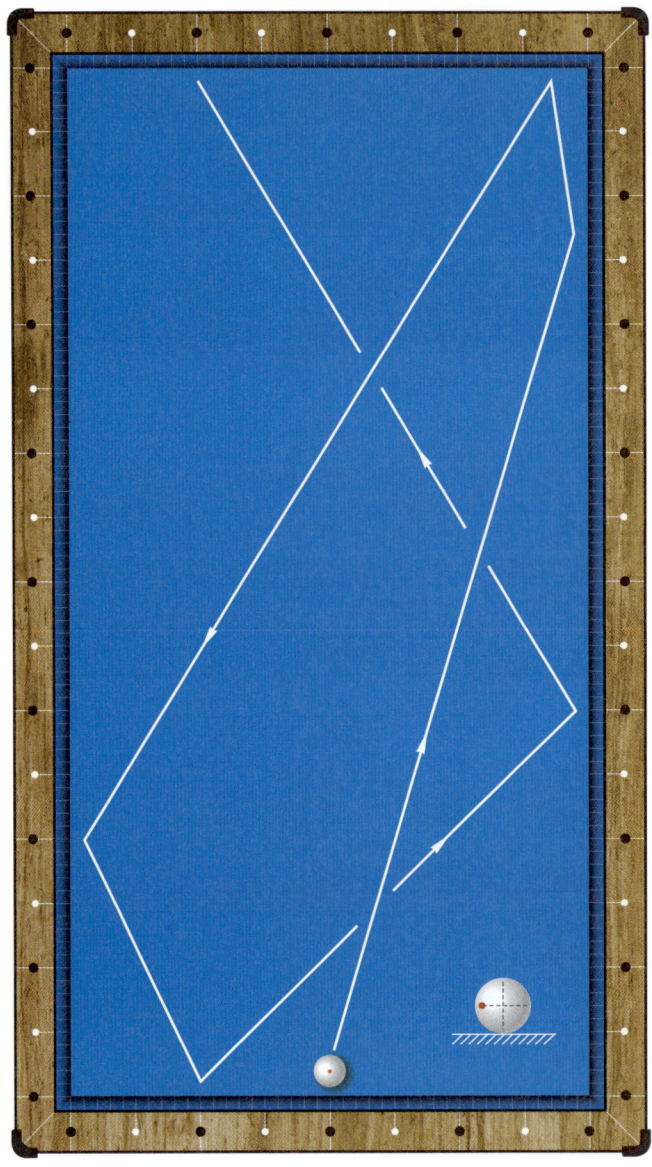

단축 중앙에서 장축 0포인트를 향해 입사시켜 대회전시키면 반대편 단축 10포인트에 도착한다.

▼ 암기 5

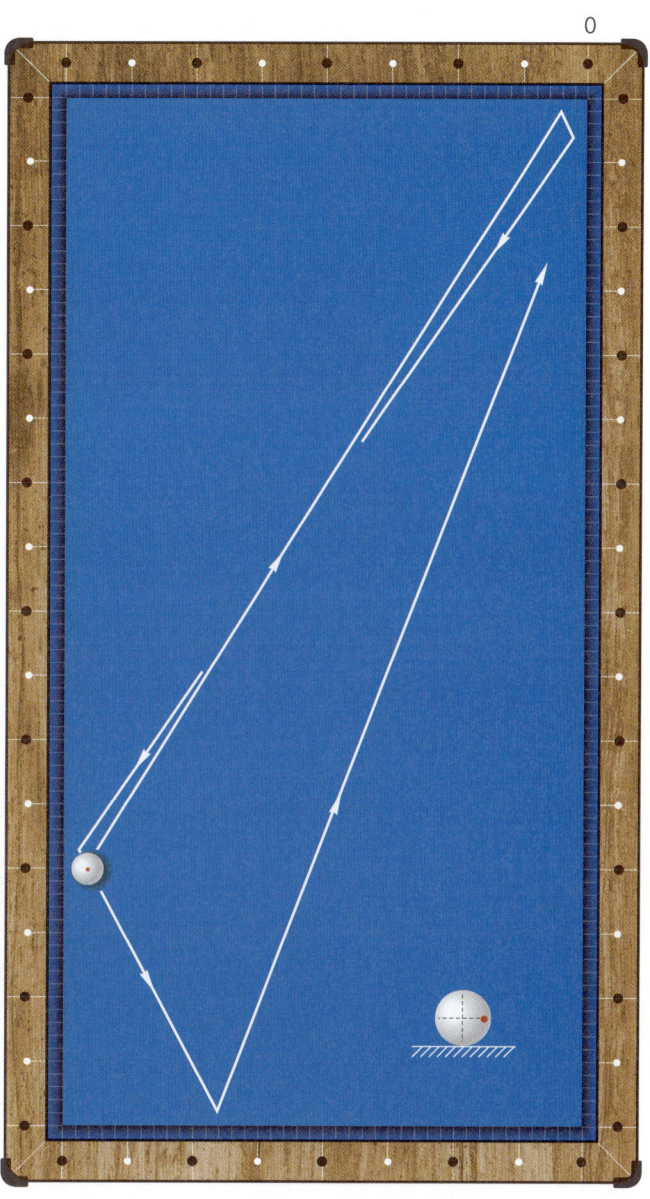

장축 두 번째 쿠션에서 단축 0포인트로 입사시키면 네 번째 쿠션에서 브레이크(Break) 걸리면서 다시 코너 쪽으로 진행한다.

▼ 암기 6

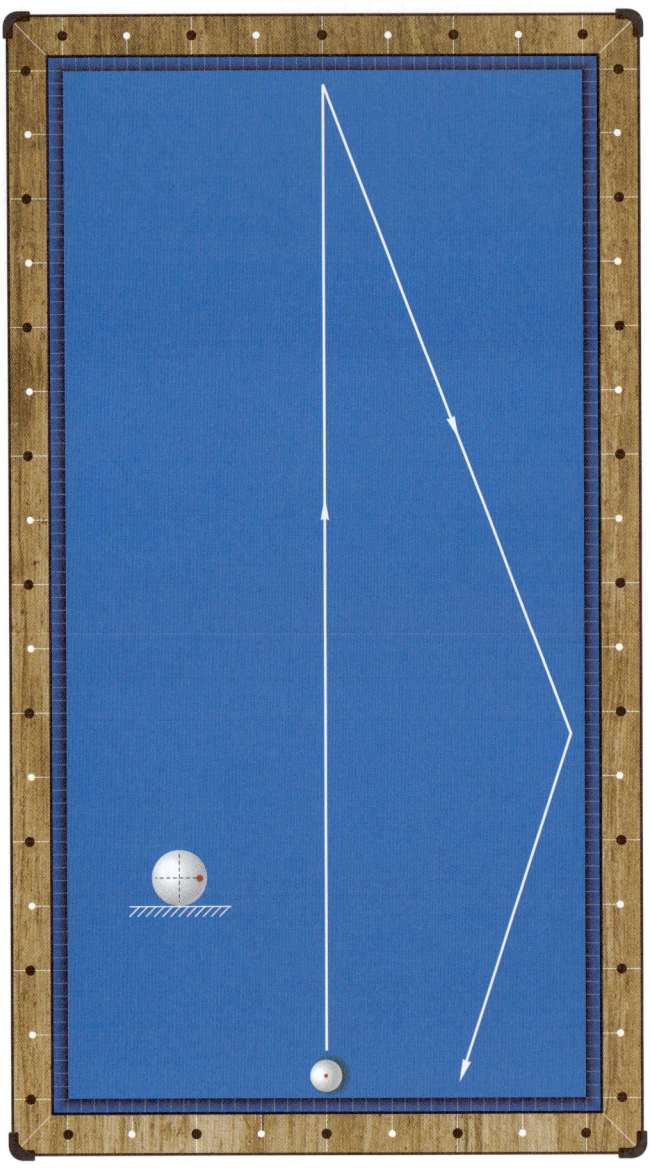

단축 중앙에서 정면 단축 중앙에 최대 회전으로 입사시키면 몸쪽 단축의 첫 번째 포인트로 진행한다.

▼ 암기 7

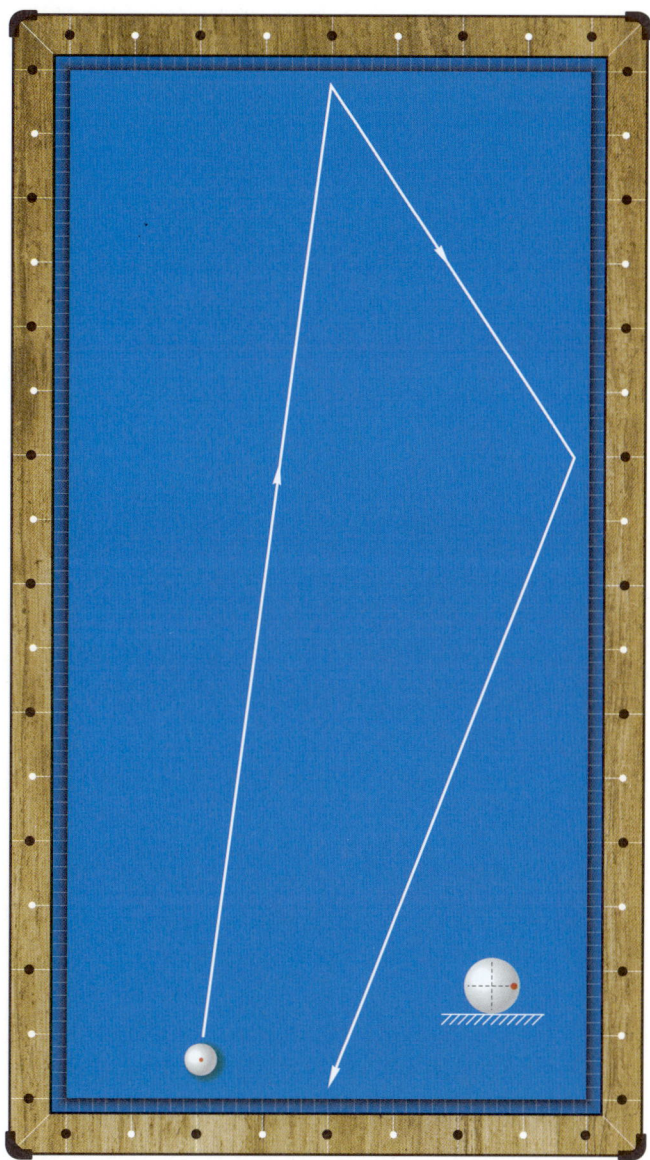

단축의 첫 번째 포인트에서 정면의 중앙에 최대 회전으로 입사시키면 몸쪽 단축의 중앙으로 진행한다.

▼ 암기 8

단축의 코너에서 대각선 방향의 단축 0포인트에 (−)회전으로 입사시키면 장축을 따라서 이동하고 역회전으로 되돌아 나오는 진행을 볼 수 있다.

▼ 암기 9

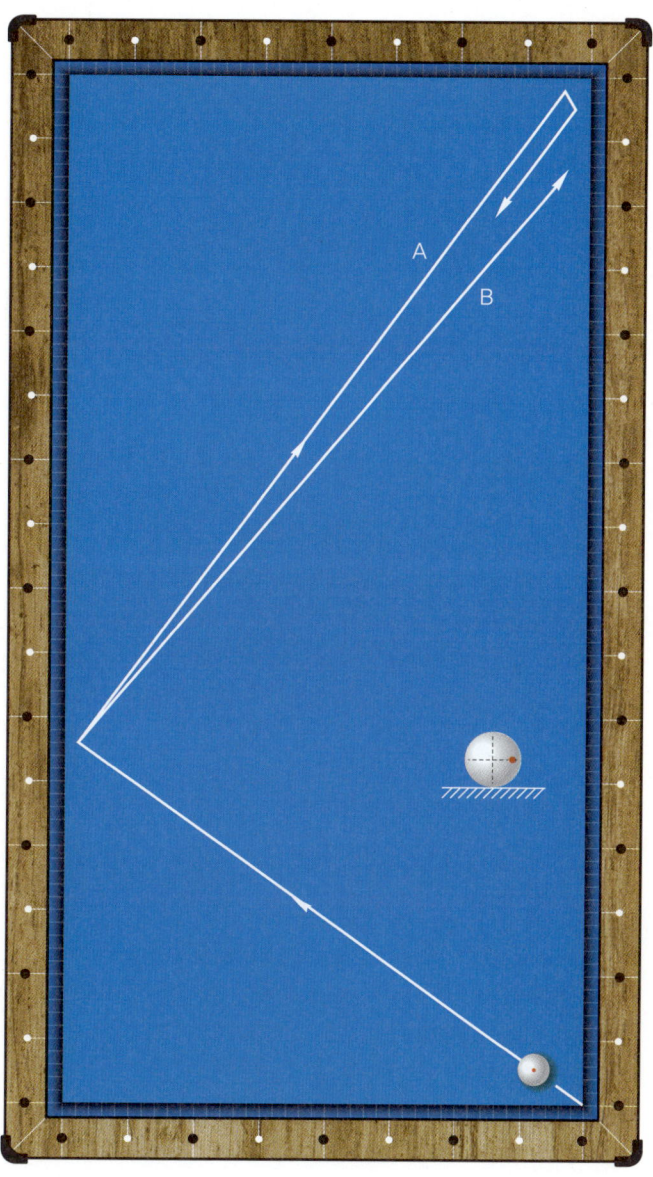

앞에서 R-C Point System을 공부한 사람이라면 A의 진행을 알 수 있을 것이다. 조금만 빠르게 구사해 보면 B의 진행경로로 이동한다는 것을 기억하자.

유용하게 사용할 수 있을 것이다.

▼ 암기 10

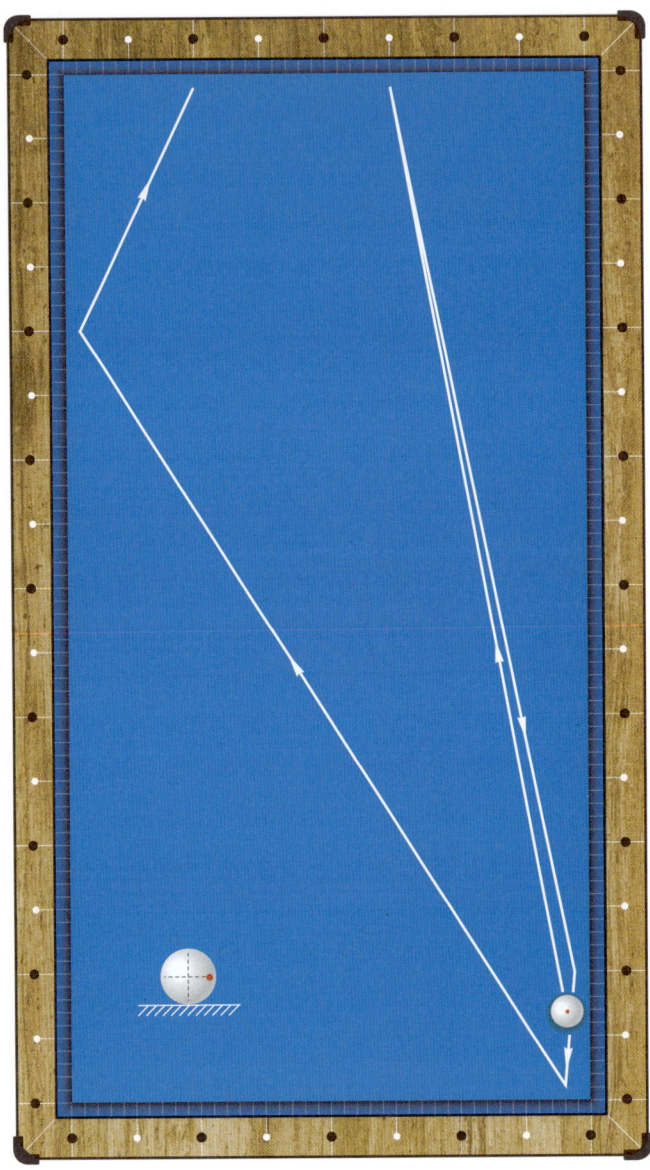

코너에서 정면의 단축 1.5포인트를 겨냥하여 입사시키면 다시 코너 쪽으로 이동한다.

▼ 암기 11

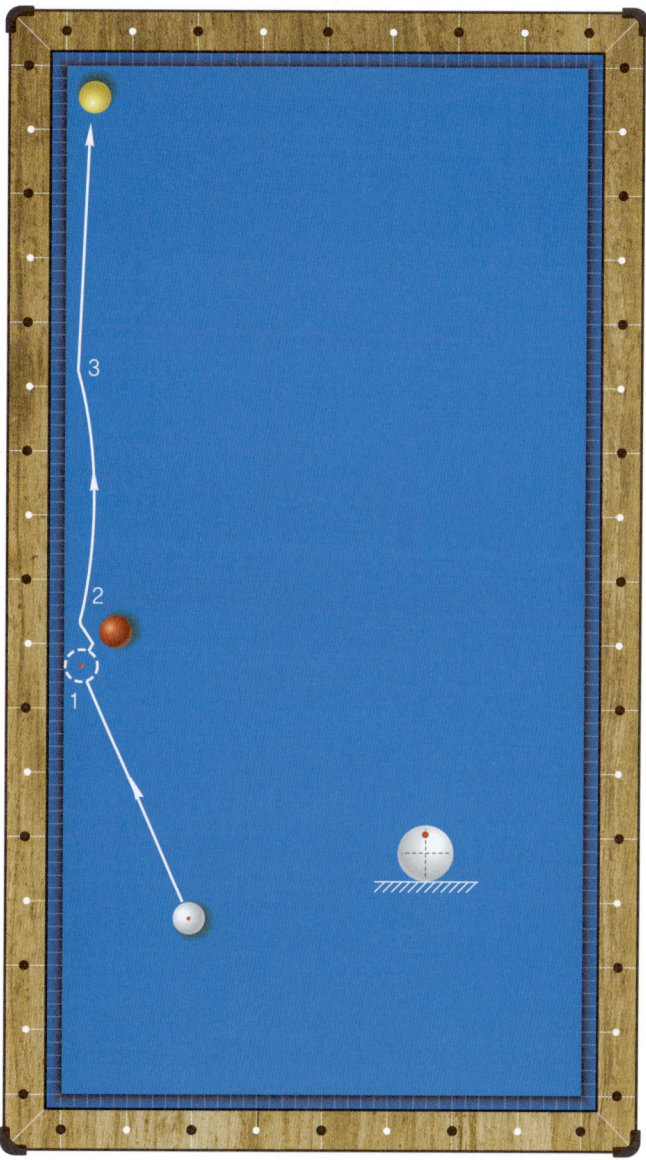

제1목적구가 쿠션에서 공 1개보다 작게 떨어져 위치해 있다면 정 상단으로 빠르게 뱅크 샷을 해보자. 장축에서 3쿠션을 만들어 낼 수 있을 것이다.

▼ 암기 12

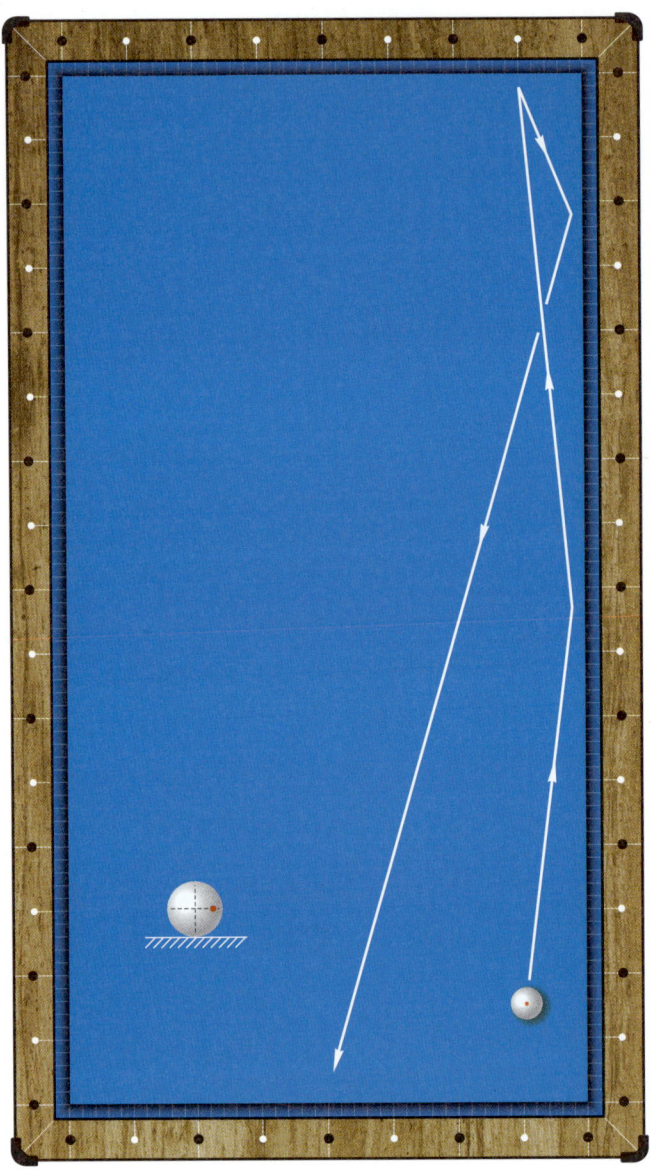

몇 포인트를 겨냥해서 진행시키면 네 번째 쿠션 어디로 도착한다는 것이 중요한 것이 아니다. 진행하는 경로를 유심히 살펴보자.

예제에서 실전에 어떻게 적용하는지를 설명하겠다.

▼ 암기 13

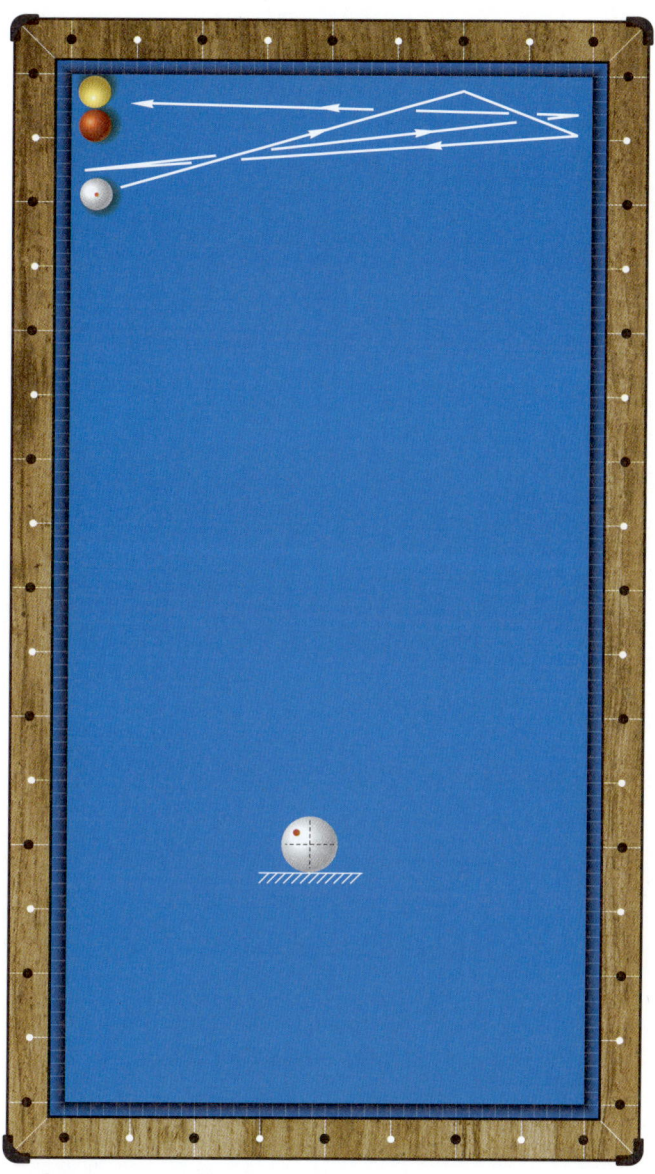

왼쪽 상단 회전력으로 빠르게 구사하여 보자.
　기름기가 많거나 새 라사지가 깔린 당구대에서는 구사하기 어렵다.
　미끄러지는 현상이 많이 생기기 때문이다.

이외에도 암기해두면 실전에서 유용하게 사용할 수 있는 것들이 많이 있다.
앞에서 소개한 암기 사항을 외우고 있다고 해서 그것으로 끝나면 실전에서는 무용지물이 될 것이다.
앞의 암기 사항을 잘 외우고 실전에서 어떻게 적용할 수 있는지 예제를 통해 확인해 보자.

리버스 잉글리시(Reverse English) - 수구의 진행방향이 거꾸로 되도록 수구에 가하는 역회전.

STEP 02 | 예제 1~18

▼ 예제 1

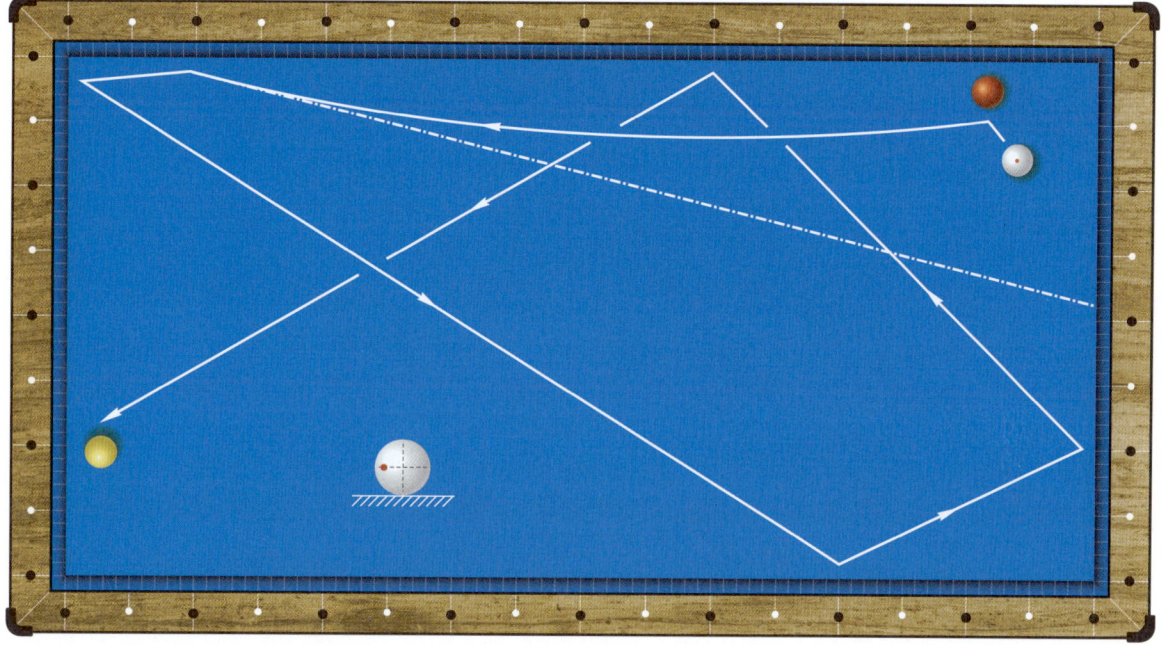

〈암기 4〉의 도면을 응용하여 실전에서 구사하는 모습이다.

단축에 가까이 붙어 있는 공을 제1목적구로 삼아 아주 얇게 맞추어 안 돌리기로 득점할 수 있겠으나 수구와 거리가 너무 멀어서 두께를 원하는 만큼 정확하게 처리하기가 어렵다.

여기서 하나 알아두어야 할 요점이 있다면 멀리 있는 목적구보다는 가까이 있는 목적구를 제1목적구로 삼아야 한다는 것이다. 가까이에 위치한 목적구를 선택하는 것이 두께의 실수가 적어지기 때문이다.

이제 두께를 충분히 선택하여 장축을 따라서 진행시켜 보자.

자연스런 라운드가 그려지면서 계산할 필요도 없이 쉽게 득점이 될 것이다.

 마세(Masse) - 큐를 기울여 수구에 극단적인 회전을 주는 기술.

▼ 예제 2

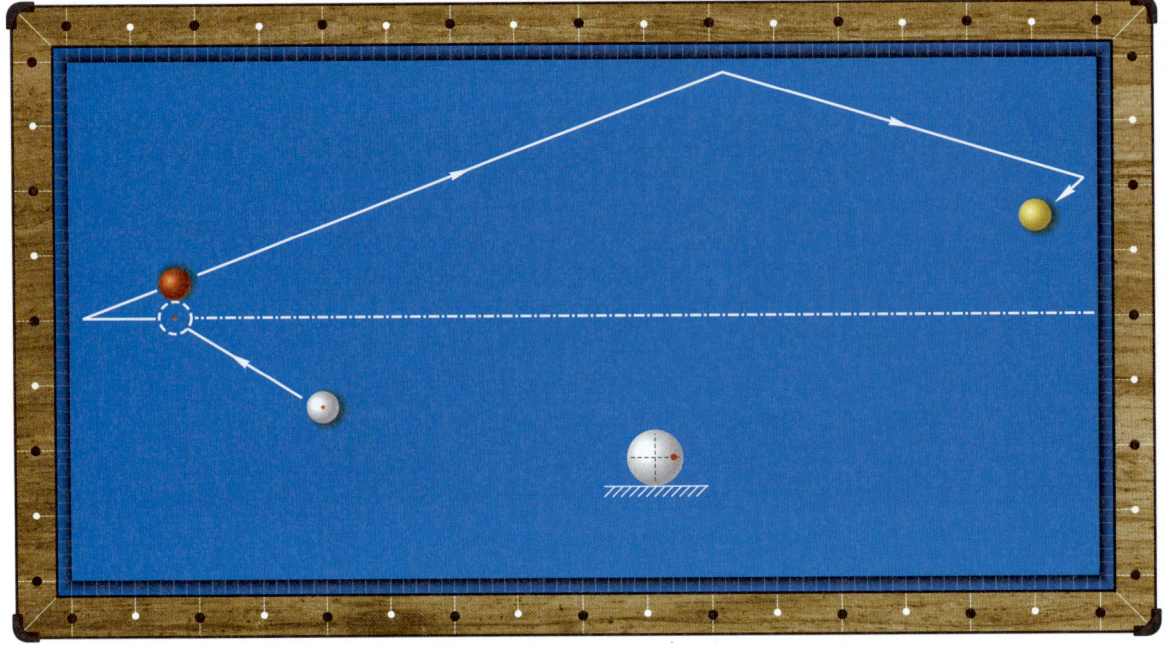

〈암기 6〉을 실전에서 응용한 모습이다.

　마땅히 다른 경로를 찾기가 쉽지 않은 배열이다. 물론 길이 없는 것은 아니지만 암기해 놓은 경로가 있고, 그 코스의 위치에 제1목적구와 제2목적구가 정확히 위치해 있다면 굳이 다른 길을 선택하면서 스트레스를 받을 필요는 없지 않은가.

　단축 중앙에서 정면을 향해 최대 회전력으로 진행시키면 단축의 첫 번째 포인트로 이동한다는 것을 실전에서 시도해 보자.

　물론 연습량이 있어야 할 것이다.

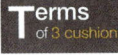　메커니컬 브리지(Mechanical Bridge) - 정상적으로 브리지 핸드를 사용하여 볼을 치기 어려울 때 큐대를 받치기 위해 사용하는 홈이 파인 도구.

▼ 예제 3

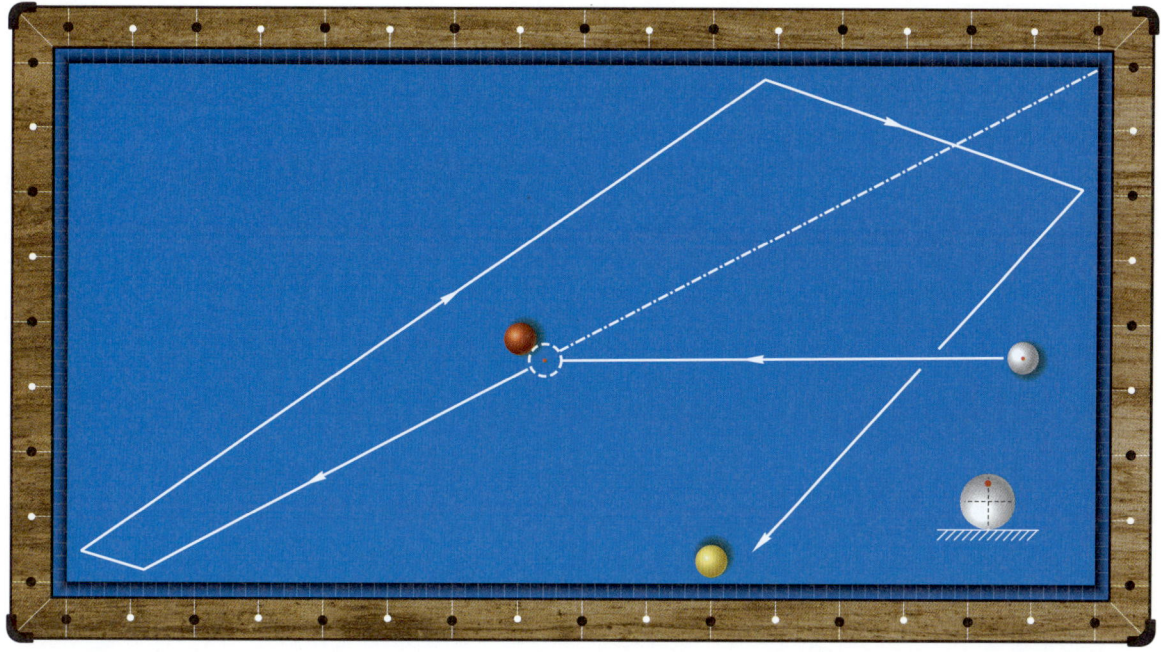

〈암기 1〉을 이용한 진행도이다.

　만약 〈암기 1〉의 도면이 머릿속에 없다면 바깥 돌리기를 길게 구사하기는 하여야 하는데 회전력을 어떻게 결정해야 할지를 고민하게 될 것이다. 그래서 특정한 코스는 꼭 기억을 해야만 하는 것이다.

　외워놓지 않고 대충 느낌으로 시도했을 때 성공했다면 반드시 그때의 당점, 두께, 속도를 기억해 놓아야 한다.

　그것이 진정한 자신의 노하우인 것이다.

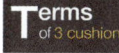 모으기 샷(Gather Shot) - 한 개 이상의 공을 다른 공에 쳐서 샷이 끝났을 때 공이 다시 돌아와 다음에 쉬운 샷을 할 수 있도록 공을 모으는 것.

▼ 예제 4

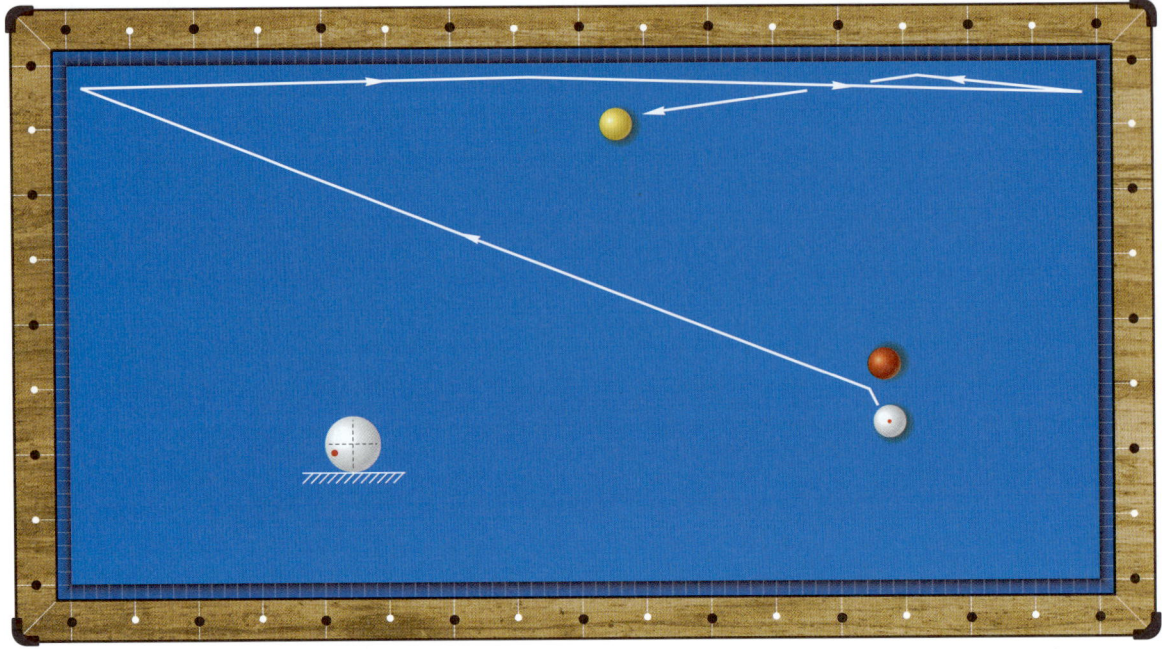

〈암기 8〉의 진행도를 실전에서 구사한 모습이다.

위의 코스가 아니라면 독자들은 과연 어떤 길을 선택할 것인가?

각자가 성공률이 높다고 생각하는 경로들이 있을 것이다.

위의 그림대로 진행시키고자 한다면 〈암기 8〉을 성공하였을 때와 같은 샷을 하여야만 마지막까지 회전력을 살려서 성공할 수 있을 것이다.

자신감 있게 그리고 첫 번째 쿠션의 위치에 정확하게 보내보자.

나머지 진행은 쿠션과 회전력이 알아서 마무리할 것이다.

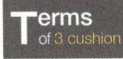 목적구(Object Ball) – 수구가 아닌 나머지 공.

▼ 예제 5

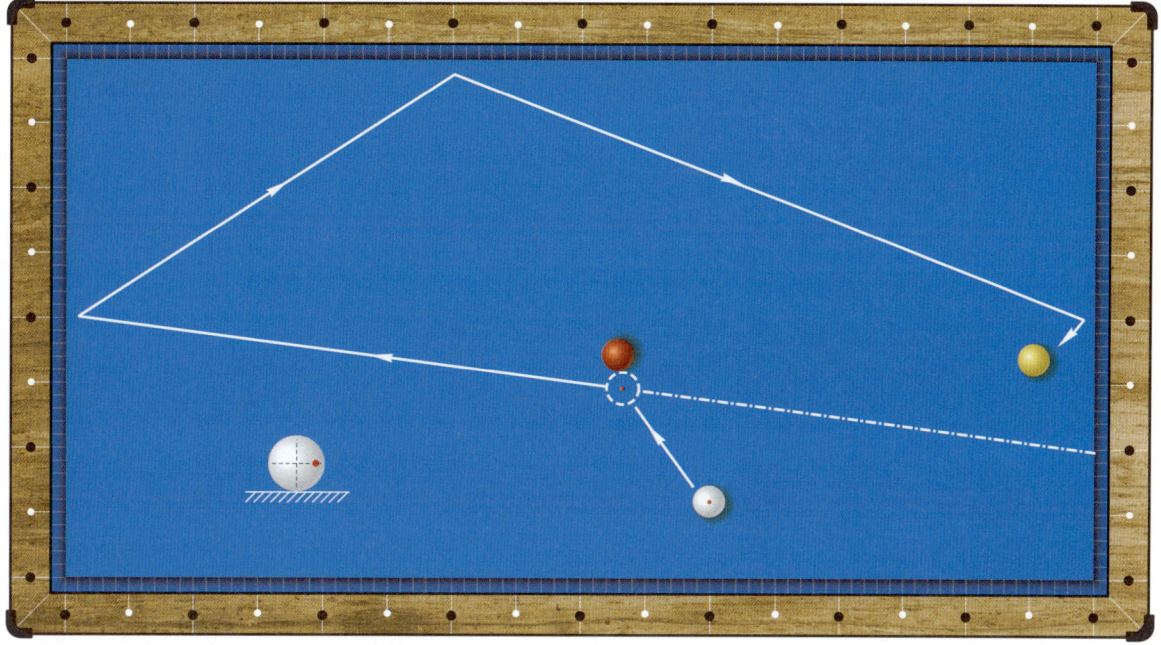

〈암기 7〉을 이용한 진행도이다.

　만약 외워서 기억하고 있는 것이 없다면 경로선택은 할 수 있을지 몰라도 수구가 단축의 어디에 도착하여야 하는지 고민할 수밖에 없을 것이다.

　최대 회전력으로 제1목적구를 맞추어 단축의 중앙에 맞추어 보자. 마치 자기 집을 찾아가듯이 쉽게 득점할 수 있을 것이다.

Terms of 3 cushion

미스 큐(Miss Cue) – 큐로 수구를 맞출 때의 실수로 수구가 올바르게 쳐지지 않는 것.

▼ 예제 6

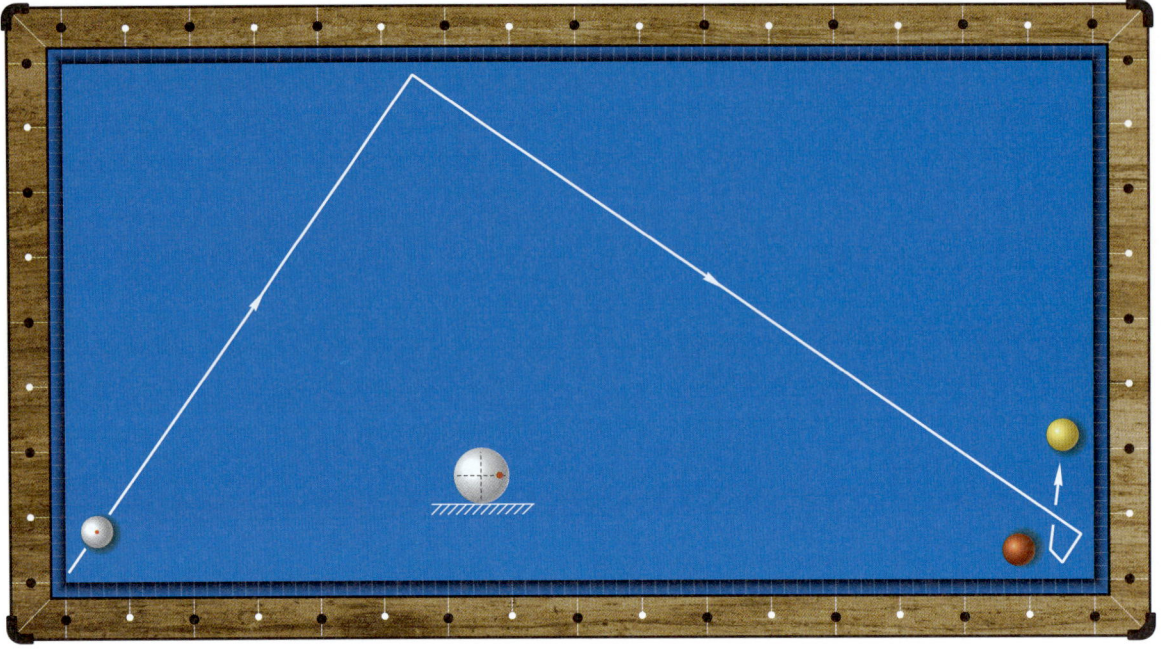

R-C Point System을 알고 있는 동호인이라면 별 어려움이 없이 득점할 수 있는 배열이다.

〈암기 9〉의 A경로를 응용한 득점방법으로 단순한 계산으로 어렵지 않게 득점할 수 있을 것이다. 수구 포인트(50) - 출발 포인트(50) = 도착 포인트(0)이므로 수구는 당연히 코너로 향하게 된다.

또 다른 응용을 보자.

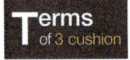 밸런스 포인트(Balance Point) – 큐대를 받침대에 올려놓았을 때 균형을 이루는 지점.

▼ 예제 7

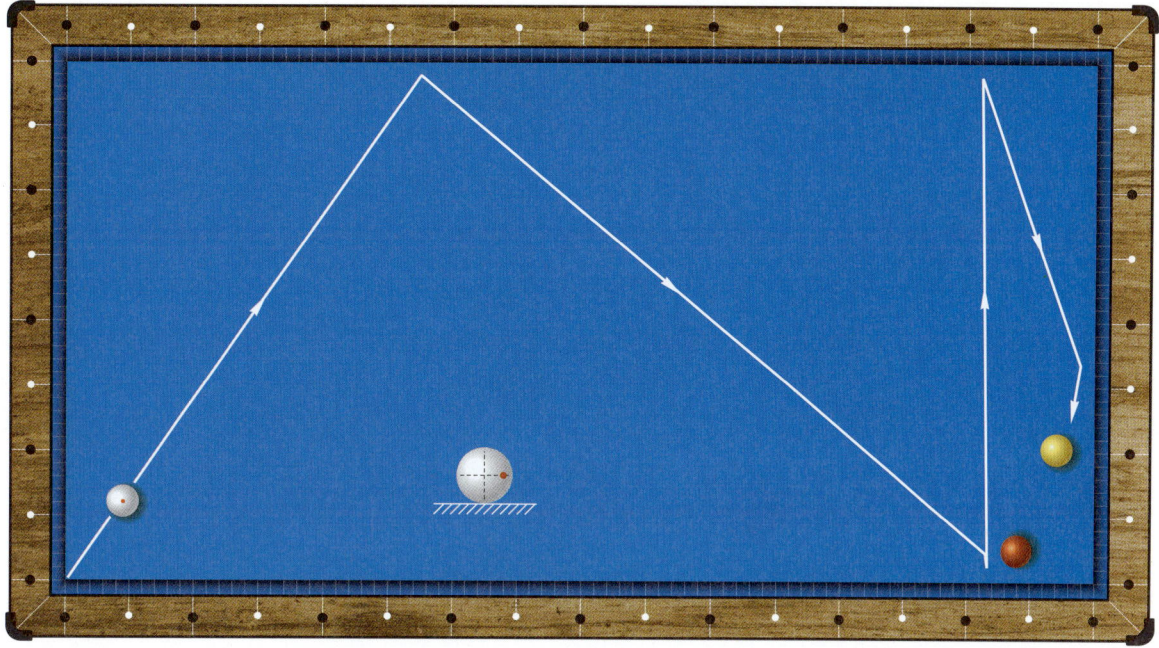

〈암기 9〉에서 B경로의 실전 응용편으로 속도와 관련된 진행의 변화를 볼 수 있다.

　수구 포인트(50) - 출발 포인트(50) = 도착 포인트(0)이지만 조금만 속도를 빠르게 진행시킨다면 제1목적구 앞으로 도착하게 된다.

　이렇게 제1목적구를 맞추게 되면 장축-장축-단축으로 진행하는 더블 쿠션의 진행이 이루어지는 것을 알 수 있는데 필자는 〈예제 6〉을 시도하다가 너무 세게 진행시켜서 실수로 득점을 하면서 발견하게 된 진행경로이다.

　이후 수차례 연습을 해본 결과 실전에서 이 코스를 노리고 시도를 할 수 있게 되었다.

　이렇듯 실수로 득점이 되었던 경로를 잘 기억해 둔다면 유용하게 사용할 수 있는 경로들이 많이 있다.

　뱅크 샷(Bank Shot) - 쿠션을 먼저 맞추고 목적구를 맞추는 방법.

▼ 예제 8

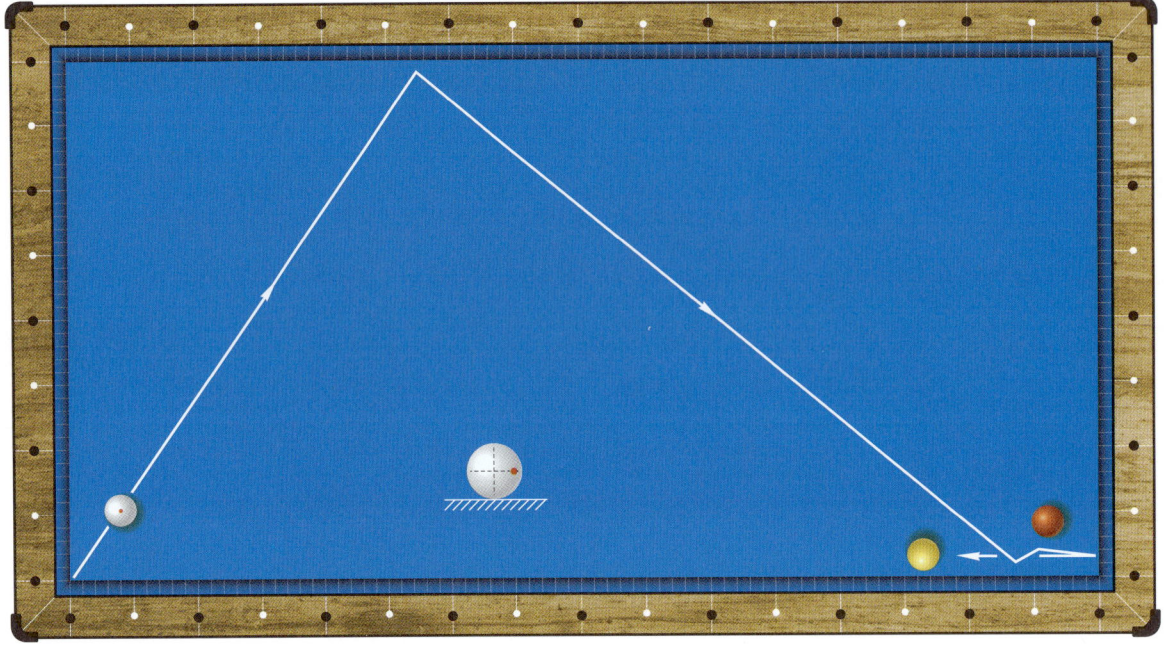

〈암기 9〉에서 B경로의 또 다른 응용으로 공 배열만으로 보면 엄청나게 어려운 난구일지도 모른다.

속도를 조금만 조절한다면 제1목적구와 장축 쿠션 사이로 진행시키는 데에 어려움이 없을 것이다.

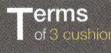

브레이크 샷(Break shot) - 경기의 시작을 위해 처음 개시하는 타구.

▼ 예제 9

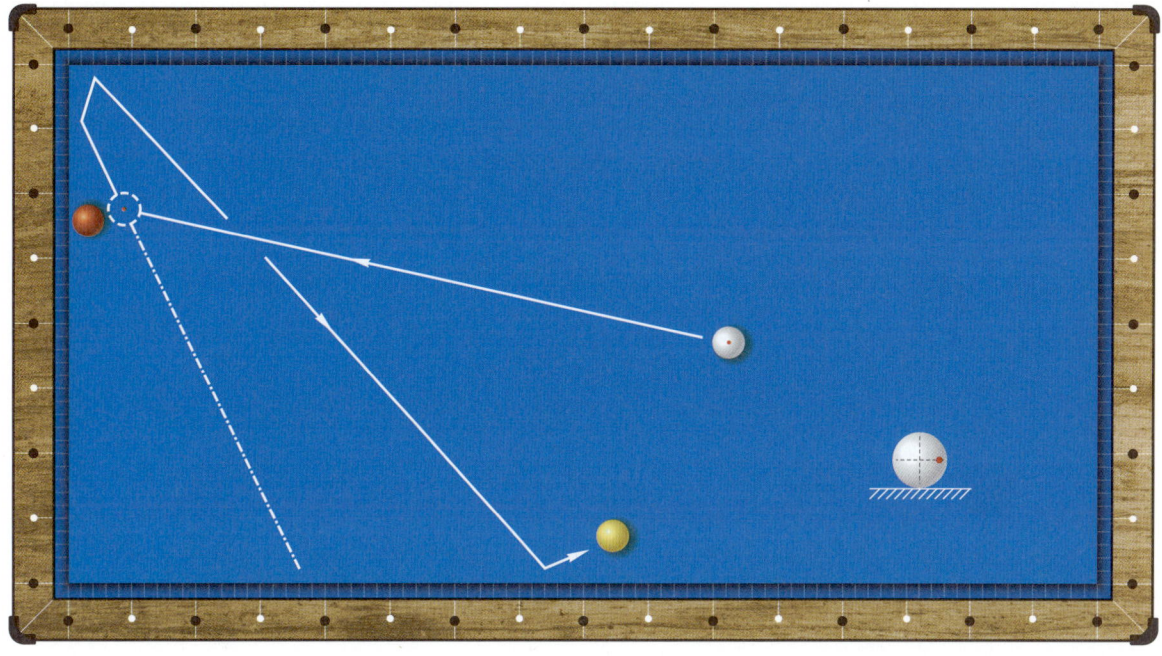

이 그림은 암기사항에는 소개하지 않았지만 Plus System의 수구 포인트 20에서의 진행도를 실전에서 그대로 이용하는 모습이다.

    최대 회전력으로 제1목적구를 키스가 나지 않을 정도로 두껍게 맞춘다.
    단, 여기서 중요한 것은 속도인데 짧게 진행한다고 해서 빠르면 안 된다는 것이다.
    아주 느리게 제2목적구가 간신히 맞을 정도의 속도로 구사하여야 할 것이다.
    백발백중의 쉬운 득점을 할 수 있으리라 생각한다.

Terms of 3 cushion 브리지(Bridge) – 큐를 고정하기 위해 받침으로 만드는 손의 모양.

▼ 예제 10

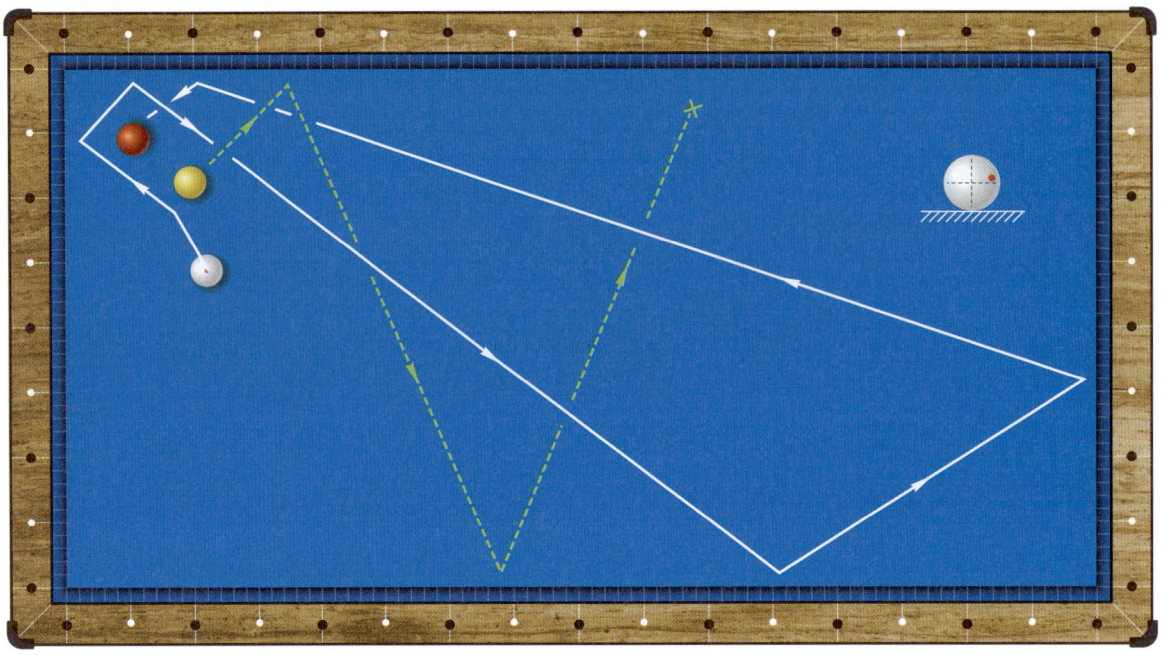

〈암기 5〉의 실전에서 구사하는 진행도이다.

  2007년 수원 월드컵 산체스와 쿠드롱의 준결승 경기에서 쿠드롱이 선보인 적이 있는 득점 장면으로 〈암기 5〉만 잘 기억하고 연습을 해 보았다면 무리 없이 득점할 수 있을 것이다.

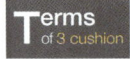 상대(Shaft) - 팁이 붙어 있는 큐의 윗부분.

▼ 예제 11

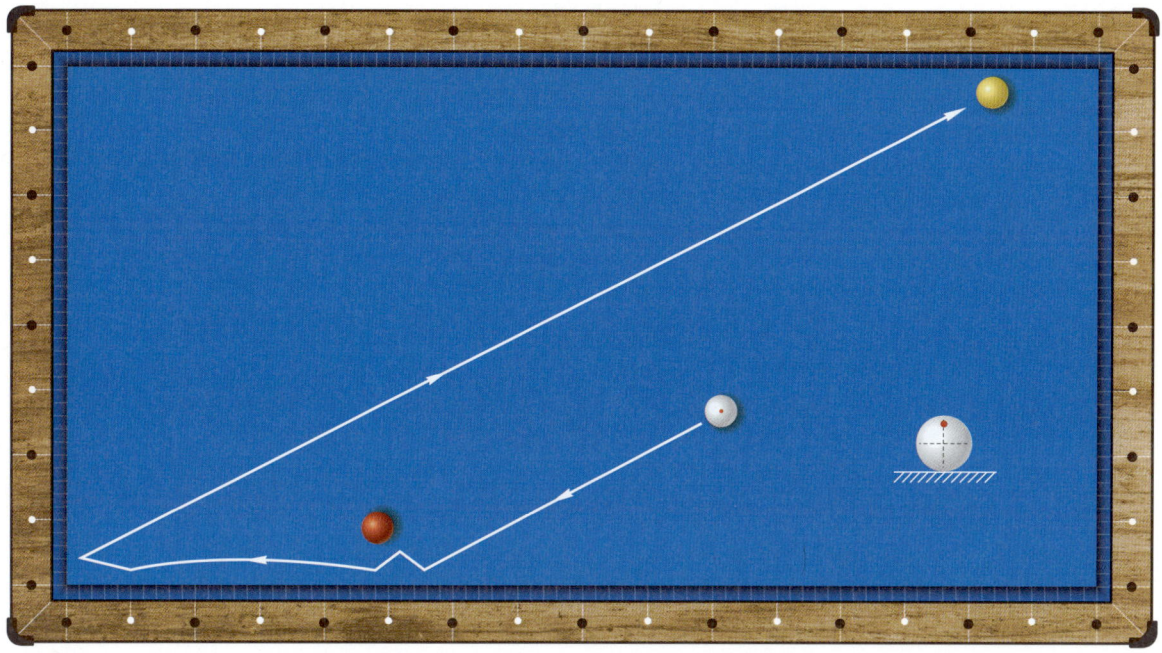

누구나 다 쉽게 처리할 수 있는 경로인 것 같으나 〈암기 11〉을 연습해 보지 않으면, 그리고 그런 식으로 샷을 하지 않으면 득점하기가 수월하지 않은 배열이다.

  두께를 얇게 걸어 쳐서 코너까지 보낼 수만 있다면 별 어려움이 없겠지만 〈암기 11〉에서 소개한 샷은 두께에 부담 없이 진행시키기 위해 소개한 것이라는 것을 알기 바란다.

Terms of 3 cushion
선골(Ferrule) – 큐대의 끝에 있는 합성수지 재질로 되어 있는 보호 기구. 이곳에 팁을 부착.

▼ 예제 12

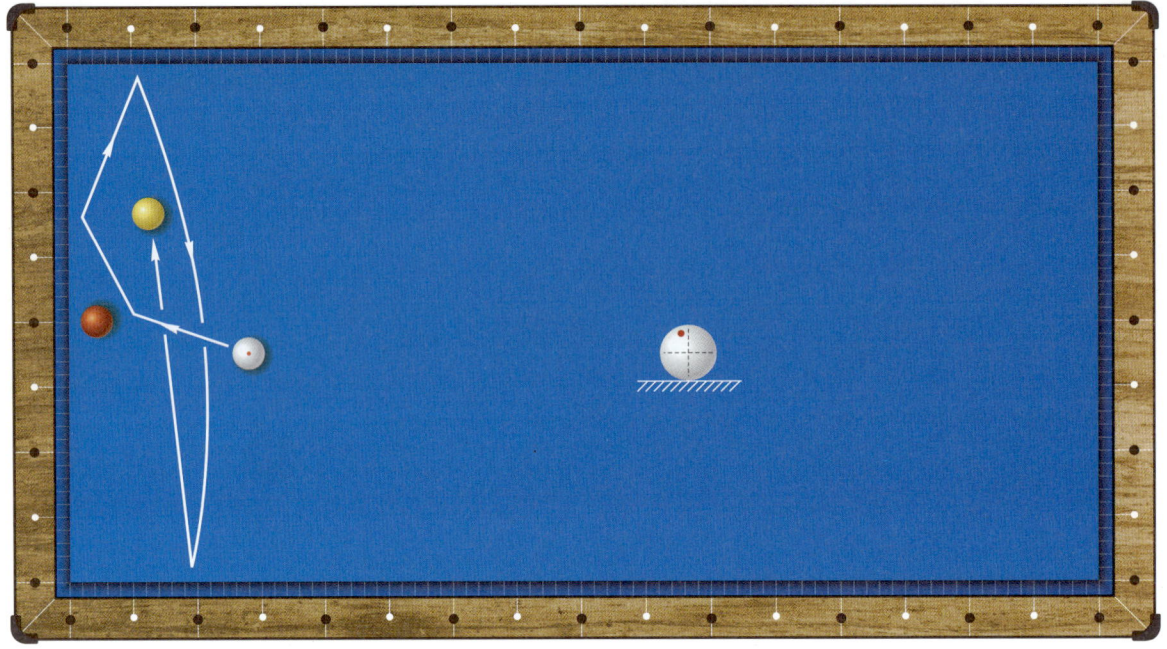

〈암기 13〉의 진행을 실전에서 이용한 진행도이다.

그림만 보아도 '아~하' 라고 할 수 있을 것이다.

제1목적구를 맞추고 두 번째 쿠션까지 진행된 다음 제2목적구가 맞지 않도록 두께 조정하는 것이 가장 큰 관건이다.

많이 연습해 본다면 누구에게나 박수를 받을 수 있는 멋진 샷이 아닐 수 없다.

세이프티(Safety) – 상대의 득점 기회를 최소로 하기 위한 방어적인 공의 포지션.

▼ 예제 13

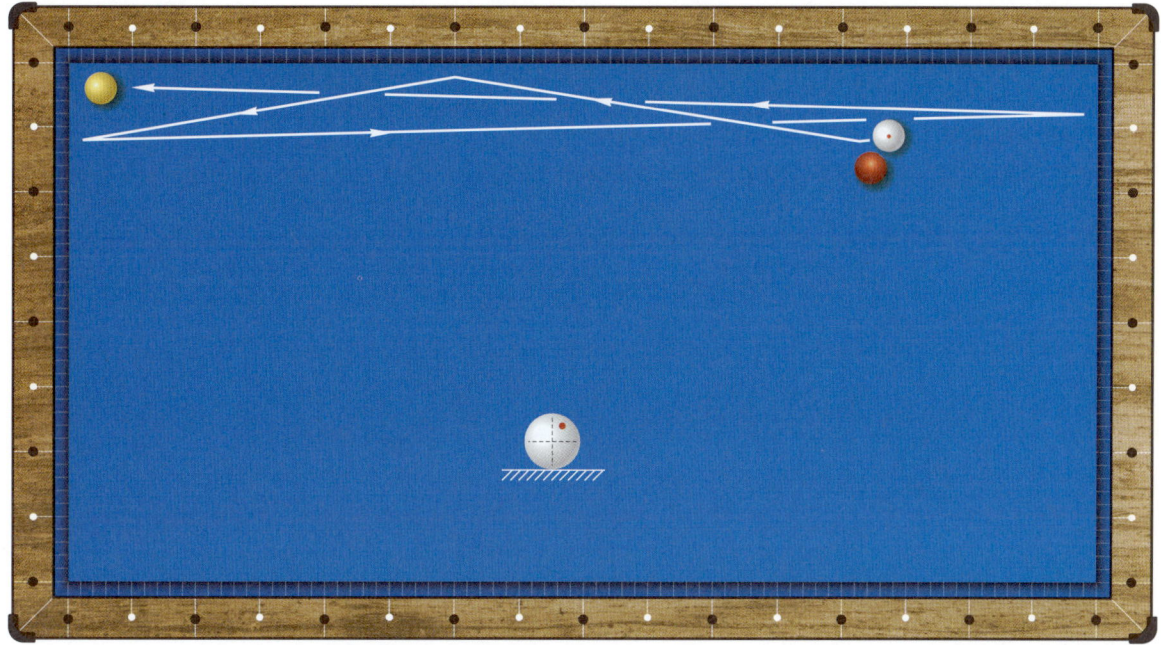

〈암기 13〉의 또 다른 예로써 이번에는 장축에서 이루어지는 경로를 도면으로 나타내보았다.

　여기서 중요한 것은 충격량(Impact)인데 바깥쪽에서 밀고 들어가는 〈예제 12〉를 처리할 때의 충격량과 안으로 끌고 들어오는 〈예제 13〉 형태를 처리할 때의 충격량이 전혀 다르다는 것이다.

　위 그림은 아주 부드럽게 길게 샷을 하여야만 그림과 같은 진행을 시킬 수 있을 것이다.

Terms of 3 cushion

세트(Set) – 경기에서 이기는 데 필요한, 처음에 정한 게임의 수효.

▼ 예제 14

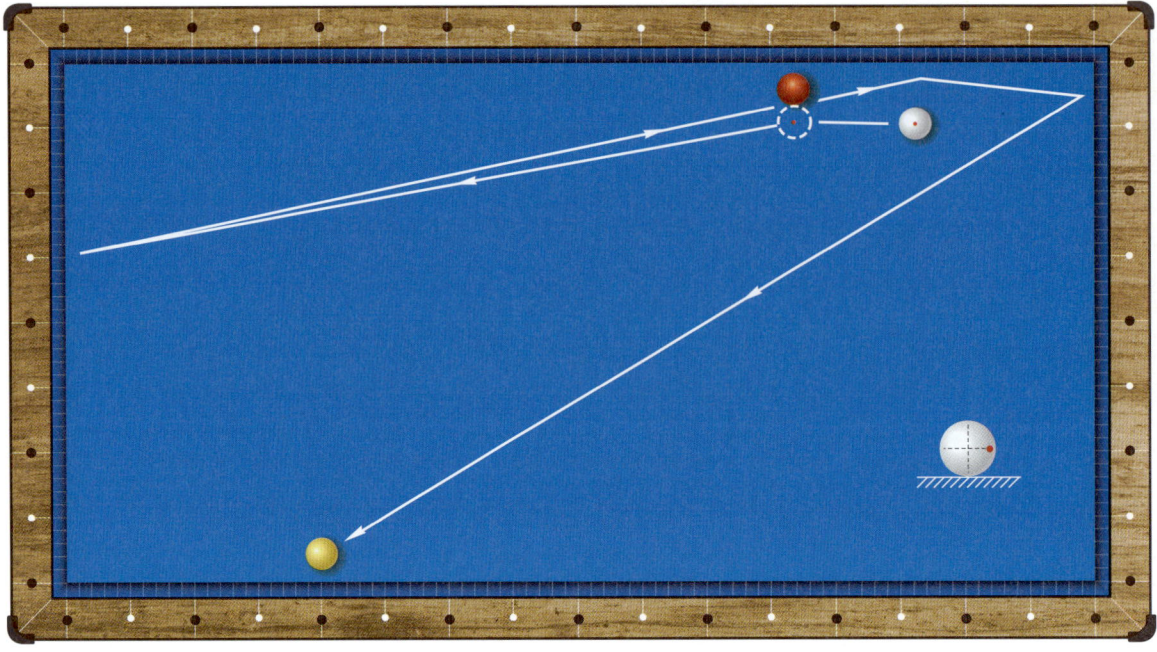

〈암기 10〉의 기본진행도의 예제 문제이다.

　왼쪽 회전으로 대회전시킬 수 있으나 제2목적구가 어려운 위치에 있어서 득점하기 쉽지 않다. 코너에서 정면의 단축 15포인트를 향해 진행시키면 다시 코너 쪽으로 진행하여 제2목적구 방향으로 진행한다는 것을 알고 있으므로 제1목적구를 맞추어 단축 15포인트에 정확하게 진행시키는 것만 신경 쓰고 자신 있게 샷을 하도록 한다.

　속도가 빠르면 목적구를 맞추고 원하는 지점에 도착시키기가 쉽지 않다.

　두께 조절의 연습이 필요할 것이다.

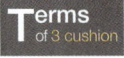

센터 스팟(Center Spot) – 테이블의 정확한 중앙 지점.

▼ 예제 15

어떤 진행도인지 기억할 수 있겠는가? 그렇다. 〈암기 3〉을 실전에서 이용한 모습이다.

다른 특별한 설명이 필요 없는 진행도일 것이다. 정확하게 첫 번째 쿠션으로만 진행시킨다면 누구나 득점할 수 있는 배열이다.

그렇다고 딱히 다른 경로를 선택할 만한 것도 찾아내기 힘든 공 배열이다.

이럴 때 이런 경로를 하나 알고 있다는 것이 얼마나 마음이 편안해지고 자신감이 생기는지 모를 것이다.

Terms of 3 cushion   스네이크(Snake) – 두 개의 쿠션을 이용하지만 회전력을 이용하여 수구가 3번 이상의 쿠션에 닿도록 하는 것.

▼ 예제 16

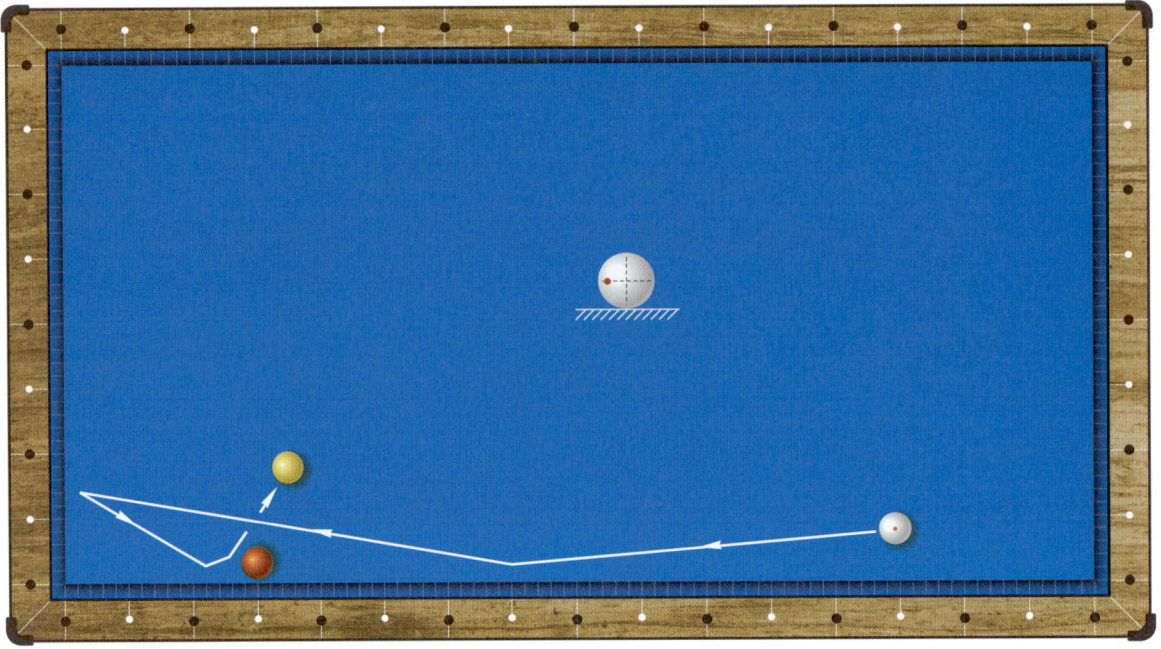

좀처럼 생각해 내기 쉽지 않은 진행도일 것이다.

〈암기 12〉를 생각해 내야 할 것이다.

수구가 장축 쿠션에 가까이 있을 때 시도할 수 있는 모습으로 장축의 중앙 정도에 최대 회전력으로 진행시켜 제1목적구를 피해서 들어간다면 성공하기 쉬울 것이다.

단, 아주 느린 속도여야만 한다.

조금만 빨라도 두 번째 쿠션에서 회전력을 되살릴 수 있는 시간이 부족하여 성공시키기가 어려울 것이기 때문이다.

 스탠스(Stance) – 샷을 하기 위한 자세를 취할 때 몸의 균형을 유지하기 위한 발의 위치나 다리의 모양.

▼ 예제 17

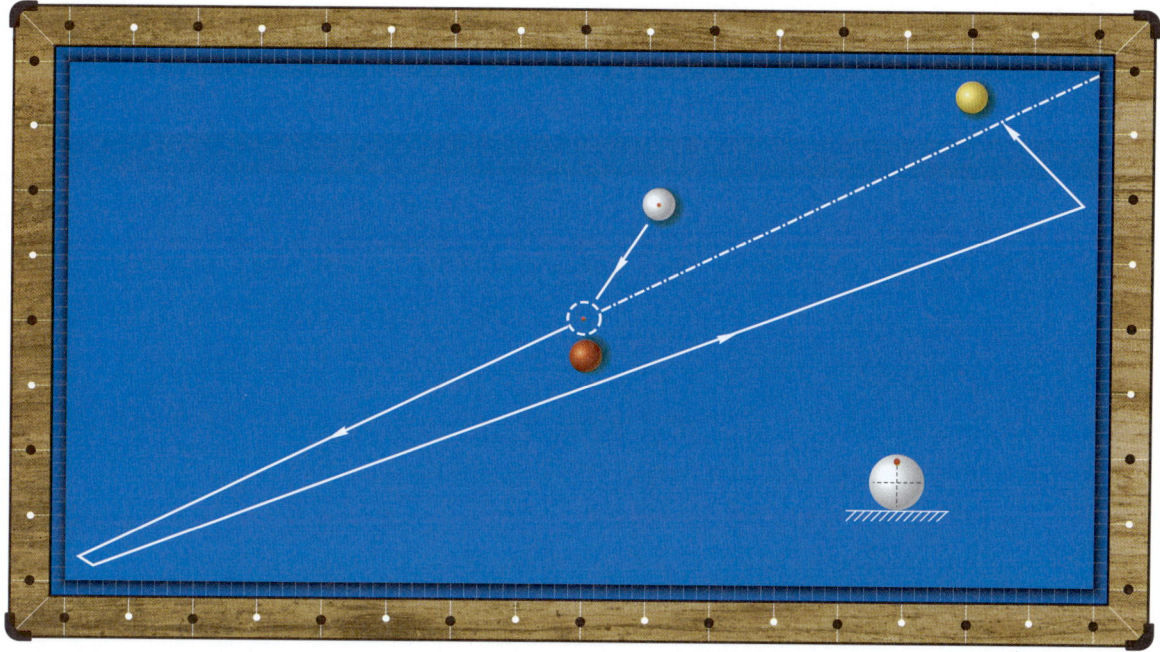

〈암기 2〉의 실전응용이다.

제1목적구를 맞추어 코어의 0포인트에 맞추는 것이 어렵지는 않을 것이다.

더군다나 좌 또는 우회전이 들어가는 진행이 아니므로 두께 맞추기도 어렵지는 않을 것이다.

스트로크(Stroke) – 큐를 뒤에서 앞으로 밀어 뻗는 동작. 짧게 길게 여러 가지로 할 수 있음.

▼ 예제 18

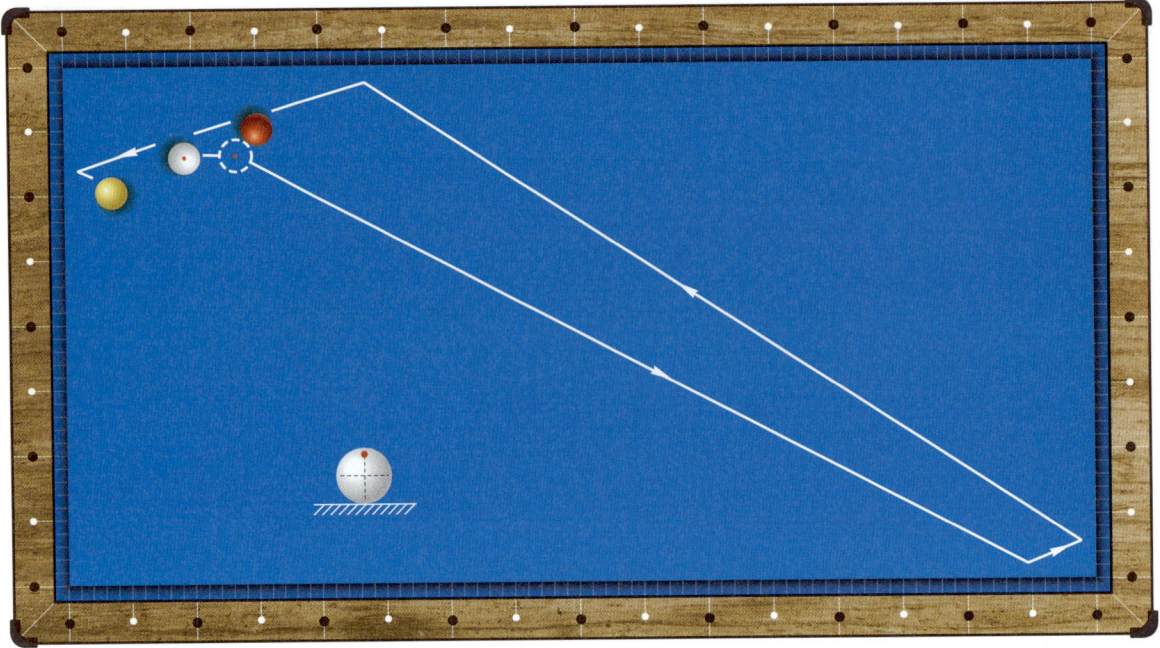

〈예제 18〉은 〈암기 1〉의 또 다른 예이다.

수구와 두 개의 목적구가 근접해 있다.

더블 쿠션이나 더블 레일 등 여러 경로를 시도할 수 있겠으나 큐걸이(Bridge)가 불편하여 실수를 유발할 수 있겠다.

또 한 가지는 위의 진행도처럼 시도한다면 자연스런 포지션 플레이를 할 수 있다는 것이다. 다음 공 배열이 어떻게 될지 예상해보고 실제로 시도해 보기 바란다.

스팟(Spot) - 당구대 바닥의 특정지점. 또는 지점을 표시하기 위해 천에 붙이는 얇은 원형의 종이나 천 조각(헤드 스팟, 센터 스팟, 푸트 스팟 등).

여러 가지 암기해야 할 도면들을 소개하고 예제 문제를 해결해 보면서 실전에서 어떤 식으로 응용이 되는지를 대략적으로 소개하였다.

직접 보여주지 못하고 지면으로만 소개를 하게 되어서 매우 아쉬울 뿐이다.

비슷하지만 조금씩만 위치를 바꿔도 전혀 다른 계산법이 적용되거나 선택을 바꿔야 하는 경우들도 너무 많이 있는데 지면으로 소개하는 데는 한계가 있기 때문이다.

지금까지 여러 독자들은 계산법 몇 가지만 알고 있으면 특별히 외울 필요 없이 그때그때 계산해서 구사하면 될 것이라고 생각했을 것이다.

코너 부근에서 출발이나 단축중앙, 장축중앙, 맥시멈 회전, 무회전 이런 정도는 기본적으로 외워 놓는 것이 경기운영적인 면이나 자신의 당구실력 향상에 도움이 되리라 생각한다.

Terms of 3 cushion

스포팅 볼(Spotting Ball) - 일정한 경기규칙에 따라 볼을 당구대 바닥에 놓는 것.

Forthomme Roland

배우고 느껴라
(지식과 지혜).

이론적으로 배우는 지식과 실전 경험으로 느끼는 지혜를 모두 겸비해야만 한다. 지식만 많으면 기본기를 소홀하게 된다.

당구 십계명 07

키스 샷(Kiss-Shot)

키스 샷은 주로 난구를 해결할 때 많이 사용하게 되는데, 여기서 소개하려는 여러 가지 형태의 키스 샷은 난구라서가 아니라 키스를 이용하여 득점하는 것이 성공률이 더 높기 때문에 반드시 알아두기 바란다.

이제 소개하려는 키스 샷은 3쿠션을 조금 친다는 동호인들에게는 별거 아니라고 생각하겠지만 많은 연습과 집중력이 있어야 할 것이다.

보기는 쉬워 보인다. 시도는 해 볼 수 있겠지만 성공률을 높이기 위해서는 두께를 정확하게 맞출 수 있는 연습이 필요할 것이다.

시딩(Seeding) – 토너먼트 게임에서 처음에 미리 팀을 가르거나 경기자의 포지션을 배정하는 것.

▼ 그림 1

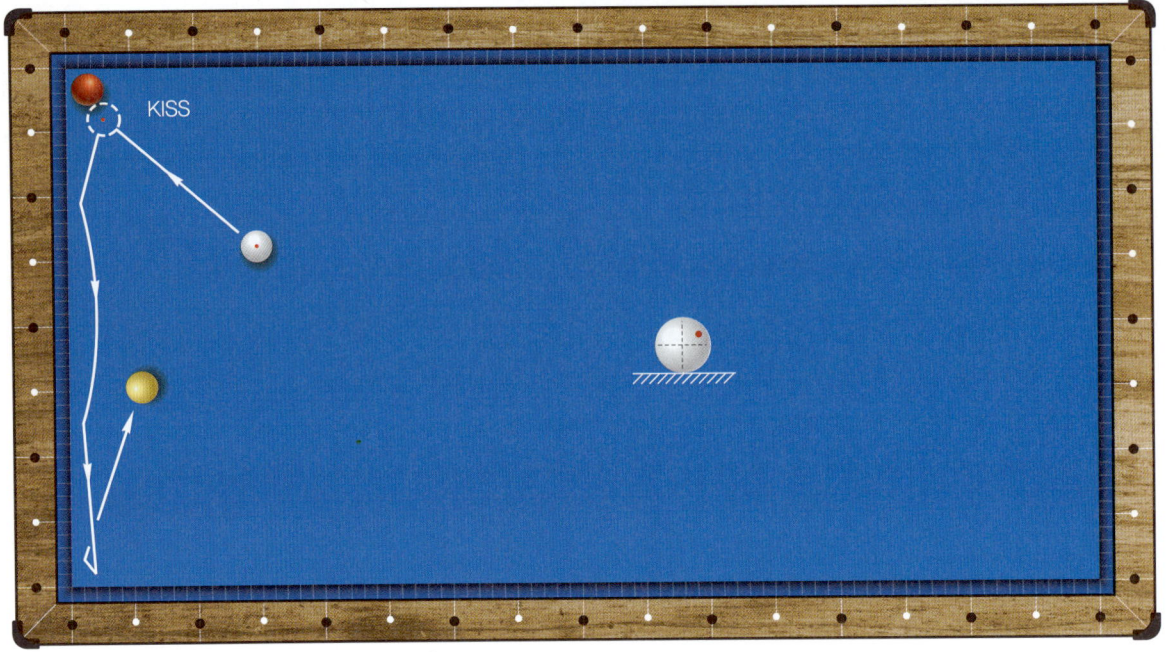

제1목적구가 코너에 붙어 있다.

   키스를 유발시키기가 너무나 쉬운 공이다.

   오른쪽 중 상단 최대 회전력(2시 방향)으로 정면에서 두께를 조금씩 바꿔가면서 시도해 보자. 자연스러운 2바운드(2 Bound)가 이뤄지면서 성공할 수 있는 두께를 찾을 수 있을 것이다.

   너무 빠르게 시도하지 않도록 한다.

   너무 빠르면 바운드가 생길 시간과 역회전이 충분히 효과를 낼 수 있는 시간도 부족하기 때문이다.

 싱글 일리미네이션(Single Elimination) – 한 번이라도 지는 경우 경기에서 제거시키는 토너먼트 형식.

▼ 응용 1

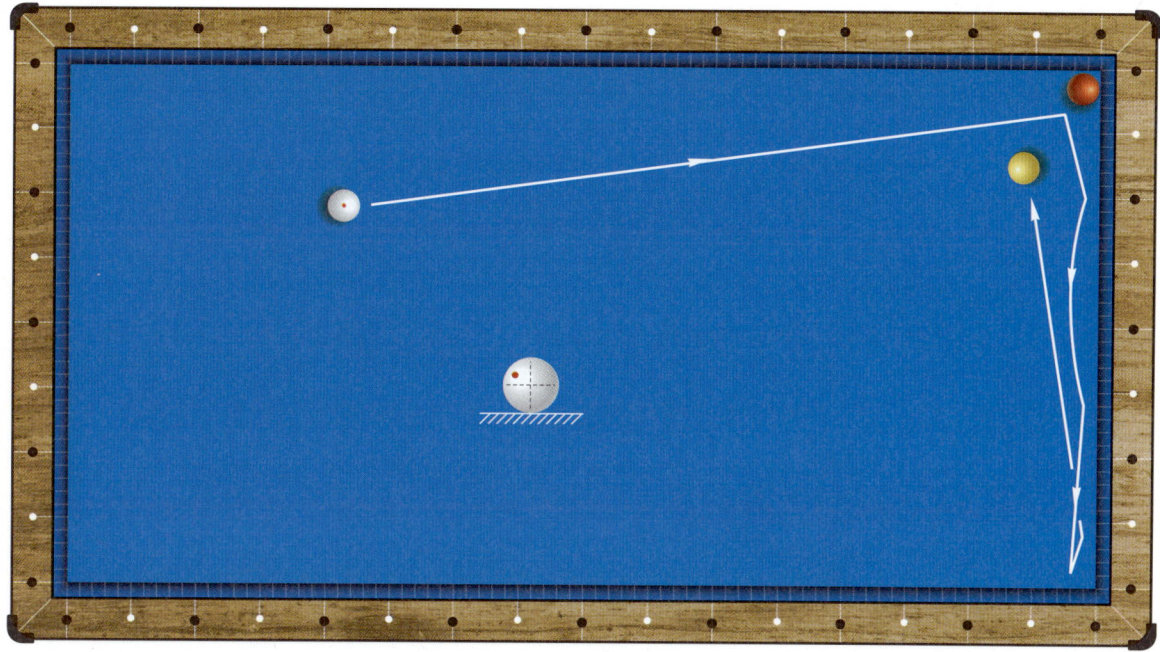

〈그림 1〉의 배열은 실전에서 거의 나오기 힘들다. 그러나 연습을 해두고 어느 정도의 두께에서 저런 현상이 나타나는지를 기억하고 있기를 바란다.

〈응용 1〉은 〈그림 1〉을 충분히 연습한 사람에게는 너무도 쉬운 문제가 될 것이다.

실전에서 상대가 수비를 했을 때 많이 받을 수 있는 형태로 키스를 이용한다면 쉽게 해결하리라 생각한다.

Tip
제1목적구를 약간 떨어뜨려 놓고도 연습하도록 하자.
실전에서는 그림처럼 코너에 완전히 붙어 있는 배열을 받는 경우는 거의 없다.

애버리지(Average) – 득점을 이닝으로 나눈 이닝당 평균 득점률.

▼ 그림 2

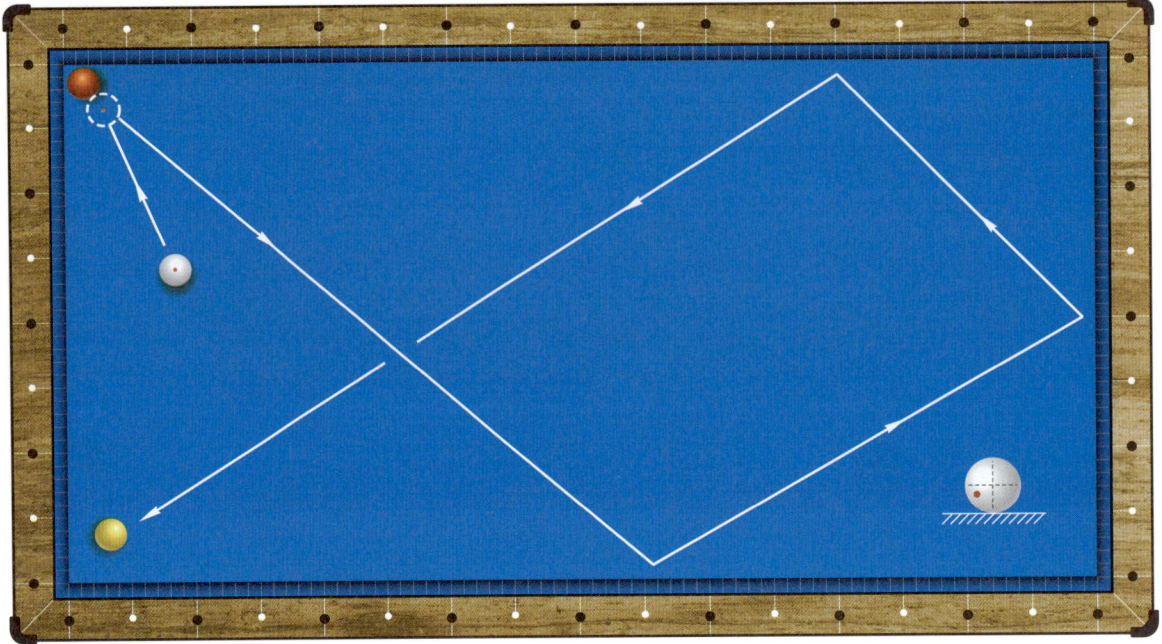

〈그림 1〉과 마찬가지로 제1목적구가 코너에 박혀 있어서 두께만 맞춘다면 쉽게 득점할 수 있을 것이다.

대회전이라고 해서 너무 빠르게 치지 않도록 하여야 할 것이다. 키스를 내어 첫 번째 쿠션에 도착시 키기만 하면 회전력으로 진행시킬 수 있다.

위 그림도 마찬가지로 기본도일 뿐이다.

실전에서 제1목적구가 코너에 완전히 붙어 있는 경우는 거의 없기 때문이다.

 어라운드 더 테이블(Around The Table) – 수구가 보통 두 개의 짧은 쿠션을 포함하여 3개 이상이 쿠션을 맞춰야 하는 샷.

▼ 응용 2

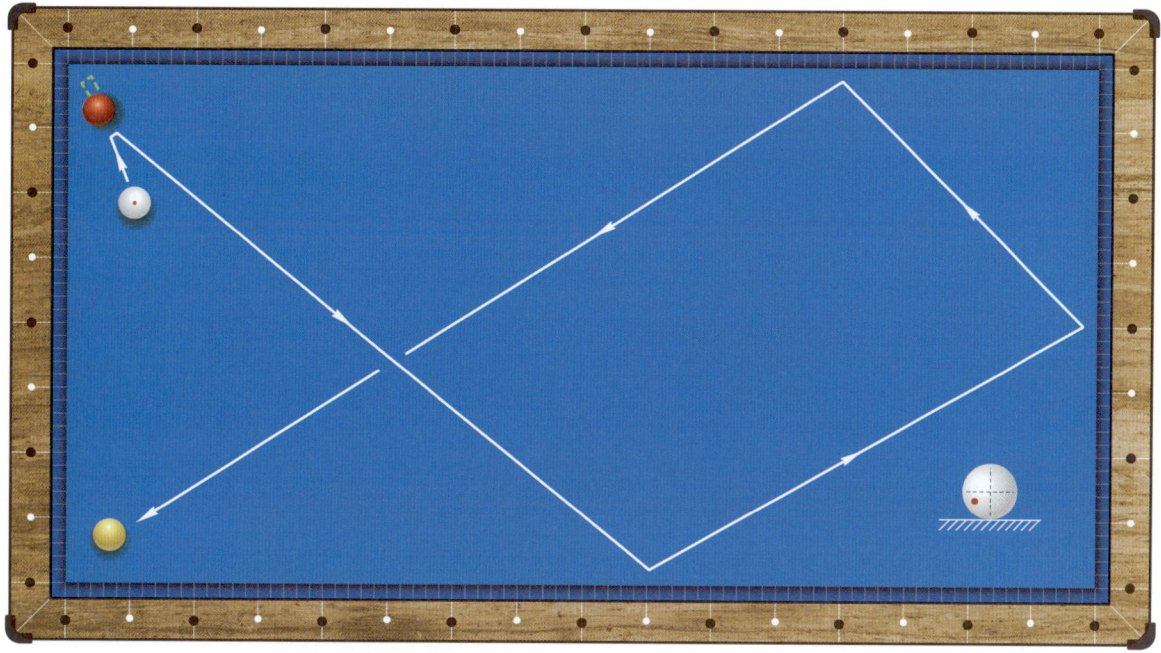

〈그림 2〉의 실전에서 받을 수 있는 형태이다.

제1목적구가 코너에서 약간 떨어져 있다. 수구에 의해 2쿠션을 맞고 튀어나오면서 수구에 키스를 낼 것이다.

아주 좁은 공간이지만 이동하면서 키스를 낸다는 것이 쉽지는 않으리라 생각이 되지만 실제로 연습을 해보면 예상 외로 쉽게 성공할 수 있을 것이다.

Terms of 3 cushion 　오프닝 브레이크 샷(Opening Break Shot) - 경기의 맨 처음 샷.

▼ 그림 3

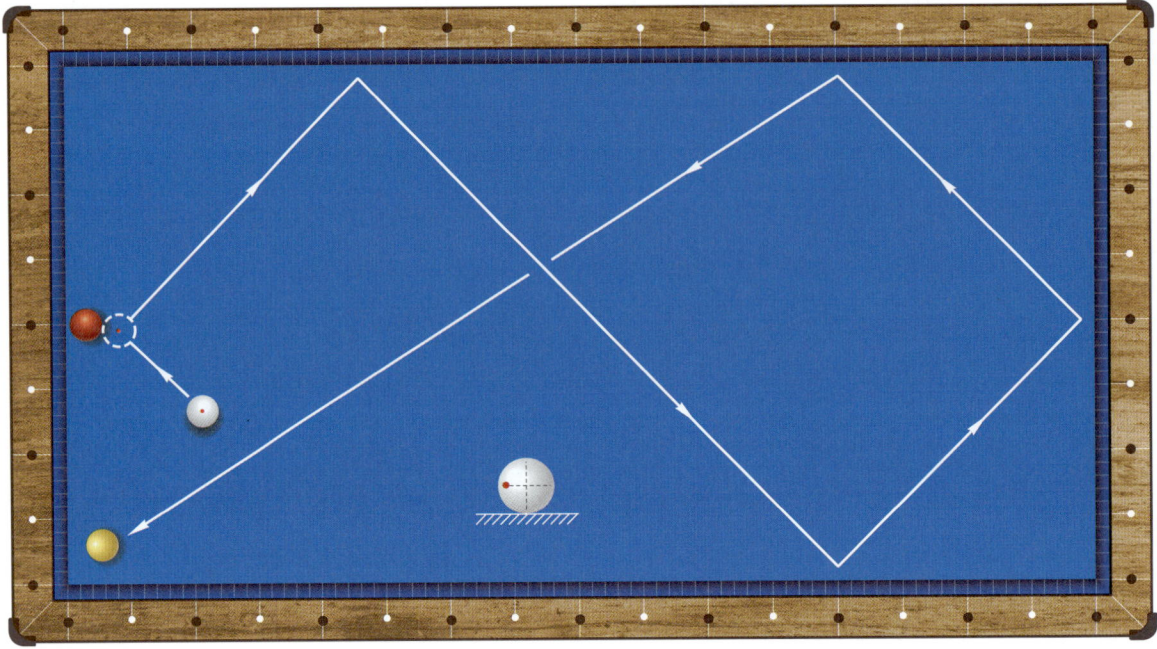

위의 배열에서는 키스를 이용하지 않아도 대회전을 이용하여 득점을 할 수 있으나 이런 생소한 경로도 있다는 것을 소개하기 위해 일부러 그려 보았다.

또한, 응용편의 키스 샷은 너무 빨리 일어나므로 키스가 어떻게 이루어지는지를 보이기 위해 제1목적구를 조금 내려서 소개한 것이다.

(−) 회전력으로 키스를 일으키고 첫 번째 쿠션에서는 브레이크(Break)가 걸리지만 두 번째 쿠션에서는 다시 회전력이 살아나면서 대회전으로 진행하는 키스-리버스-대회전 샷(Kiss Reverse Angle Shot)이라 할 수 있겠다.

Terms of 3 cushion 이닝(Inning) - 경기에서 경기자의 교대까지의 진행 타임.

▼ 응용 3

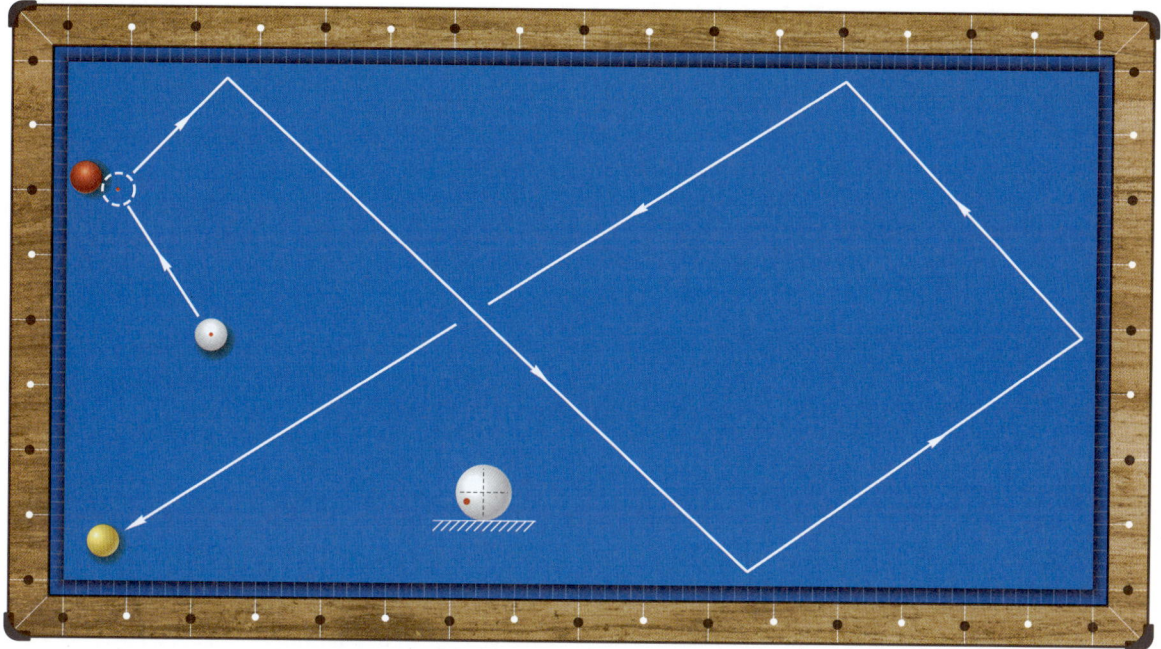

실전에서 자주 볼 수 있는 배열로 여러 가지 선택을 할 수 있다.

그중에서 키스 샷을 선택한 이유는 다음 포지션이 좋기 때문이다.

우선 키스를 내면서 회전력을 되살릴 수 있는 첫 번째 쿠션의 위치에 도착시키는 것이 중요하겠다. 중단이나 상단 회전력으로 첫 번째 쿠션의 위치로 보내기가 쉽지 않을 것이다.

첫 쿠션에만 잘 도착시킨다면 그리 어려운 선구는 아닐 것이다.

독자들도 실전에서 구사해 보기 바란다. 관중들에게 박수를 받기 충분한 선택일 것이다.

물로, Fluck이라고 오해를 받을 수도 있다. 그럴 땐 '미안합니다.' 인사 한마디로 나의 실력을 감출 수 있는 여유도 지녀야 한다.

잉글리시(English) – 영어 또는 영국의 이런 뜻이지만 당구에서는 회전.

▼ 그림 4

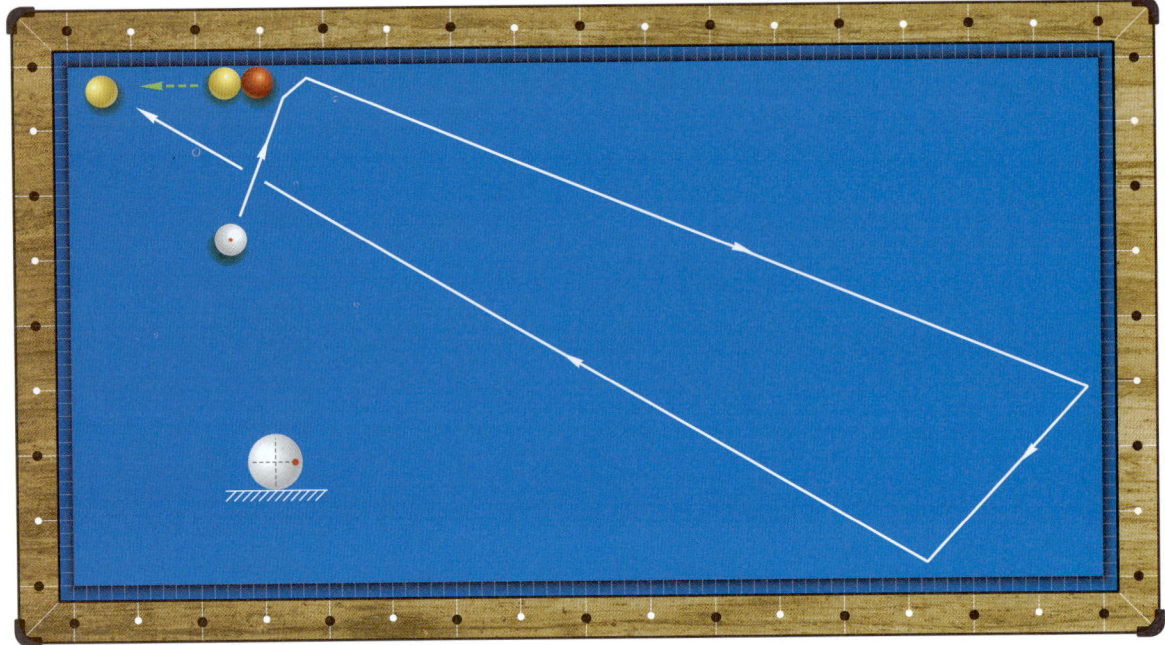

많은 분들이 알고 있는 키스 샷 중 하나일 것이다.

제1목적구를 맞추어 자연스럽게 제각 돌리기를 한다면 쉽게 제2목적구를 잡아낼 수 있을 것이다. 제1목적구의 두께를 얼마나 맞추느냐에 따라서 제2목적구의 이동거리가 다르게 진행하는 것을 알 수 있을 것이다.

Terms of 3 cushion   장축 – 당구대의 긴 쿠션 방향.

▼ 그림 5

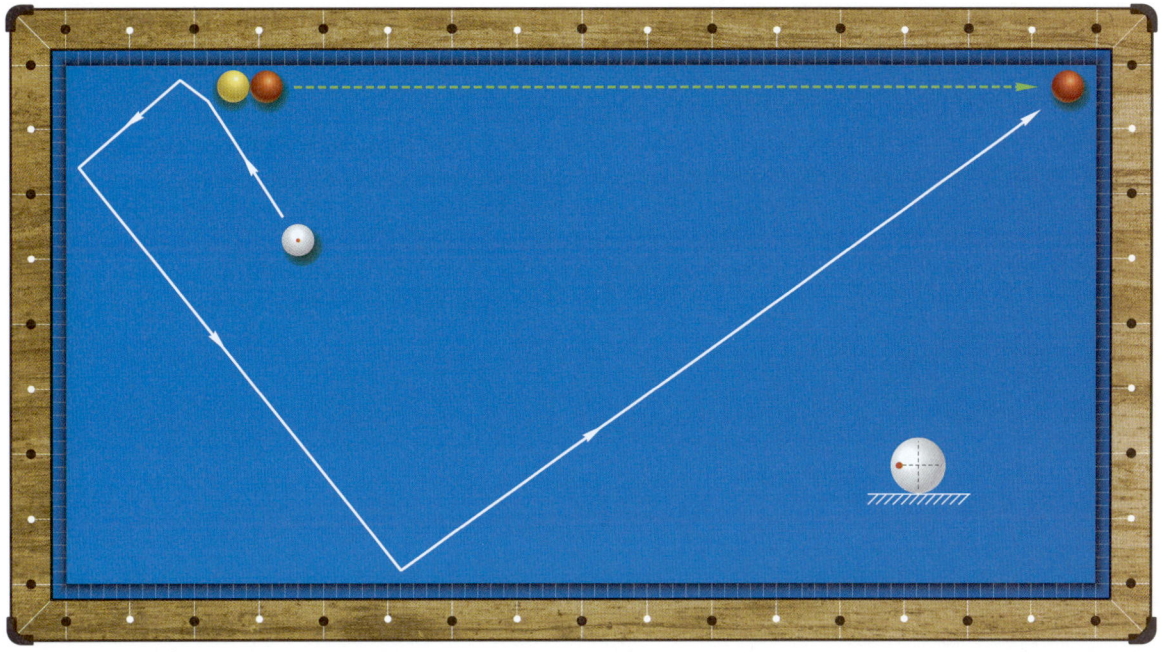

쉽게 보면 〈그림 4〉와 별 다르지 않은 배열처럼 보이지만 실제로 공을 놓고 구사해 보면 전혀 다른 배치의 키스 샷이다.

위의 배열을 〈그림 4〉처럼 처리하려고 한다면 제2목적구가 어디로 갈지 얼마나 이동할지 알 수 없을 것이다.

수구의 위치에 따라 어떤 공을 제1목적구로 삼아야 하는지를 잘 판단해야 할 것이다.

Terms of 3 cushion

점프 볼(Jumped Ball) – 샷을 하여 테이블 밖으로 나간 공.

▼ 그림 6

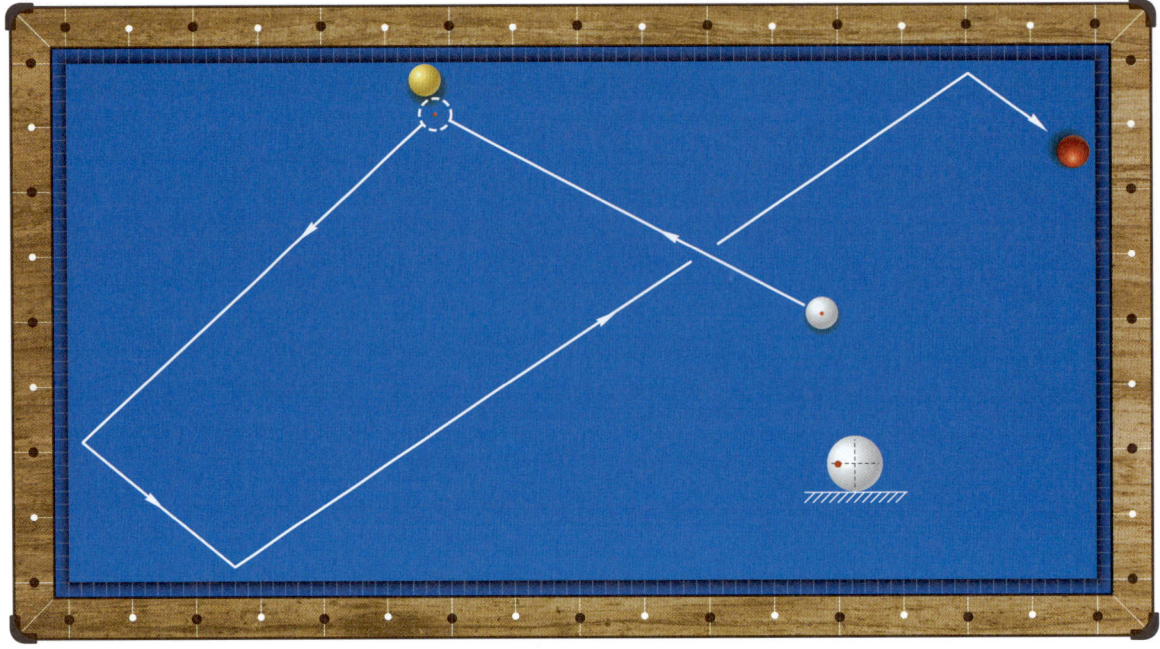

실전에서 많이 볼 수 있는 형태의 문제구이다.

필자가 소개한 키스 샷이 아니라면 독자들은 어떤 선구를 할 것인지 생각해 보자.

왼손잡이라면 붉은 공을 제1목적구로 삼아 안 돌리기를 길게 선택하거나 장축으로 더블 쿠션이라도 선택할 수 있지만 오른손잡이에게는 정말 만만히 선택할 길이 보이지 않는다.

키스 샷을 구사한다면 성공을 못 시키더라도 수비 형태의 배치를 할 수 있을 것이다.

하지만 수비를 하려는 것보다 득점에 목적을 두어야 할 것이다.

몇 번만 연습해 보면 굉장히 성공률이 높은 배열이기 때문이다.

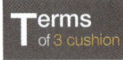 점프 샷(Jumped shot) - 수구와 목적구가 동시 또는 따로따로 테이블 위로 뜨도록 하는 샷.

Level Up of Carom Three Cushion

● 중급에서 고급으로 올라서는
Level Up!

레벨업
스리쿠션

Rodriguez Ramon

당구에 정답은 없다.

득점을 하기 위한 성공률이 다른 선택보다 조금 더 높을 뿐이다. 정답이라고
결론을 내리면 안 된다. 시간이 지나 다르게 구사하는 고점자가 나타나게 되면 정답이라고 알고 있던
것이 오답으로 바뀔 수 있기 때문에 굉장히 혼란스러워진다. 새로운 것을 받아들일 수 있는 마음의
공간을 만들어 놓아야만 변화에 적응할 수 있다.

당구 십계명 08

회전력의 생성과 소멸

앞에서도 거론한 바 있듯이 각자가 원하는 데로 수구를 진행시키는데 있어서 회전력이 필요할 때도 있고, 회전력이 완전히 소멸되어야 할 때도 있다.

위아래 회전력이 아닌 좌우 회전력의 생성과 소멸은 속도와 입사각과 관계가 있는데 이 부분을 이해하자면 독자들이 생각하는 고정관념을 버려야만 이해를 할 수 있다.

어떤 고정관념인가 하면 '내가 준 회전력은 수구가 멈출 때까지 계속 존재해야만 한다' 라는 고정관념을 말한다.

경기자는 자신이 준 회전력의 소멸과 생성의 정도를 반드시 생각하고 경기에 임해야 한다.

한 가지 예를 들어보자.

▼ 그림 1

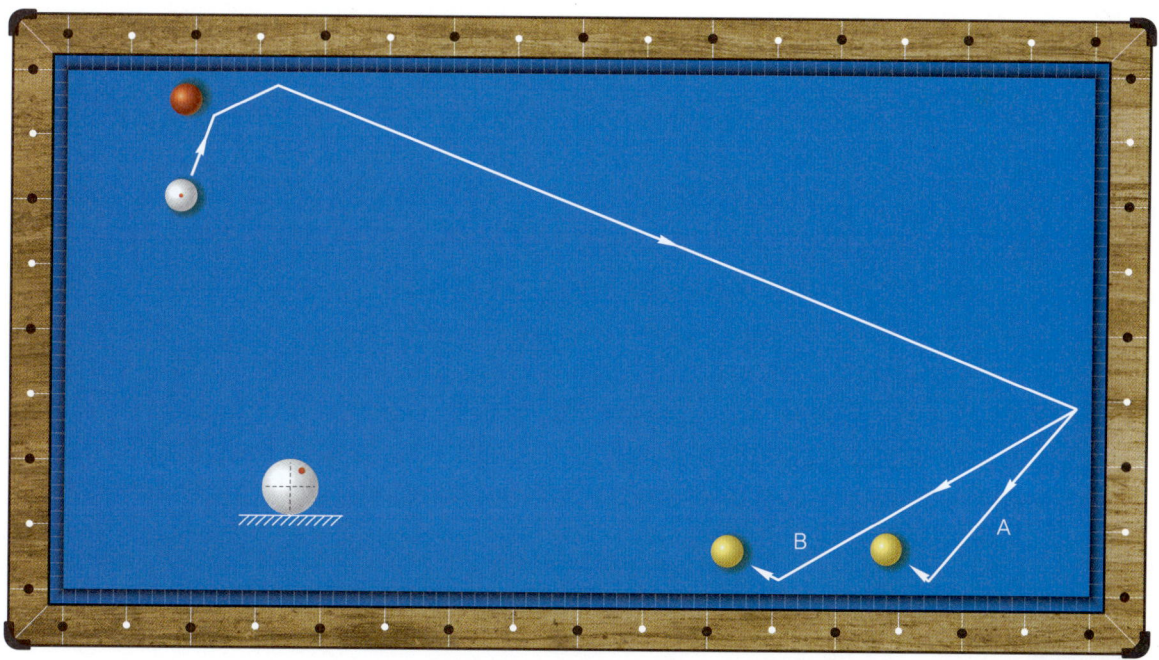

쿠션에 가까이 근접해 있는 제1목적구를 같은 두께와 같은 회전으로 두 번을 구사해 보자.

한번은 A의 위치의 제2목적구를 맞추어 보고 또 한번은 같은 두께 같은 회전에 훨씬 느리게 구사해 보자.

두 번째 쿠션의 위치가 같은 곳에 도착하여도 세 번째 쿠션으로의 진행이 전혀 달라질 것이다.

조인트(Joint) – 상대와 하대를 나사로 연결하는 큐의 중간 부분.

이런 차이는 첫 번째 쿠션에서 두 번째 쿠션까지의 거리가 멀어서 생기는 현상인데, 수구의 진행속도를 느리게 하면 당구대 바닥 천(라사)의 마찰력 때문에 회전력이 모두 감소되어 두 번째 쿠션에 도착했을 때는 무회전이 되어 있기 때문이다.

또 다른 한 예를 들어보자.

▼ 그림 2

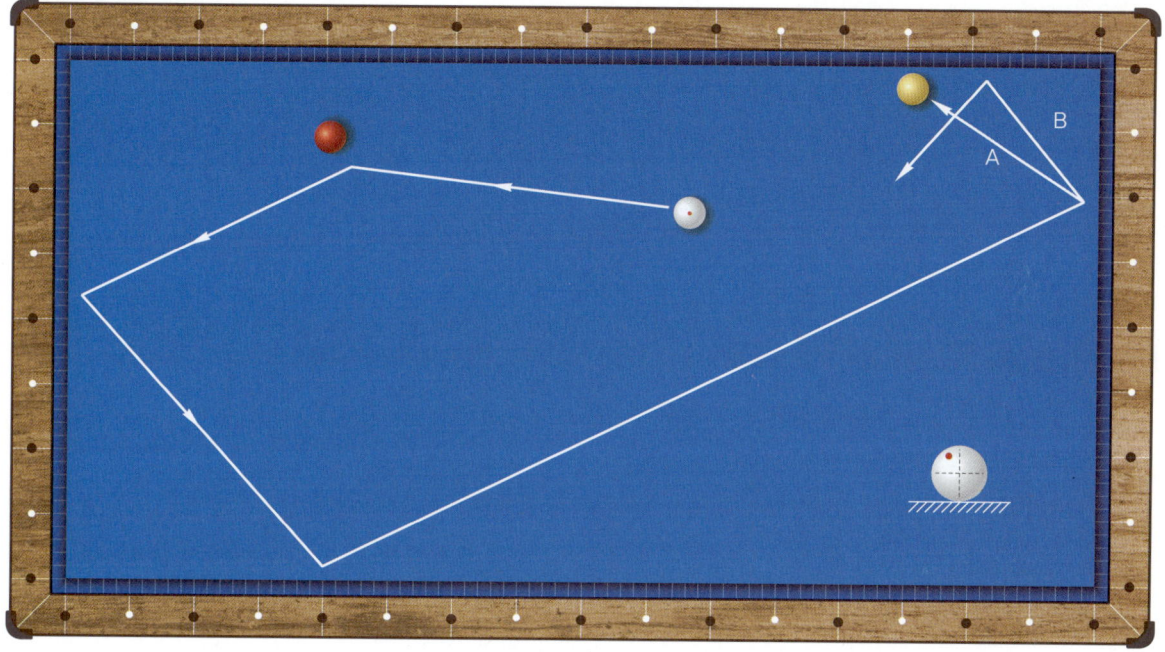

독자들 중에는 A와 B의 경험을 많이 해본 경험자들이 있을 것이다.

A로 진행해서 득점이 되면 본인이 잘 친 것이고 B로 진행해서 빠져나가면 당구대가 이상하다고 평계 댄 적도 많이 있을 것이다.

원인은 간단하다. 본인이 당구대의 특성을 파악하지 못해서 위 그림의 배열에 맞는 속도를 맞추지 못하였기 때문이다.

득점이 될 것 같은데 갑자기 회전이 생기고 아니면 회전력이 없어서 안 맞는 경우는 당구대 파악에 좀 더 신경 써야 할 것이다.

너무 많은 동호인들이 혼란스러워하고 어려워하는 예를 또 하나 들어보겠다.

▼ 그림 3

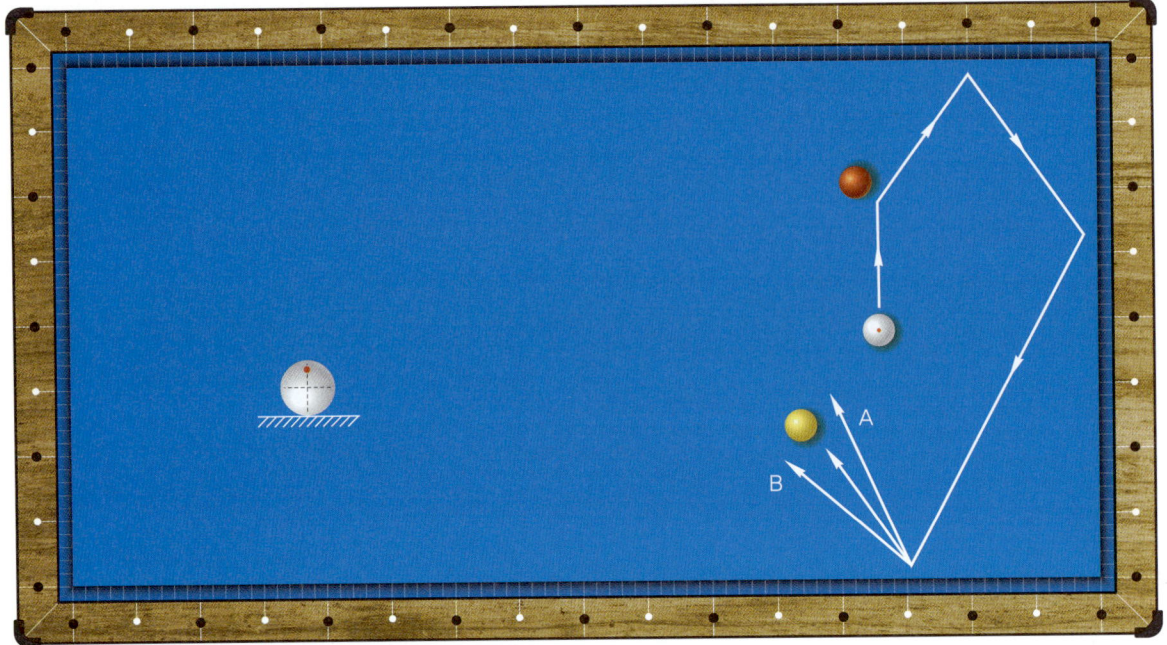

'제각 돌리기가(일명: 하꼬 마와시)가 제일 어려워' 라고 말하는 사람들의 공통적인 골칫거리일 것이다.

어떤 회전과 어떤 두께로 처리해야 하는지 갈피를 잡지 못할 뿐더러 무회전으로 출발을 시켜도 두 번째 쿠션을 맞는 순간 회전이 생겨나기 때문에 한번 헷갈리면 좀처럼 해결 방법을 찾아내기 어렵다.

문제는 속도 조절에 있다.

너무 느리면 A방향으로, 너무 빠르면 B방향으로 빠져 나갈 것이다.

문제를 해결하는 데 제일 먼저 선택할 것은 두께, 그 다음은 당점, 세 번째가 속도이다.

하지만 제일 중요하고 맞추기 어려운 것이 속도일 것이다.

한번 속도감을 잃어버리면 좀처럼 되찾기가 힘들어진다.

꾸준히 연습해야 할 것이다.

 초크(Chalk) – 팁이 수구와 부딪칠 때 미끄러지지 않도록 팁에 바르는 건조한 연마성 재료. 탄산칼슘이 주 성분인 탄산석회와 일정한 형태를 이루기 위한 고형물의 혼합체.

지금까지 여러 가지 계산법과 반드시 암기해야 할 사항들, 키스 샷과 속도변화에 따른 회전력의 효과 등을 소개하였다.

가장 기본구라고 생각하는 배열들의 문제점은 설명하지 않았다. 이유는 간단하다. 독자들이 지루해 하기 때문이다. 기본구라고 생각하는 배열들은 보는 앞에서 직접 설명을 하지 않고 책에서 그림으로 설명하는 것은 그냥 넘겨 버리기 때문에 일부러 내용에서 제외하였다. 하지만 한 가지 충고의 말을 한다면 독자들의 기본구(Easy-ball)의 성공률이 얼마나 되는지 점검을 해보라는 것이다. 성공률이 40~60% 정도라면 기본구라고 생각하는 것보다는 난구라고 해야 할 것이다.

남들에게 기본구가 자신에게도 기본구인지를 반드시 점검해 보아야 하고, 또 하나 하고 싶은 말은 기본구라고 생각하는 배열은 항상 포지션 플레이를 하려고 해야 한다는 말이다.

쉬운 득점을 하고 난구를 만든다면 이것 또한 처리방법을 모르고 있다고 생각해야 할 것이다.

필자는 독자들의 애버리지(Average)를 0.01이라도 향상하기를 바라는 마음에서 다른 선수들이 쓰지 않는 글을 쓰는 것이다.

자신의 실력을 잘 점검하고 스스로 반성하면서 꾸준히 연습하기 바란다.

Terms of 3 cushion

카운터 더(Count, The) - 연속적으로 득점이 될 경우의 현재 점수.

상대방을 미리 평가하지 마라.

상대가 고수라고 주눅이 들어도 안 되고, 상대가 하수라고 얕잡아 보아도 안 된다.
즉 너무 긴장하면서 경기를 해도 안 되고 너무 마음을 풀어 놓고 경기를 해도 안 된다는 말
이다. 상대의 실력에 의해서 자신의 실력 발휘에 문제가 생겨서는 안 될 것이다.
진정으로 강한 사람은 강자에게 강하고, 약자에게 약한 사람이다.

반드시 연습해 두어야 할 배열

▼ 그림 1

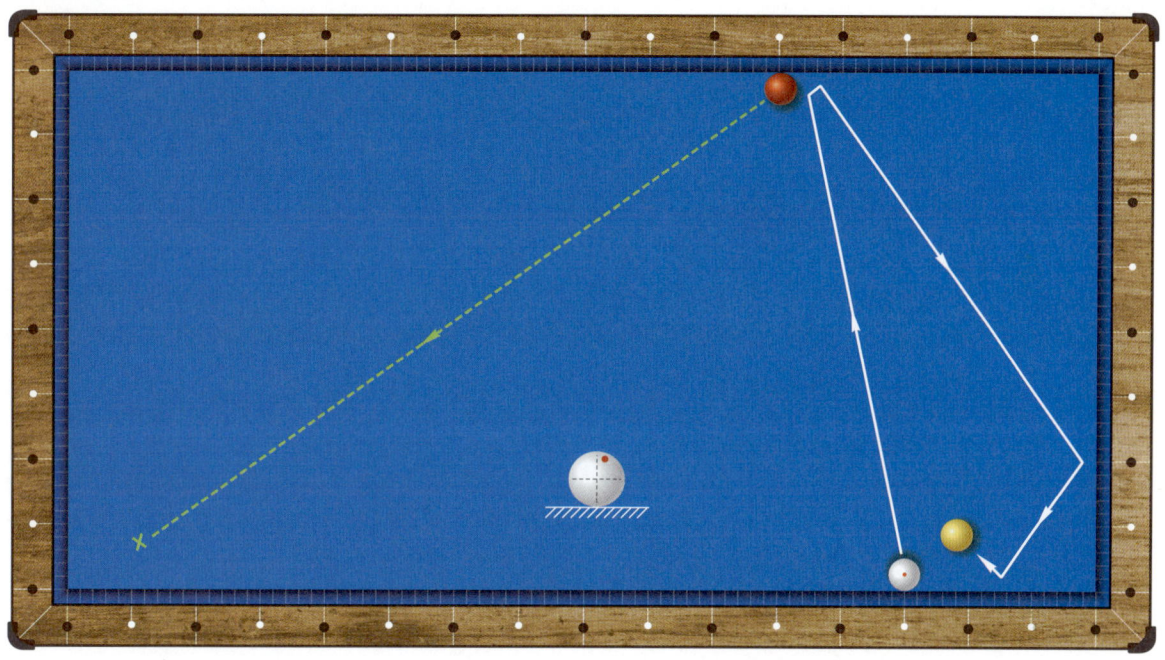

제1목적구와 수구가 모두 쿠션에 붙어 있다.

두께가 조금만 두꺼우면 라운드가 생길 것이고, 쿠션에 수구가 붙어 있어서 하단 회전을 줄 수도 없다.

앞에서도 설명한 속도의 중요성을 알 수 있는 문제구이다.

만약 위의 문제를 해결했다면 목적구와 수구를 조금씩 쿠션에서 띄어 놓고 시도해보자.

엄청난 자신감이 생길 것이다.

카운트(Count) – 성공적인 샷의 점수.

▼ 그림 2

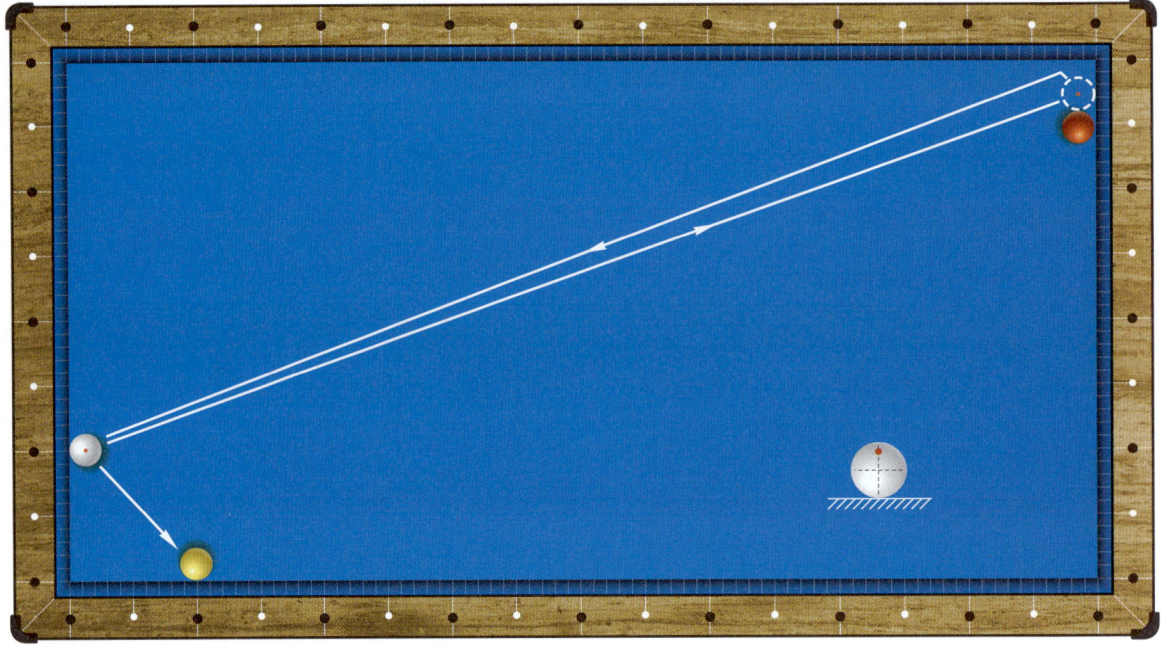

말도 안 되는 선택이라고 할 수 있을 것이다.

위의 그림은 제1목적구가 멀리, 그것도 쿠션에 붙어 있고 수구마저도 쿠션에 붙어 있게끔 배치해 놓고 연습을 하는 모양이다.

대부분 수구가 쿠션에 붙어 있는 연습을 하지 않는다.

불편한 큐 걸이에서의 샷 연습과 멀리 있는 목적구의 두께를 맞추는 연습을 동시에 할 수 있는 배치도이므로 많이 연습하도록 하자.

선수들은 가끔씩 말도 안 되는 연습을 하기도 한다.

위의 그림보다 더 최악의 안 돌리기(일명: 오오 마와시)는 없을 것이기 때문이다.

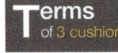 쿠션(Cushion) - 캐롬 및 포켓 게임에 있어 레일의 내부를 경계로 하는 천으로 덮인 고무 부분.

▼ 그림 3

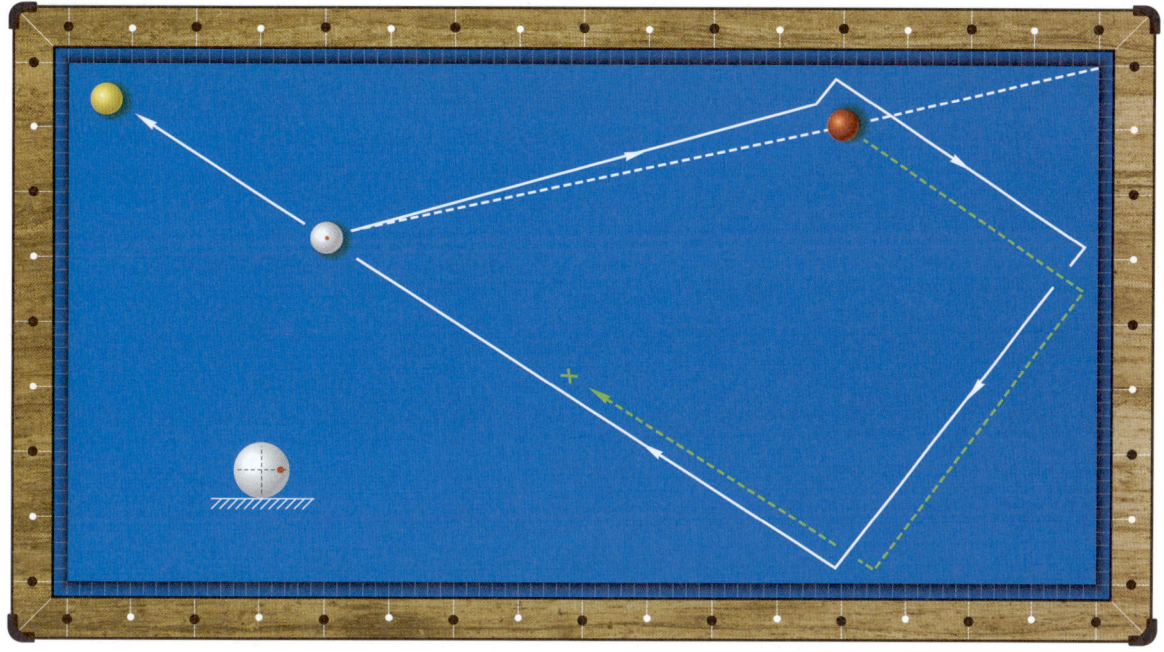

〈그림 2〉가 최악의 안 돌리기라고 한다면 〈그림 3〉은 바깥 돌리기 키스를 피하는 배열 중 제일 어렵다고 할 수 있겠다.

 이 책의 내용에는 키스를 피하는 요령을 싣지 않았다.

 Billiard Training Book에 자세히 설명해 놓았으므로 참고하기 바란다.

 위의 〈그림 3〉에서 제1목적구의 위치가 점선을 따라서 코너 쪽으로 조금만 더 내려간다면 키스를 피할 수 있는 공간이 전혀 없어진다.

 많이 연습해서 많이 성공해 보고 나면 제1목적구가 코너에서 멀어질수록 점점 쉽게 느껴질 것이다.

큐(Cue) - 수구를 쳐서 캐롬 샷이나 포켓 샷을 하는 데 사용되는 막대.

▼ 그림 4

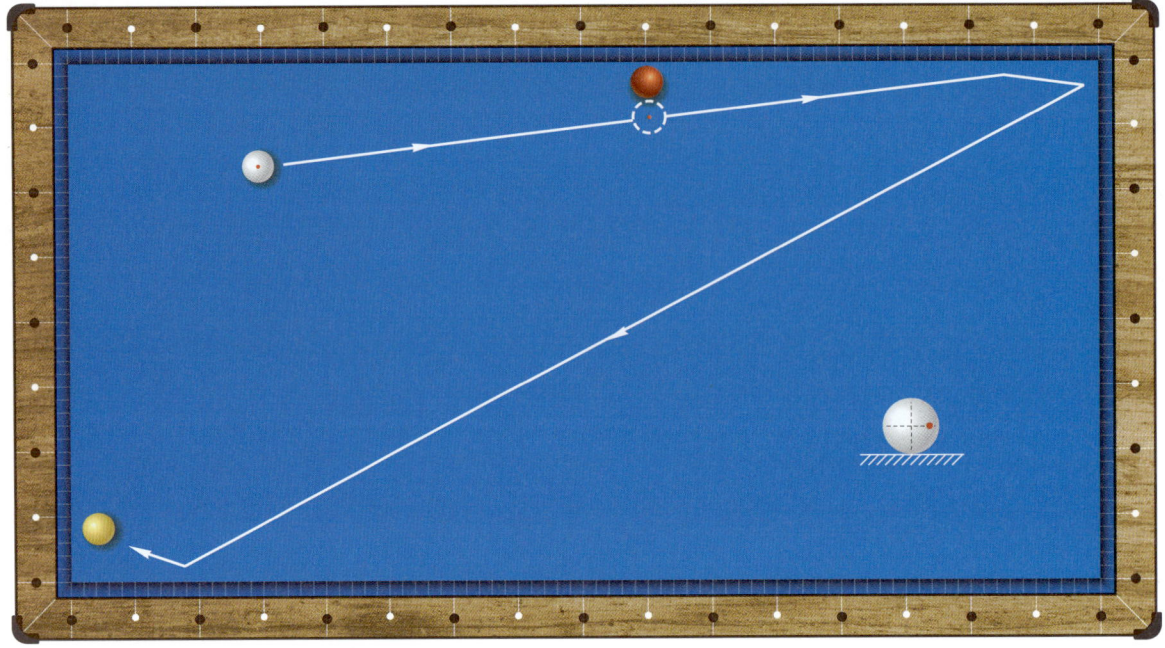

역회전이 아닌 진행방향의 회전력으로 쿠션에 붙어 있는 목적구를 아주 얇게 맞추는 연습이다. 조금만 두꺼워도 단축에 맞게 되므로 두께 연습하기에 좋은 연습 배치도라 할 수 있겠다.

Terms of 3 cushion

큐 볼(Cue Ball) – 항상 큐로 치는, 숫자가 없는 흰색 또는 노란색 공. 수구(手球).

▼ 그림 5

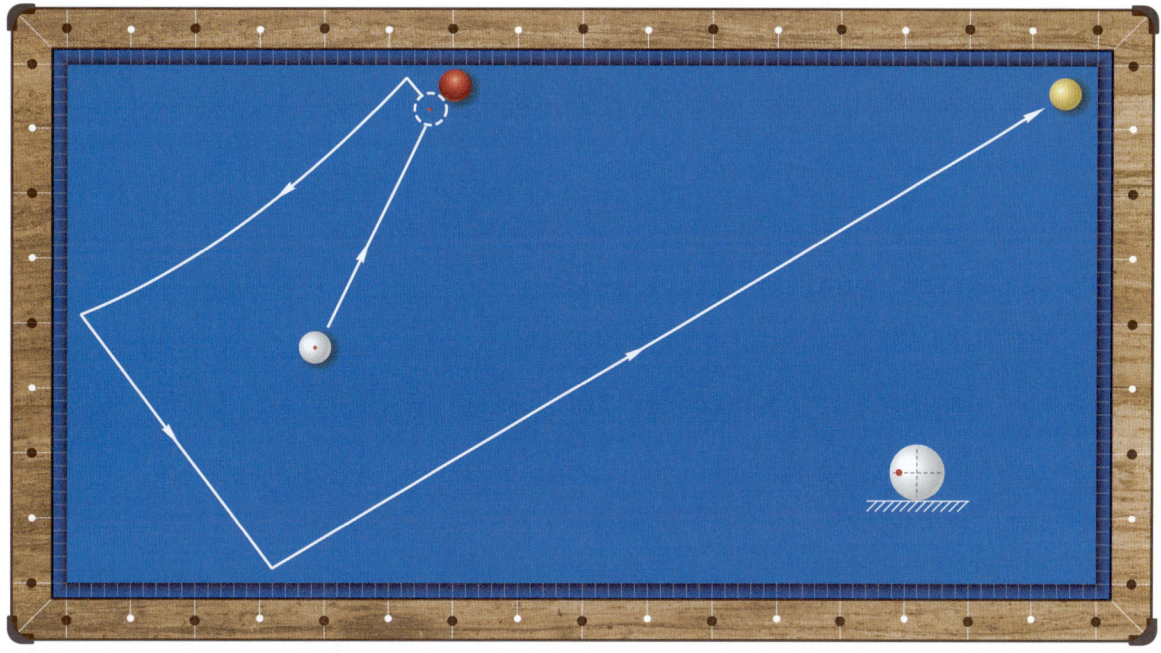

끌어치는 제각 돌리기 중에서 굉장히 난이도 있는 배열이다. 배열상으로는 끌어야 할 것 같아서 하단 당점이 들어가는 순간 성공률은 없어진다.

하단 당점에서 쿠션에 붙어 있는 목적구를 맞춰서 끌어당기는 배열은 위 그림보다 수구가 좀 더 오른쪽으로 위치해야 할 것이다.

직접 쳐 보면 알 수 있겠지만 하단 당점으로 처리하는 순간, 첫 번째 쿠션을 맞고 몸쪽으로 빠르게 뽑혀 나오는 것을 느낄 수 있을 것이다.

그림을 좀 더 정확하게 보기 바란다.

첫 번째 쿠션에서 두 번째 쿠션으로 진행할 때 약간 곡선이 그려지면서 진행해야 한다.

두께, 당점, 속도가 정확해야 하는 어려운 배열의 문제이다.

크로스 테이블 샷(Cross Table Shot) – 긴 쿠션 사이의 당구대를 가로질러 득점할 경우의 샷.

이 외에도 많은 연습 배치도가 있겠으나 독자들이 연습을 하면서 '정말! 이 공은 연습해 두면 도움이 많이 되겠다.' 라고 생각하는 배열을 기억하고 적어두면서 자신만의 연습 배치도를 만들어 보자.

연습이 즐거워지고 재미있을 것이다.

연습을 즐겁게 할 수 있다는 것은 너무나 부러운 일이다.

 크로치(Crotch) – 메커니컬 브리지의 속어.

Level Up of Carom Three Cushion

중급에서 고급으로 올라서는
Level Up!

레벨업
스리쿠션

Hida Orie

즐겨라.

어떤 분야에서든 태어날 때부터 천부적인 재능을 타고나는 사람이 있을 것이다.
당구도 마찬가지다. 하지만 타고난 재능을 가진 사람도 꾸준히 연습을 하는
사람에게는 이길 수 없고, 꾸준한 연습벌레도 마음의 여유를 가지고
즐길 줄 아는 사람에게는 이길 수 없다.

어떤 사람은 10가지 모두를 잘할 수 있고, 어떤 사람은 잘하는 것이 몇 가지 되지 않을 수 있다.
또, 공감하는 부분도 있을 것이고 아닐 수도 있을 것이지만
실력이 늘기를 원한다면 자신을 낮추는 법을 배워야 할 것이다.

당구 십계명 10

좁은 공간에서의 3쿠션

실력이 낮은 사람일수록 선공하는 능력이 떨어지는 것은 당연하다.
  대부분의 하수들이 힘자랑하듯이 마구 돌려놓고 맞기를 바라는 경우가 많이 있는데 조금만 신중히 생각하면 너무도 쉽게 성공할 수 있는 배열들을 소개하려 한다.

▼ 그림 1

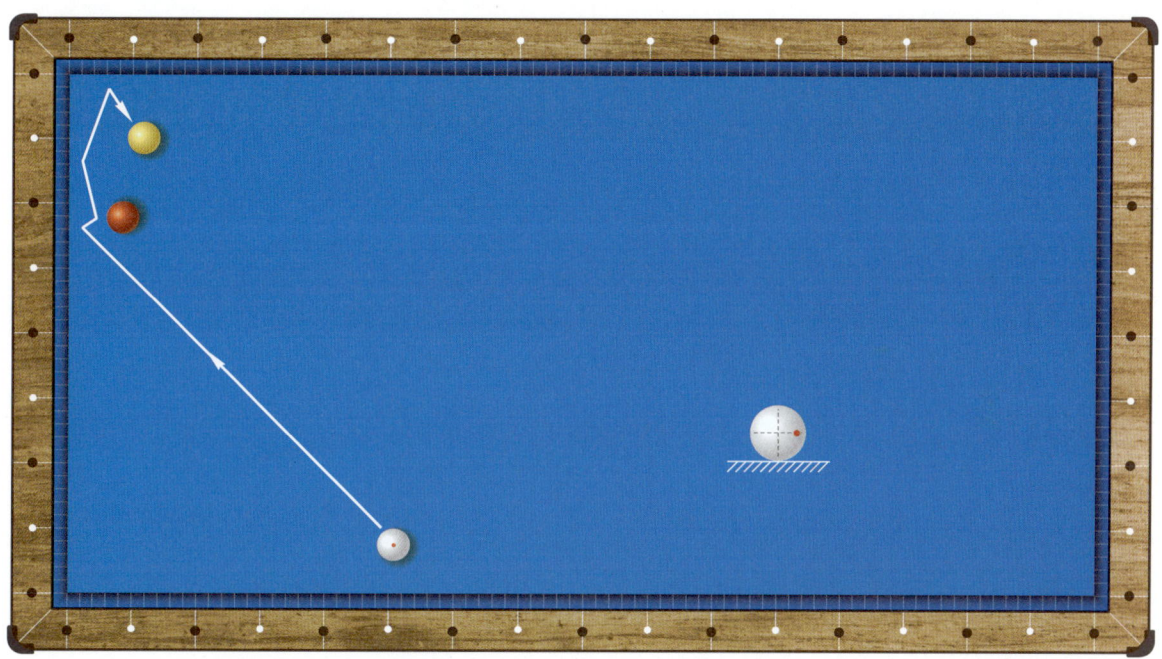

3쿠션을 접해본 사람이라면 다른 어떤 길보다도 위 그림과 같은 1쿠션 뒤로 걸어치기를 선택할 것이다.
  3 Bank-Shot을 선택하는 것만큼 바보스런 플레이는 하지 않을 것이다.
  그렇다면 다음에 소개할 배열에서는 어떤 선택을 할 것인가?

▼ 그림 2

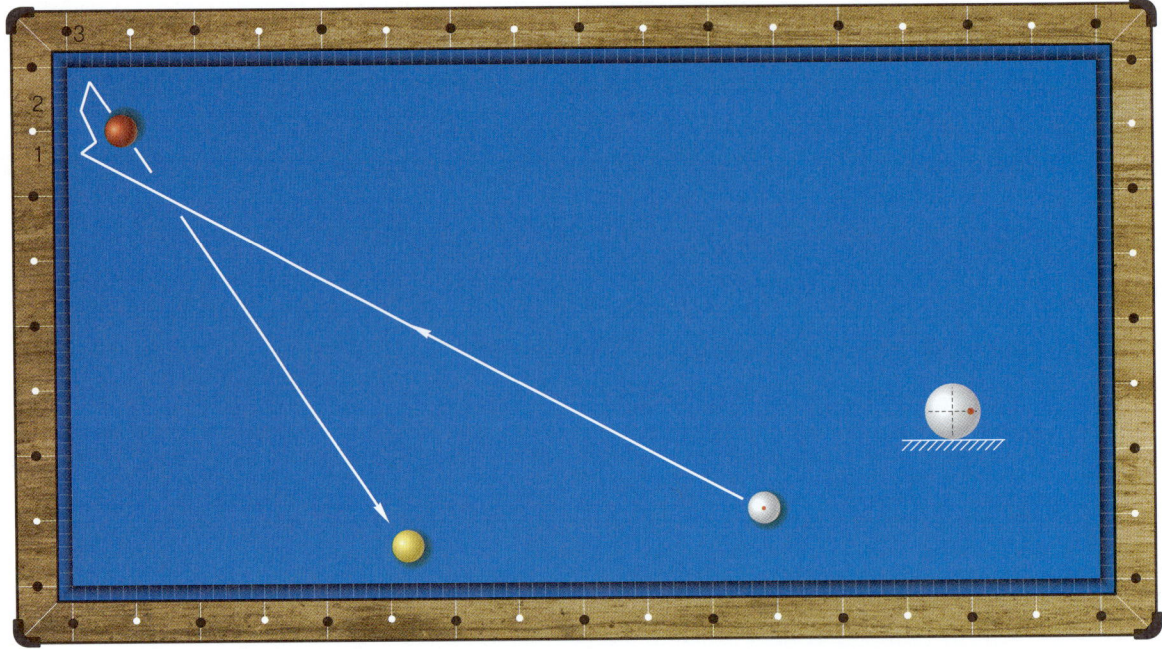

〈그림 1〉의 연장선을 생각해보면 충분히 시도할 수 있을 것이다.

  수구가 〈그림 1〉의 위치에 있다면 생각할 수 있을지 모른다.

  하지만 〈그림 2〉와 같이 멀리 있다면 과연 이 길을 찾아낼 수 있을까?

  시야를 넓히는 훈련을 해야 할 것이다.

  중단 최대 회전력으로 부드럽게 쿠션과 제1목적구 사이로 진행시키기만 하면 무리 없이 성공할 수 있을 것이다.

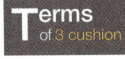 키스(Kiss) – 공과 공의 접촉.

▼ 그림 3

흔히들 예술구라고 말하는 밀어치기 2바운드 샷이다.

  바운드 샷은 특별한 샷이 아니다. 쿠션에 가까이 붙어 있는 목적구를 최대한 정면을 두껍게 맞추면 일어나는 현상이다.

  위의 〈그림 3〉에서 소개하는 형태의 바운드 3쿠션은 3쿠션을 쳐본 사람이라면 제일 먼저 선택하는 길이 되어야 할 것이다.

  빠르게 구사하면 라운드도 잘 형성이 되고 득점은 쉬워지지만 부드럽고 느리게 구사할 수 있어야 한다.

  느리게 구사하여도 두께만 정확하면 누구나 진행시킬 수 있고 제1목적구를 원하는 위치에 세워놓을 수 있는 능력이 생기기 때문이다.

  쉬운 공 배열일수록 포지션을 생각해야 할 것이다.

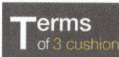 키스 샷(Kiss Shot) – 수구가 적구와 두 번 이상 접촉하도록 하는 샷.

▼ 그림 4

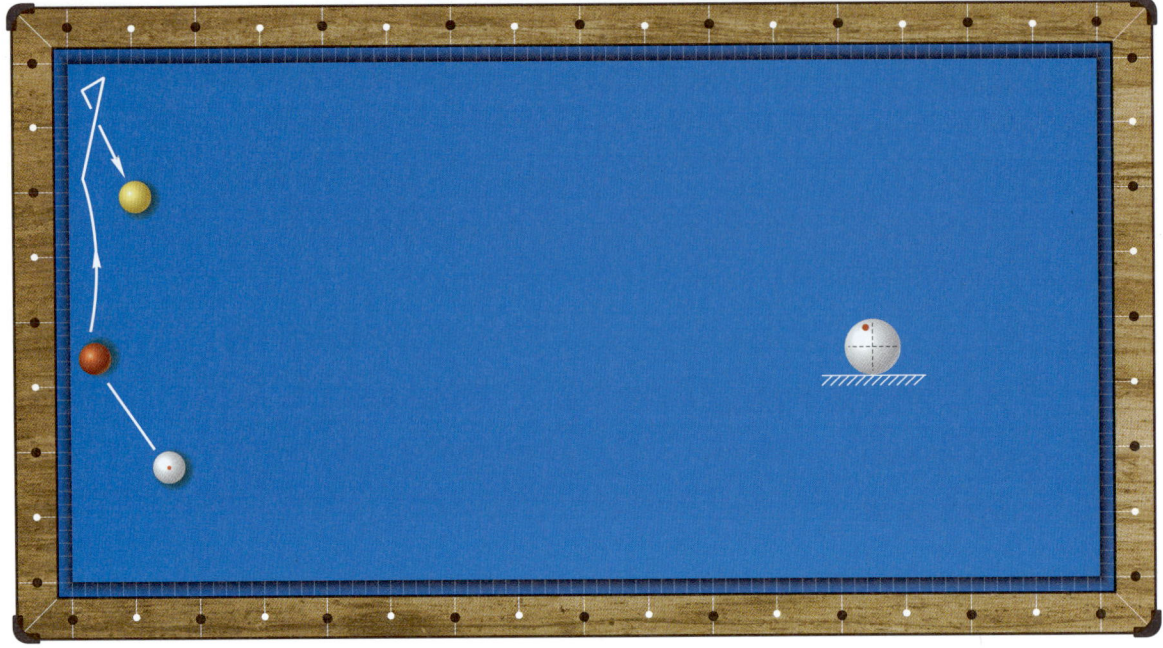

진행방향의 회전력으로 2바운드하여 3쿠션을 시도하여 보았을 것이다.

위의 〈그림 4〉의 처리는 어떠한가? 오른쪽 상단 회전이라면 제2목적구 뒤로 빠져나갈 것이다. 반대쪽 회전으로 시도하여 보자. 너무도 쉬운 득점방법이 될 것이다.

이렇게 2바운드 샷에서는 제2목적구의 위치에 따라 좌우의 회전력을 조절하는 연습이 많이 필요한데 그 좋은 예가 다음에 소개할 〈그림 5〉이다.

키스 아웃(Kiss Out) – 접촉, 샷을 실패하게 만드는 우연한 접촉.

▼ 그림 5

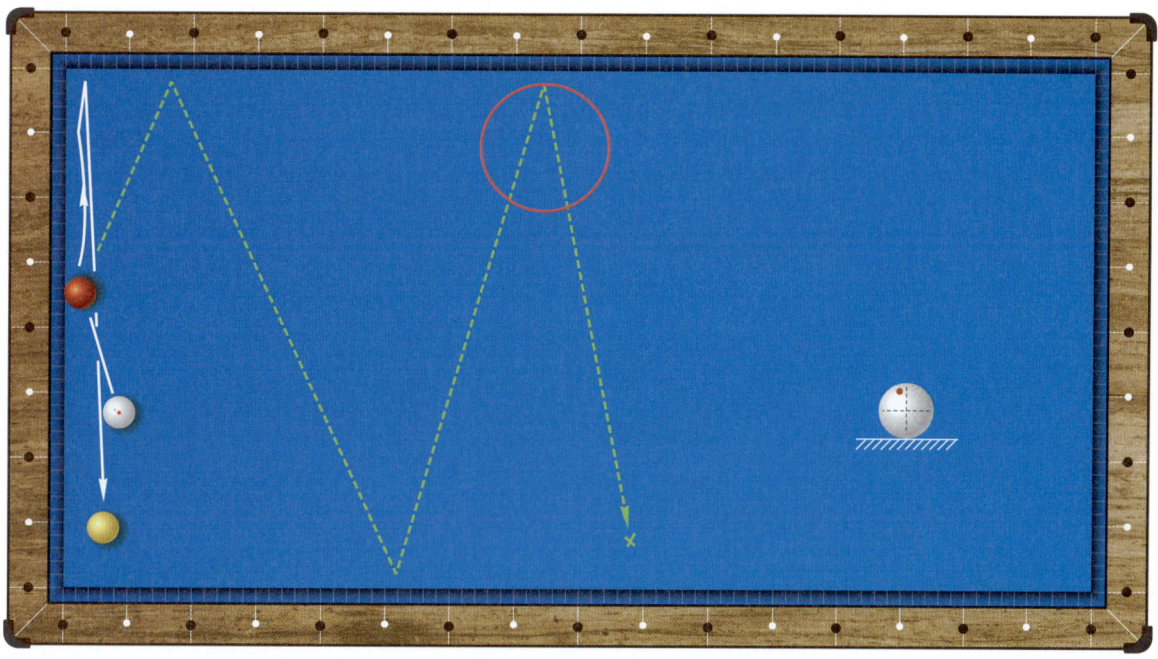

마땅히 선택할만한 길이 눈에 보이지 않는다.

위 그림의 배열에서 바운드를 시켜보자. 회전력 조절이 어려울 것이다.

만일 득점만을 위한다면 샷을 부드럽게 하여 천천히 진행하도록 구사할 수 있겠지만 그렇게 구사한다면 제1목적구가 붉은 원 근처로 위치하게 된다.

후구가 너무 어렵게 위치할 수 있으므로 약간의 충격을 주어 득점할 수 있도록 연습하자.

제1목적구에 충격이 가해진다면 충분히 그림처럼 제1목적구를 위치시킬 수 있을 것이다.

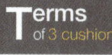
테이블 베드(Bed of Table) – 쿠션 안에 있는 천으로 덮인 평평한 바닥.

▼ 그림 6

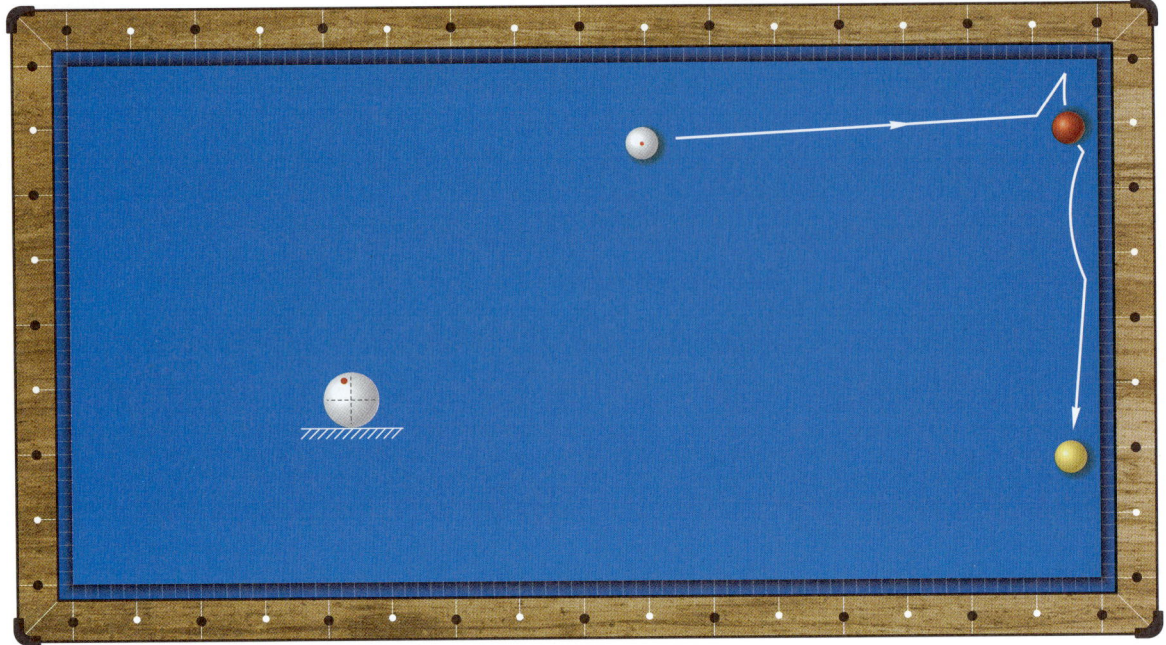

위 그림에서 독자들은 어떤 길을 생각하고 있었을까?

   필자가 소개한 진행을 생각해 낸 사람이라면 당구를 많이 쳐본 실력자이고 창의력도 있는 플레이어일 것이다.

   진행방향의 약한 반대 회전력[(−) 1Tip]으로 너무 두껍지 않게 빠르게 진행시켜 보자.

   너무 빠르게 구사하여 2쿠션으로 맞추지 않도록 하자.

테이블 헤드(Head of Table) – 초구를 치는 당구대의 끝. 끝 부분은 보통 제조회사의 상표가 표시됨.

▼ 그림 7

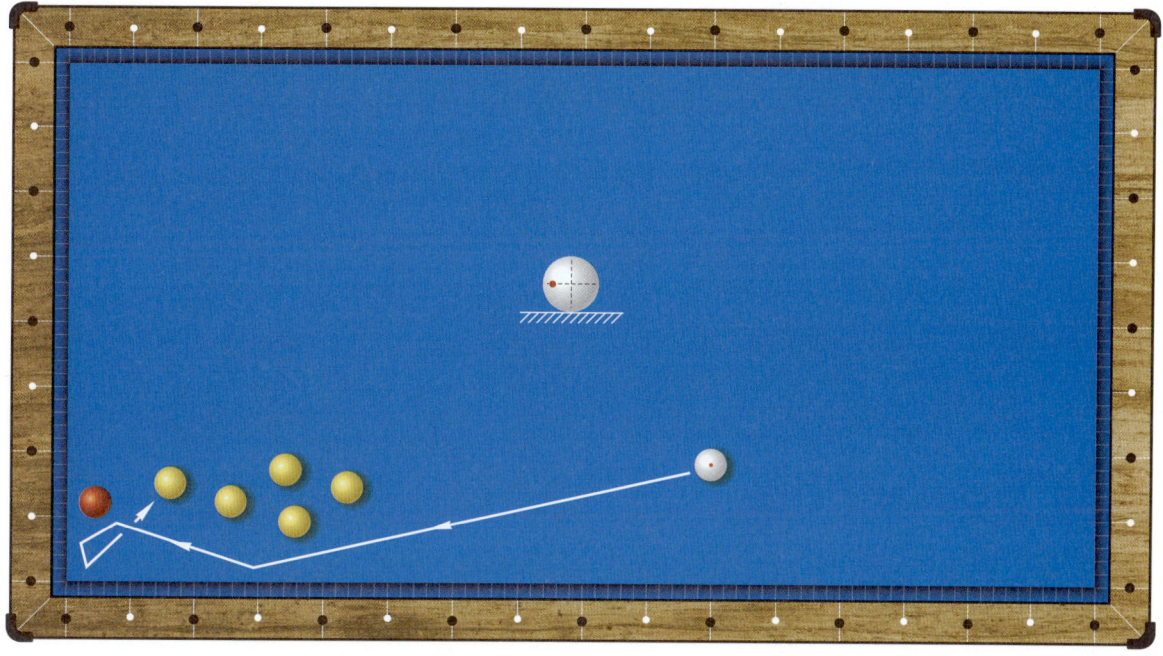

빈쿠션치기(일명: 가락)를 좋아하는 사람들에게는 너무도 쉽고 좋아하는 형태의 1쿠션 걸어치기일 것이다. 위의 배열을 성공시키는 것이 어렵지 않다면 힘 조절을 하여 포지션을 할 수 있도록 하자.

또, 제2목적구의 위치를 조금씩 옮겨가며 연습해 보도록 하자.

회전이나 속도조절이 그리 만만치는 않을 것이다.

제2목적구가 노란색 공의 위치에 다양하게 위치해 있다고 해보자.

그래도 성공률이 좋은지 점검해 보자.

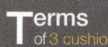 팁(Tip) - 일반적으로 큐의 끝에 붙어 사용하는 가죽재질의 충격흡수용 소모품. 또 다른 뜻으로는 수구에 회전력을 부여하는 정도를 말하기도 하는데, 1tip, 2tip, 0.5tip 등으로 표현.

▼ 그림 8

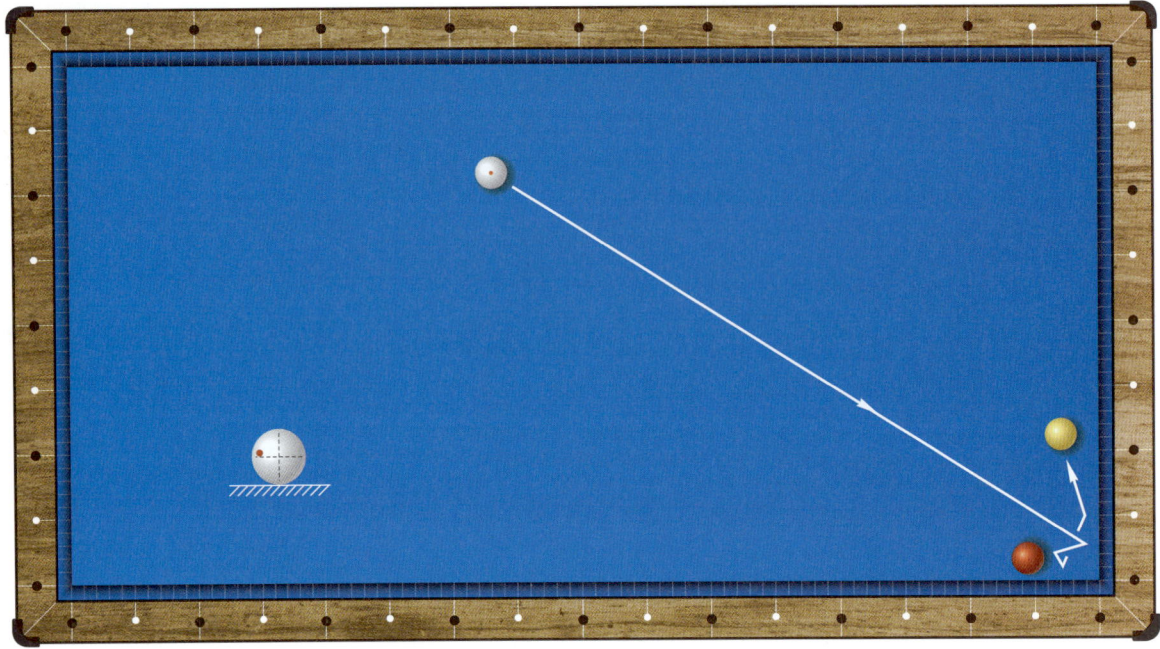

〈그림 7〉에서 소개한 일명 접시의 진행이다.

〈그림 7〉의 배열에서는 쉽게 길을 선택했을지 모르겠으나 위의 그림에서와 같은 배열에서도, 생각해 낼 수 있겠는가?

'아하! 왜 미처 그 생각을 못했을까' 하는 사람들도 있을 것이다.

처리 방법이 너무 간단하다.

제1목적구의 뒤쪽에만 맞출 수 있으면 되는데 정말 중요한 것은 천천히 구사할수록 3쿠션이 더 잘 이루어진다는 것이다. 실제로 시도해 보자.

'이런 배열만 계속 나왔으면' 하는 생각이 들 정도로 재미있는 길이다.

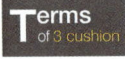 파우더(Powder) – 큐대가 브리지를 통해 쉽게 움직이도록 바르는 미세한 분말 가루.

▼ 그림 9

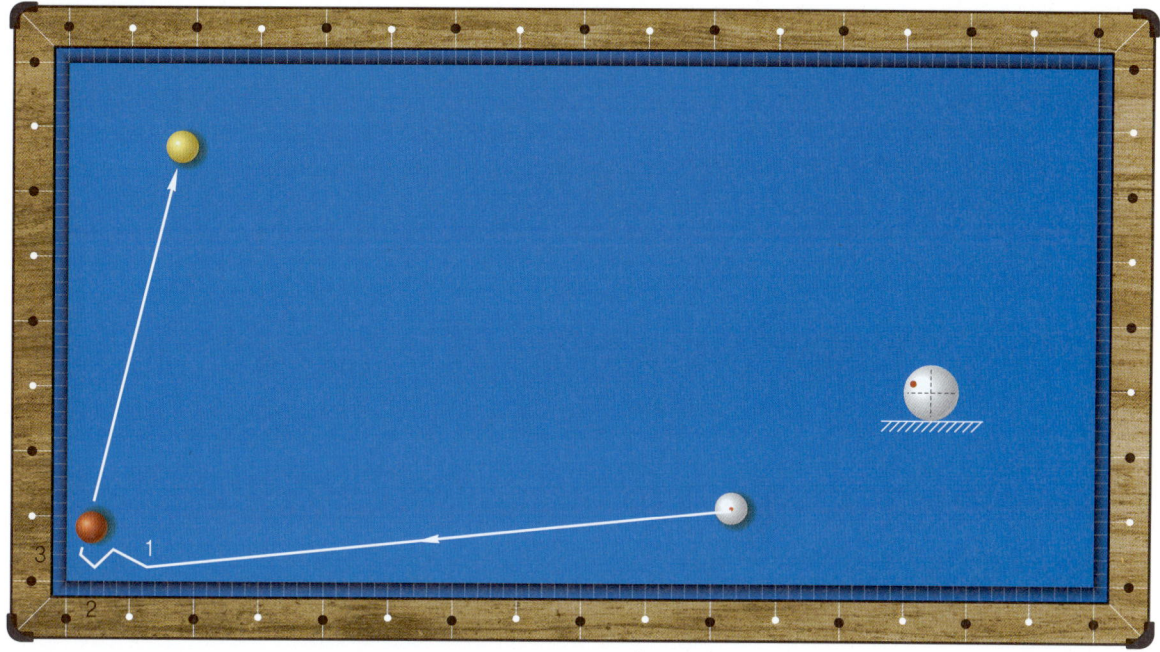

〈그림 1〉에서 소개한 1쿠션 걸어치기 형태의 변형된 모습이다.

실제로 당구대에 똑같이 세워놓고 바라보면, 1쿠션 걸어치기를 시도할 자신이 별로 없을 것이다.

상단 회전력으로 강하게 밀어붙이는 샷이 아니라는 것을 알아야 한다.

순방향(진행방향)의 회전력이 아니라 역방향 회전으로 자연스럽게 시도해 보자.

두껍게 맞추려고 하지 않아도 자연스럽게 퍼지면서 마치 상단 회전력으로 시도한 것 같은 효과가 나지 않는가?

회전의 원리를 안다면 충분히 이해가 될 것이다.

파울(Foul) - 경기 규칙을 위반하는 것.

▼ 그림 10

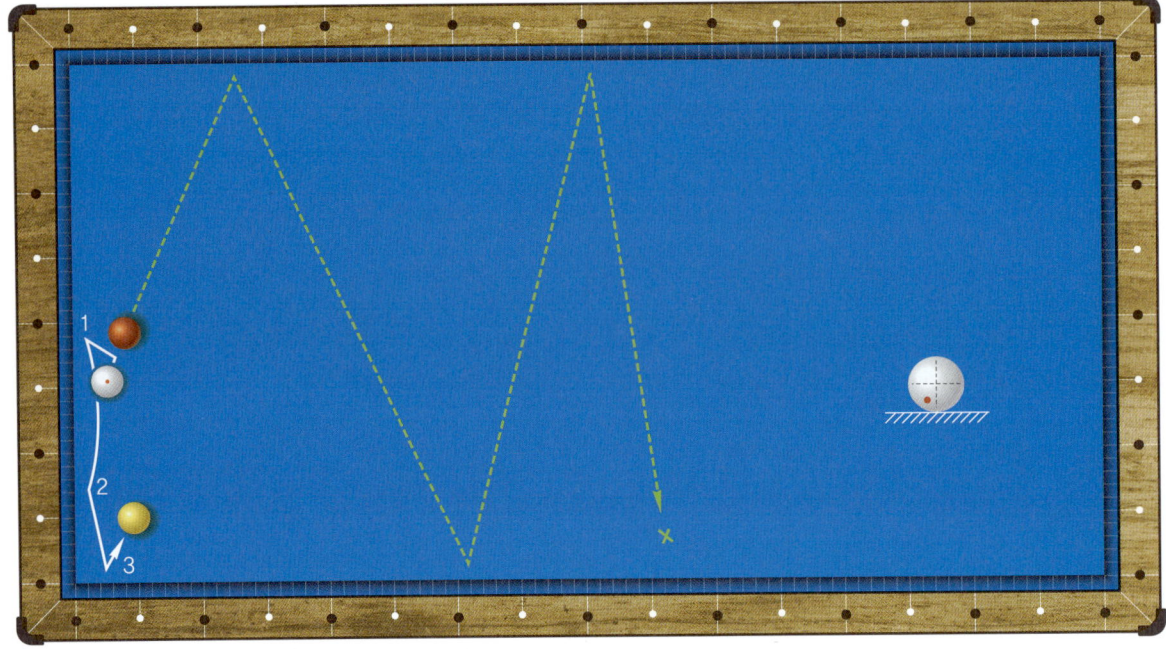

<그림 3>에서 밀어치기 2바운드 샷을 소개하였고, 독자들도 많이 시도해 보았을 것이다. 이번에는 끌어치기 2바운드 샷을 시도해보자. 두께는 정면에서 아주 조금만 쿠션 쪽으로 결정하고 밀어치기 2바운드 샷을 구사할 때와 같이 빠르게 시도하여 보자.

연습을 하다 보면 옆 회전이 중요한 것이 아니라는 것을 알 수 있을 것이다.

수구를 한 쿠션에서 2번 이상 진행시킨다는 것이 쉽지는 않겠지만 어렵지도 않다.

목적구를 최대한 정면에 가깝게 맞추고 빠른 샷을 할 수 있다면 누구나 구사할 수 있는 배열이다.

더욱이 제1목적구가 자연스럽게 포지션이 된다면 당연히 시도해야 할 것이다.

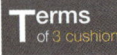 팔로우 샷(Follow Shot) – 수구를 중심 윗부분에 쳐서 볼이 적구와 같은 방향으로 가도록 하는 샷.

160

▼ 그림 11

앞에서 소개한 〈암기 13〉의 응용이 되겠다.

  제1목적구와 제2목적구가 모두 쿠션에 가까이 붙어 있어 어떠한 경로도 시도하기가 만만치 않다.

  상단 0.5Tip 정도로 제1목적구를 얇고 빠르게 공략해 보자.

  충격을 주는 스트로크(stroke)보다는 부드럽고 길게 샷을 하여야 이동 폭을 좁게 만들 수 있다.

  충격이 많이 들어갈수록 제1목적구의 두께를 결정하는 일이 어려워진다. 그러면 제2목적구를 맞출 수 있는 성공률도 적어질 것이다.

Terms of 3 cushion 팔로우 스로우(Follow Through) – 수구를 친 다음 수구가 있었던 부분으로 큐를 길게 진행시키는 것.

▼ 그림 12

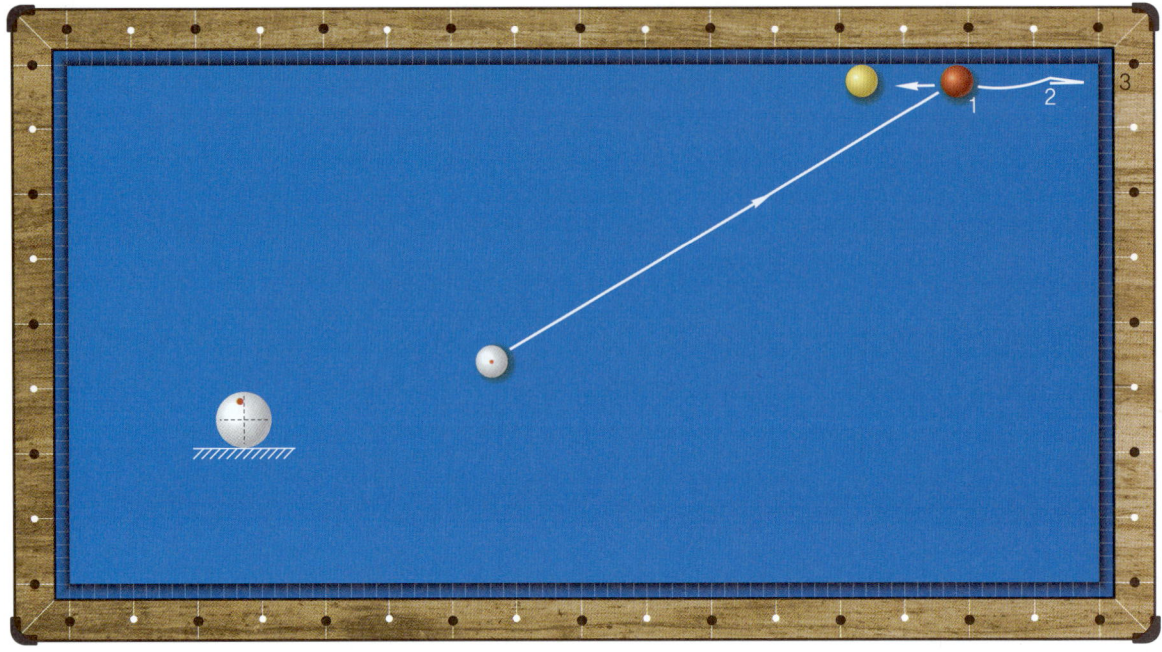

〈그림 3〉의 응용문제로 제1목적구와 제2목적구가 근접해 있으면서 쿠션에 가까이 붙어 있으므로 공략하기가 쉽지 않으나 목적구가 쿠션에 붙어 있다는 것을 관찰하고 바운드 샷을 가장 먼저 생각해 낸다면 그리 어려운 문제는 아닐 것이다.

    단지, 3쿠션을 형성한 이후 제2목적구를 맞추기 위한 회전 조절이 문제가 될 것이라 생각한다.

    수구와 목적구와의 거리가 멀다.

    수구와 목적구 사이의 거리가 멀수록 천천히 구사하여도 밀리는 힘은 충분히 생긴다.

    너무 빠르게 치면서 원하는 두께를 맞추지 못하는 실수를 하지 않기 바란다.

 페더 샷(Feather Shot) – 수구로 목적구를 매우 얇게 치는 샷.

▼ 그림 13

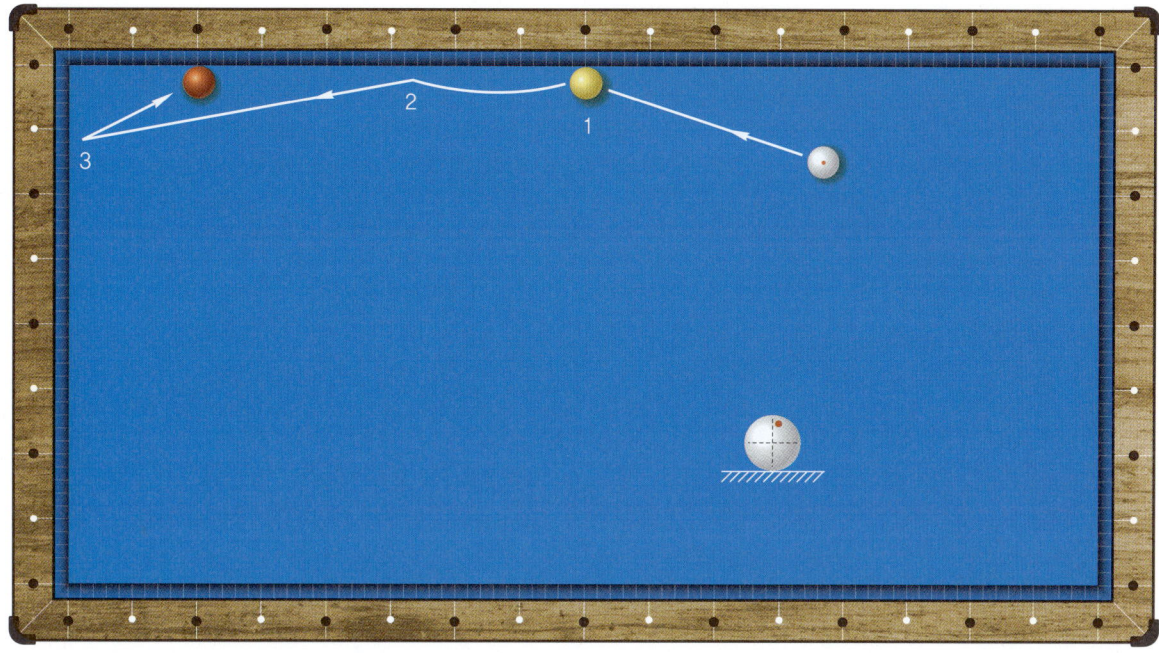

바운드 샷의 또 다른 예이다.

장축 한 쿠션에서 3바운드를 시켜 득점할 수 있겠으나 빠른 스트로크와 정확한 두께를 찾아야 하는 부담이 있다. 두께가 조금 불완전해도 2바운드시키는 데는 문제가 없을 것이다. 2바운드를 시키고 제2목적구가 직접 맞지 않는다면 무조건 성공시킬 수 있는 문제이다.

필자는 장축에서만 3바운드를 시키기 위해서 시도하다가 실수로 성공한 배열이다. 하지만 실수라는 것이 빈번하게 발생하는 것을 보고 이후에는 일부러 위의 그림과 같이 시도를 하게 되었다. 상대방을 안심시켰다가 놀라게 만드는 재미있는 문제이다.

Terms of 3 cushion

포지션(Position) – 매번의 샷에 있어서 다음의 샷과 연결되는 수구나 목적구의 위치.

▼ 그림 14

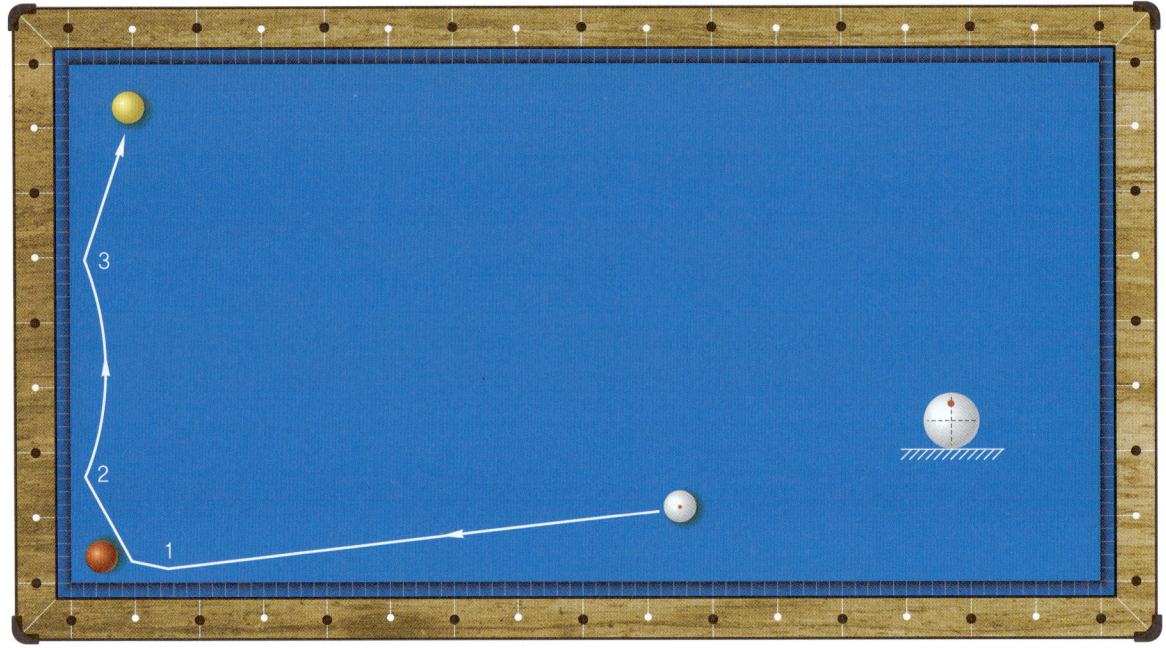

제2목적구와 쿠션 사이의 공간이 너무 좁아서 1쿠션 걸어치기가 쉽지 않다.

　좌우 회전을 완전히 빼고 제1목적구를 최대한 두껍게 걸어서 맞추어 보자.

　약간은 빠른 속도로 구사하여야 할 것이다. 어떤가? 단축에서 바운드되는 모습이 너무 자연스럽지 아니한가?

　성공률이 떨어진다면 쿠션을 맞춘 후에 제1목적구를 정면으로 맞추어 정지시킨다는 생각으로 샷을 해보자.

　수구와 목적구의 거리가 멀어서 자연스럽게 밀리는 현상이 생길 것이다.

푸트 스팟(Foot Spot) – 짧은 레일의 센터 다이아몬드와 긴 레일의 두 번째 다이아몬드가 겹치는 부분 사이에 가상의 선을 그은 당구대 푸트 엔드 지점.

▼ 그림 15

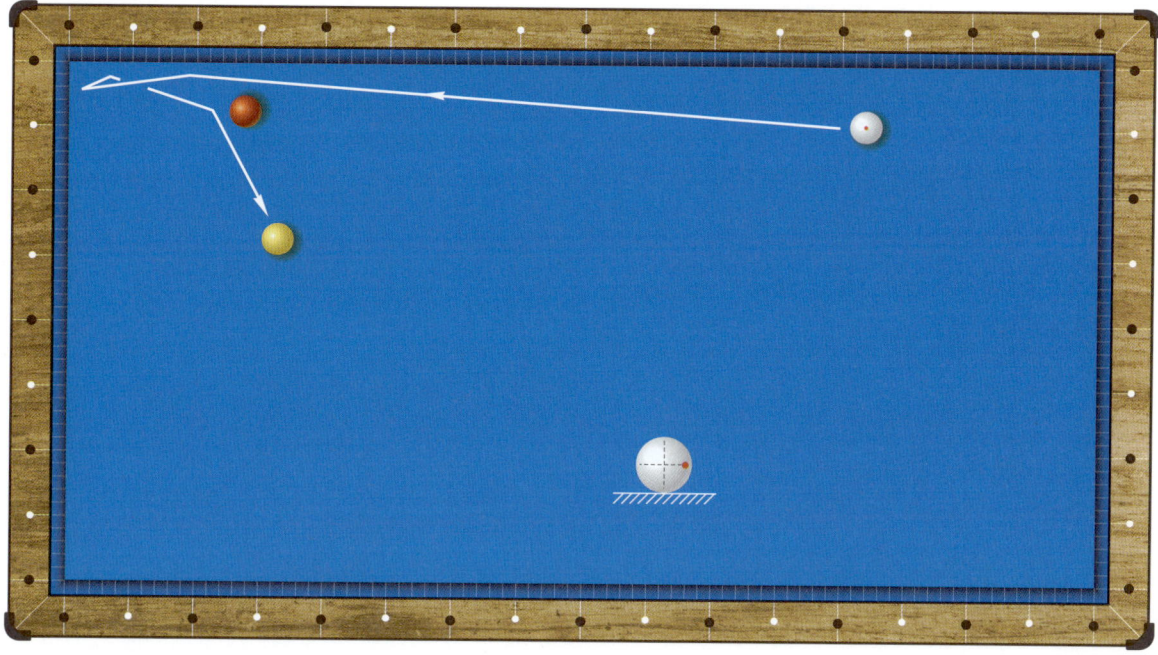

언뜻 보면 1쿠션 걸어치기(일명: 구멍치기)를 구사하는 것이 바람직하지 않겠냐고 생각하겠지만 제1목적구와 쿠션과의 공간이 너무 좁고, 제1목적구와 수구가 장축에 대해서 거의 수평으로 위치하고 있으므로 조금만 두껍게 제1목적구에 맞아도 무조건 수구가 끌려서 제2목적구 뒤로 지나가 빠져 나가게 된다.

중단 맥시멈 회전으로 제1목적구를 맞추지 말고 아주 천천히 진행시켜 보자.

이렇게 쉬운 배열도 드물 것이다.

Terms of 3 cushion

프로즌(Frozen) - 공이 다른 공이나 쿠션에 닿는 경우.

▼ 그림 16

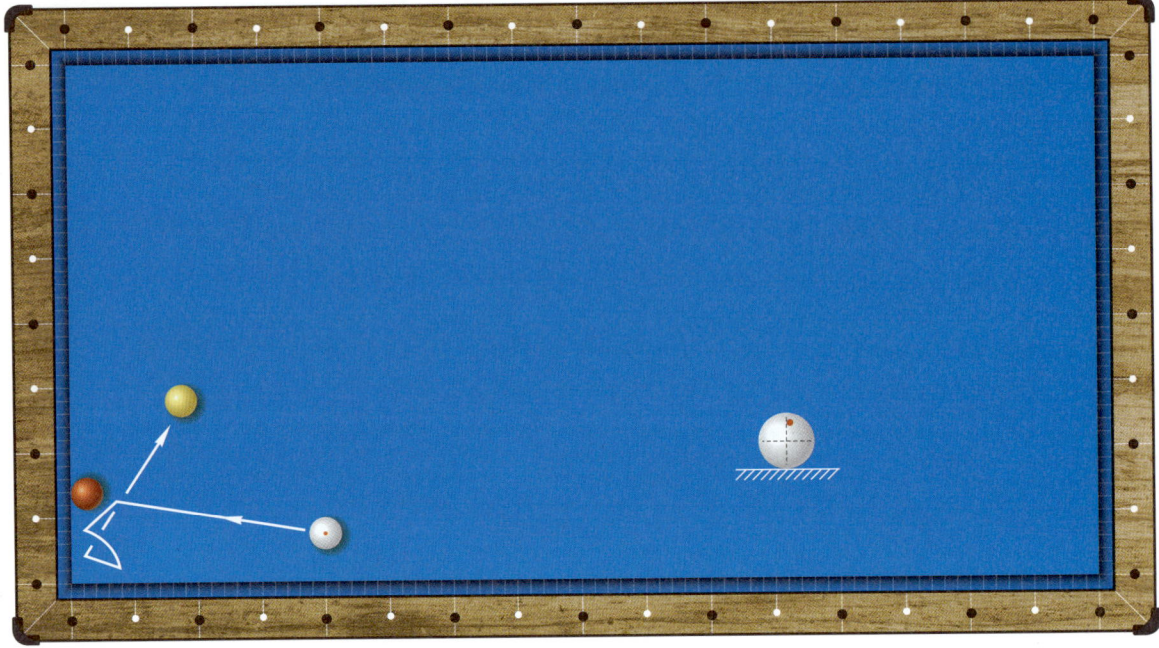

어렵다면 굉장히 어려운 배열이고, 바운드 연습을 많이 해본 사람이라면 쉬운 배열일 것이다. 키스가 일어나지 않는 최대의 두께를 정하고 빠르지는 않지만 충격을 일으키는 샷을 한다. 놀랄 정도로 멋있게 라운드가 그려지면서 득점할 수 있을 것이다.

    예술구라고 생각하지 말기 바란다.

    쿠션에 가까이 붙어 있는 목적구를 두껍게 맞추었을 때 일어나는 현상일 뿐이다.

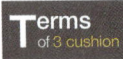 하대(Butt) - 팁의 반대쪽에 있는 큐의 두꺼운 부분. 두 부분으로 분리되는 큐의 경우에는 조인트 아랫부분까지를 말함.

▼ 그림 17

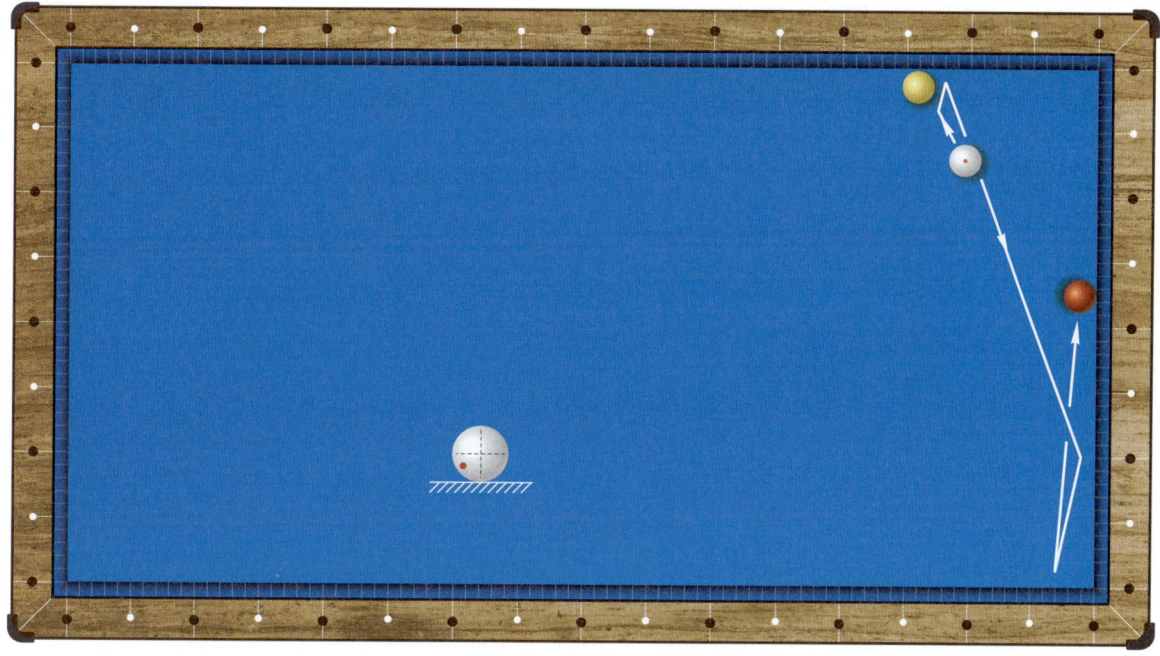

흔히 말하는 리버스 더블 레일(Reverse-Double Rail) 샷이다.

   왼쪽 회전만으로 구사한다면 수구가 회전방향으로 밀려 나갈 것이다. 왼쪽 회전에 하단 회전력을 추가하여 7시 30분 방향의 당점으로 시도해 보자.

   회전이 굉장히 많이 생기면서 진행하는 모습을 볼 수 있을 것이다.

   단순하게 리버스 3쿠션으로 시도하기에는 제2목적구가 쿠션에 너무 붙어 있어서 성공률이 적으므로 일부러 더블 레일을 시도한 경우가 되겠다.

Terms of 3 cushion

하이 런(High Run) – 최고의 연속득점. H.R로 기록.

▼ 그림 18

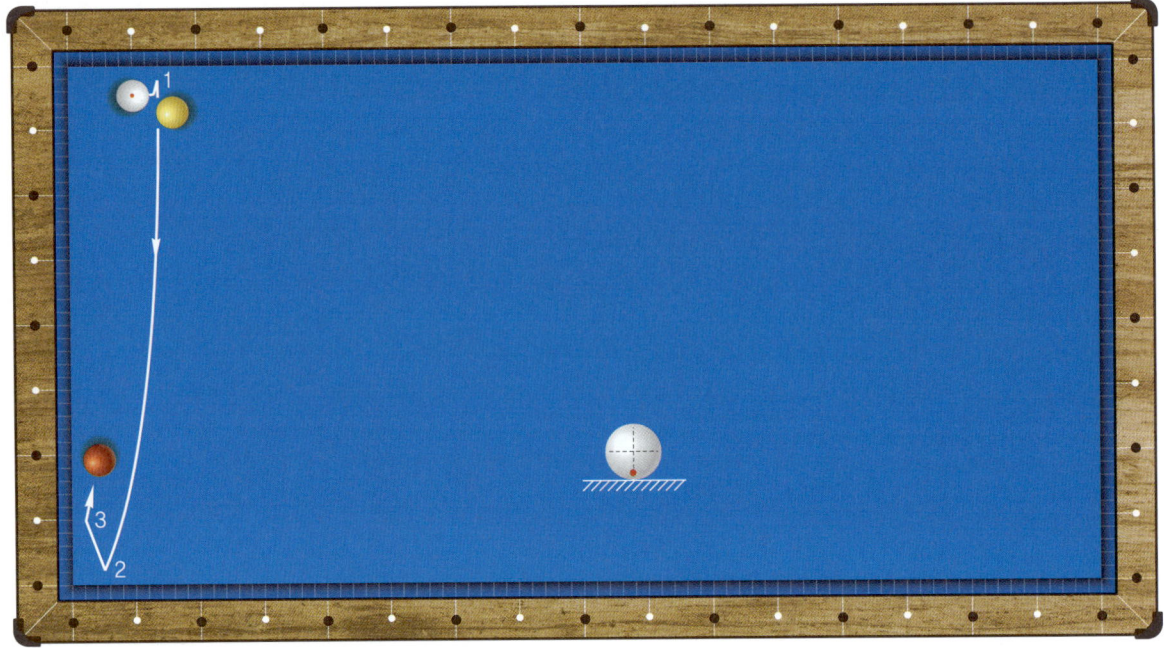

안으로 끌어서 진행시키는 더블 쿠션치기로, 그림상으로 보면 커브가 그려져서 마세(Masse)가 아닌가 하고 착각할 수도 있겠으나 정하단 회전에 제1목적구의 두께 조절만으로 충분히 가능하다.

   생각보다 제1목적구의 두께가 많이 얇다.
   두께를 다양하게 바꿔서 구사해 보면 여러 가지 진행들을 경험할 수 있을 것이다.
   실전에서 유용하게 구사하기를 바란다.

   좁은 공간에서의 3쿠션은 쉽기도 하지만 예민하게 회전을 조절해야 하는 어려움도 따른다.
   남들이 치는 것만 보면 쉽게 생각할지 모르지만 그만큼 회전 조절 능력이 있다는 것을 알아야 한다.
   회전 조절 능력은 이론만으로 되는 것이 아니다. 직접 시도해 보면서 많은 시행착오를 통해 얻게 되는 것이니 수없이 많은 연습이 필요하다. 그렇게 많이 연습해도 실전에서 실수를 하게 된다.
   나의 성공률이 99%가 된다고 해도 마지막 1%가 실전에서 발생하기 때문이다.
   그러므로 쉽다고 생각하는 배열들을 더욱더 연습해야 할 것이다.
   선수들의 경기를 보아도 승패는 난구에서 결정 나지 않는 것을 알 수 있다.
   그만큼 기본구, 쉬운 공들의 성공률 높이기에 힘을 다하여야 할 것이다.

Level Up of Carom Three Cushion
● 중급에서 고급으로 올라서는
Level Up!
레벨업
스리쿠션

Level Up of Carom Three Cushion

중급에서 고급으로 올라서는 Level Up!

레벨업 스리쿠션

포지션 플레이(Position Play)

 필자가 제일 설명하기 꺼리는 부분이 바로 포지션 플레이다. 왜냐하면 정답이 없기 때문이다. 포지션 플레이를 말하라고 하면 누구나 다 알고 있는 일반적인 것들, 즉 정답처럼 인정된 그런 것들밖에 말할 수 없다.
 각자가 좋아하는 배열, 싫어하는 배열, 자신 있어 하는 배열, 자신 없어 하는 배열 등의 스타일이 있기 때문에 고수들이 공통적으로 구사하고 있는 몇 가지 밖에 설명할 것이 없다.
 그러나 포지션 플레이의 기본적인 방법만 기억하고 있다면 누구든지 연속득점 할 수 있으므로 몇 가지를 설명하겠다.
 그전에 미리 말해두고 싶은 건 최소한 4구를 300점 이상 쳐야만 3쿠션에서 포지션 플레이를 시도라도 해 볼 수 있다는 것이다. 수구에 부딪친 제1목적구가 어떻게 진행하는지를 알아야 포지션을 할 수 있기 때문이다.

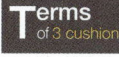 핸디캐핑(Handicapping) - 수준이 다른 플레이어가 공정한 게임을 하도록 경기의 규칙이나 점수의 차이를 주는 것.

1. 포지션 플레이의 뜻을 정확히 이해하자.

▼ 그림 1

4구를 예로 들어보자.

왼쪽의 형태가 제대로 된 모아치기인가? 아니면 오른쪽 형태가 제대로 된 모아치기 형태인가?

답은 둘 다 모아치기가 된 상태이다. 왜냐하면 득점할 수 있도록 쉽게 배치되어 있기 때문이다.

조금 엄밀히 따지면 왼쪽 모양은 1점 득점을 하면 반드시 목적구 두 개의 간격이 벌어져서 다시 모으려는 부담감 때문에 답답함의 연속이 될 수 있다.

포지션 플레이는 왼쪽 그림이든 오른쪽 그림이든 득점하기 쉽게 다음 후구를 만드는 일일 것이다.

그러나 〈그림 2〉의 배열처럼 끌어치기나 밀어치기를 해야 하는 난이도 있는 배열이면 포기할 것인가?

열심히 조준하고 생각해서 득점한다면 두 목적구가 코너 쪽으로 모이는 아주 좋은 배열이다.

3쿠션에서도 마찬가지다. 〈그림 1〉과 같은 3쿠션 배열이 있고, 〈그림 2〉와 같은 3쿠션 배열이 있다는 말이다.

일단은 어떤 배열이든 득점할 수 있는 공격력을 기르는 것이 첫 번째일 것이다.

그리고 나서 득점성공률이 높은 공 배열들을 파악하고 그런 배열들을 자신이 어떤 방법으로 처리하고 있는지를 살펴야 한다.

▼ 그림 2

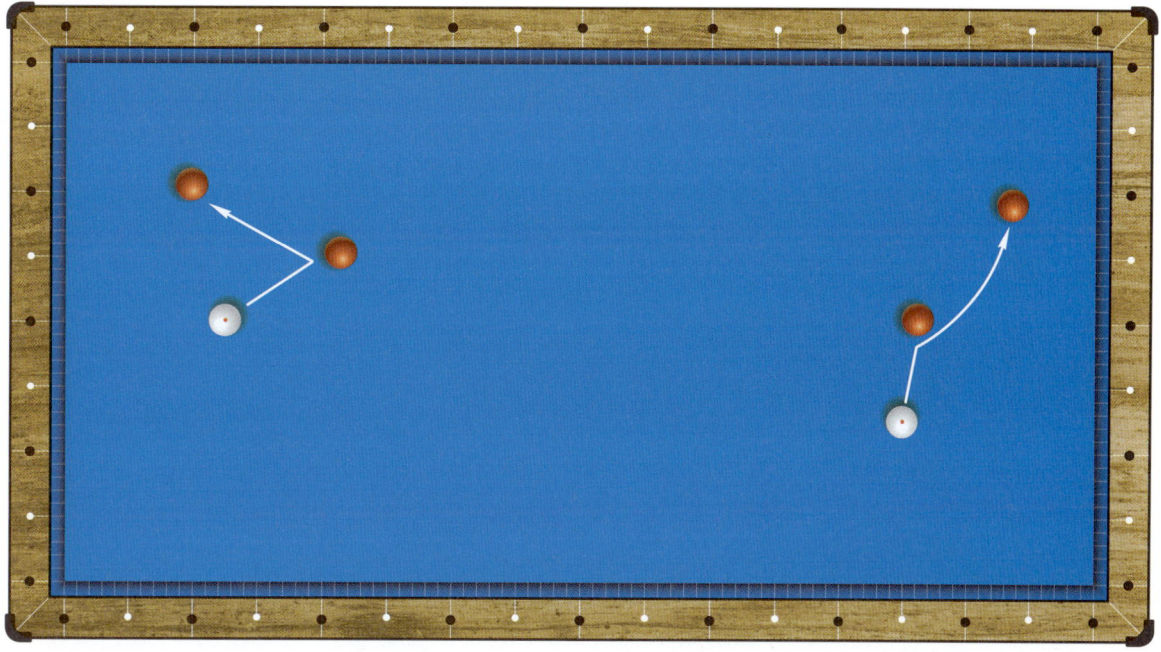

후구가 어렵게 배치된다면 잘못된 해결방법을 알고 있다고 생각하고 빨리 바꿔야 한다.

그리고 난구의 해결 능력을 길러야 한다.

실전에서 〈그림 2〉와 같은 유형의 3쿠션 배열이 얼마나 많은지를 생각해 보자. 그런데 해결하고 나면 생각지도 못하게 좋은 배치가 된 경험들이 분명히 있을 것이다.

이런 소중한 경험들은 반드시 적어놓고 암기해야 한다. 그냥 기분 좋은 것으로만 끝난다면 다음엔 그런 행운이 찾아오지 않을 것이다.

앞에서 설명한 바와 같이 포지션 플레이는 이런 것이다. 득점하고, 기본형의 형태에 가깝게 세우고, 득점하고, 조금 어렵게 배치되어도, 또 득점하는 것이다.

'말처럼만 된다면 얼마나 좋겠냐!' 라고 말할 수도 있겠지만 어떤 배열이든 자신이 있어야지만 포지션 플레이가 쉬워진다는 것을 반드시 기억해야 할 것이다.

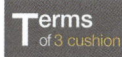

헤드 스팟(Head Spot) - 짧은 레일의 중심 다이아몬드와 긴 레일의 두 번째 다이아몬드가 교차하는 사이에 가상의 선을 그은 테이블 헤드 끝의 지점.

2. 기본형을 기억하자.

기본구라고 하는 배열들을 기억하고 후구를 또 다른 기본형으로 세우는 처리 방법을 기억하자.

▼ 그림 3

독자들은 위의 배열을 어떻게 해결하는지 생각해 보자.

제1목적구를 A구역과 B구역 중 어디로 보내고 싶은가?

아마도 여러 독자들 중에는 이런 생각도 안하고 당장 득점에만 몰두하고 있는 사람들도 있을 것이다. 그런데 그렇게 열심히 신중하게 처리했는데 A구역과 B구역 사이의 단축 중앙에 제1목적구가 위치한다면 다음을 어떻게 해결할 것인가 생각해보자.

위 그림의 제각 돌리기의 득점하는 방법이 잘못된 것이다.

제1목적구를 A나 B구역으로 확실하게 보낼 수 있는 처리방법을 찾아야 할 것이다.

기본구를 득점할 줄만 안다고 그 배열을 알고 있다고 말해선 안 된다. 반드시 후구를 득점하기 좋게 만드는 방법까지 알아야 남들에게 감히 '난 이 공 알고 있어!' 라고 말할 수 있는 것이다.

3. 목적구를 코너로 보내자.

〈그림 3〉에서 설명한 것과 같이 단축 중앙, 장축 중앙으로 목적구를 보낸다는 것은 난구(難球)를 만드는 요인이 된다.

▼ 그림 4

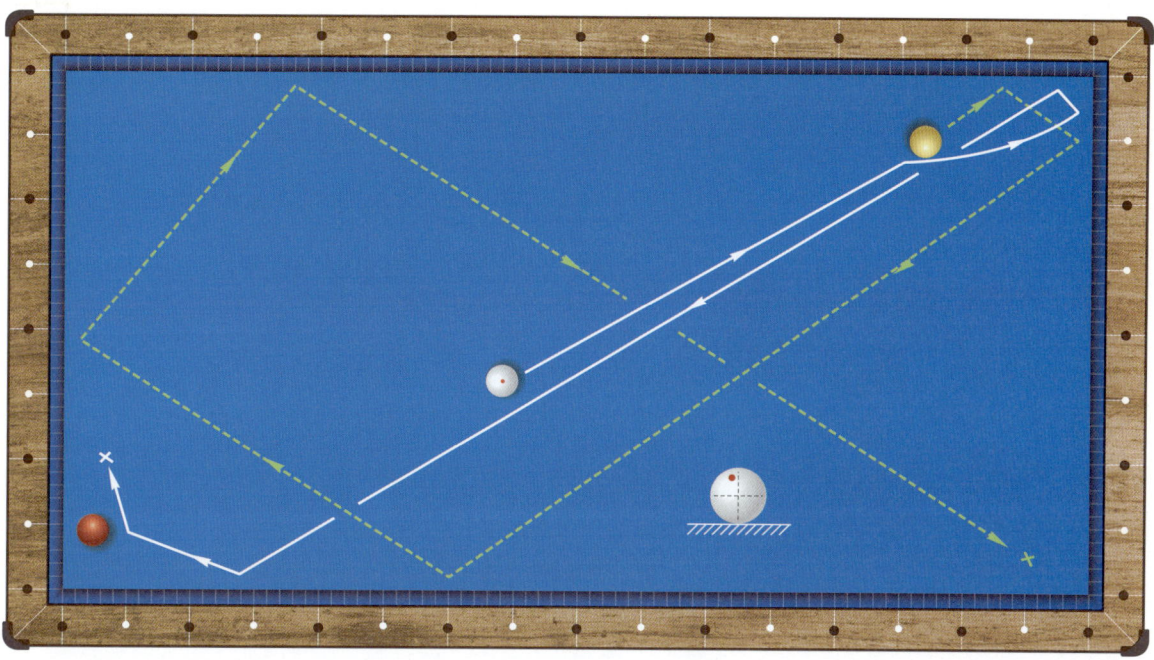

또 하나의 예를 들어보자.

위의 〈그림 4〉는 여러 가지 선택의 경로가 있음에도 목적구를 두껍게 밀어서 대회전시켜 반대쪽 코너에 위치시키는 모습이다. 다른 여러 가지 선택보다 현명한 방법이 아닐까 싶다.

독자들이 생각한 여러 가지 방법과 비교해 보기 바란다.

4. 공 세 개를 모두 모으자.

수구와 목적구 두 개가 모두 가까이에 위치한다면 어떤 경로를 선택한다고 해도 득점하기가 어렵지 않다.

다음 그림을 보자.

▼ 그림 5

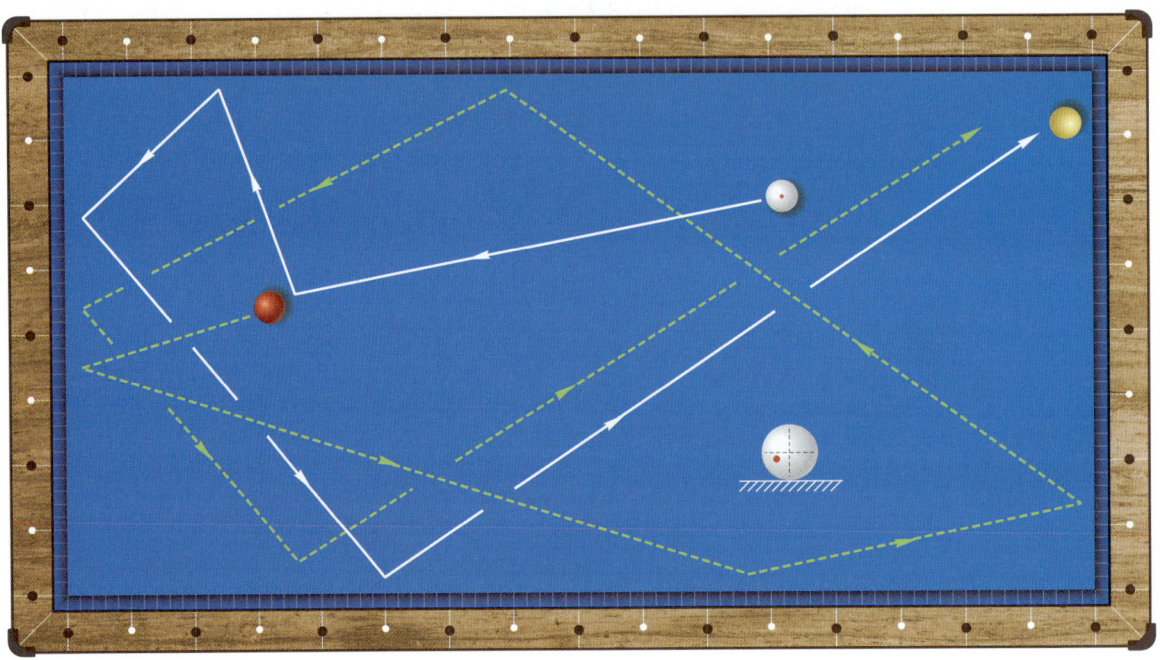

제1목적구가 조금만 얇아도 제1목적구가 제2목적구를 맞추는 키스를 유발시킨다.

제1목적구를 4/5 이상 두텁게 맞추어 대회전시키고 수구는 바깥 돌리기 경로로 천천히 진행하도록 하여 득점한다. 득점 이후 기다리고 있으면 제1목적구가 느리게 코너 쪽을 향해 진행하는 것을 볼 수 있을 것이다.

공 3개를 모두 한쪽 코너에 모았다. 다음 공격이 어렵겠는가?

어떤 경로를 선택해서라도 공격할 수 있는 방법이 있을 것이다.

5. 공 세 개를 중앙에 세우자.

특정한 배열 말고는 목적구가 쿠션에 붙어 있으면 처리하기가 곤란해진다.
되도록이면 쿠션에서 떨어뜨려 중앙에 집중하도록 한다.

▼ 그림 6

누구나 제각 돌리기를 선택할 것이다. 하지만 지금 형태에서 제1목적구를 B방향으로 진행시키기에는 수구와 목적구의 힘 배합이 맞지 않는다. 그렇게 시도할 바에는 최대 회전력으로 얇게 맞추어 득점하고 A구역으로 배치하는 것이 더 좋을 것이다.

어떤 방법이 각자에게 더 쉬운지를 시도해 보자. 필자는 구사하기 수월한 1/2~1/3 두께를 사용하여 중앙에 배치시켰다. 어떤 방법이 더 좋다 안 좋다는 판단하기가 어렵다. 개인의 취향이 다르기 때문이다.

다만 중앙에 세워 공의 배치를 어렵지 않게 만드는 방법을 보여줬을 뿐이다.

6. 정석의 틀을 벗어나지 말자.

▼ 그림 7

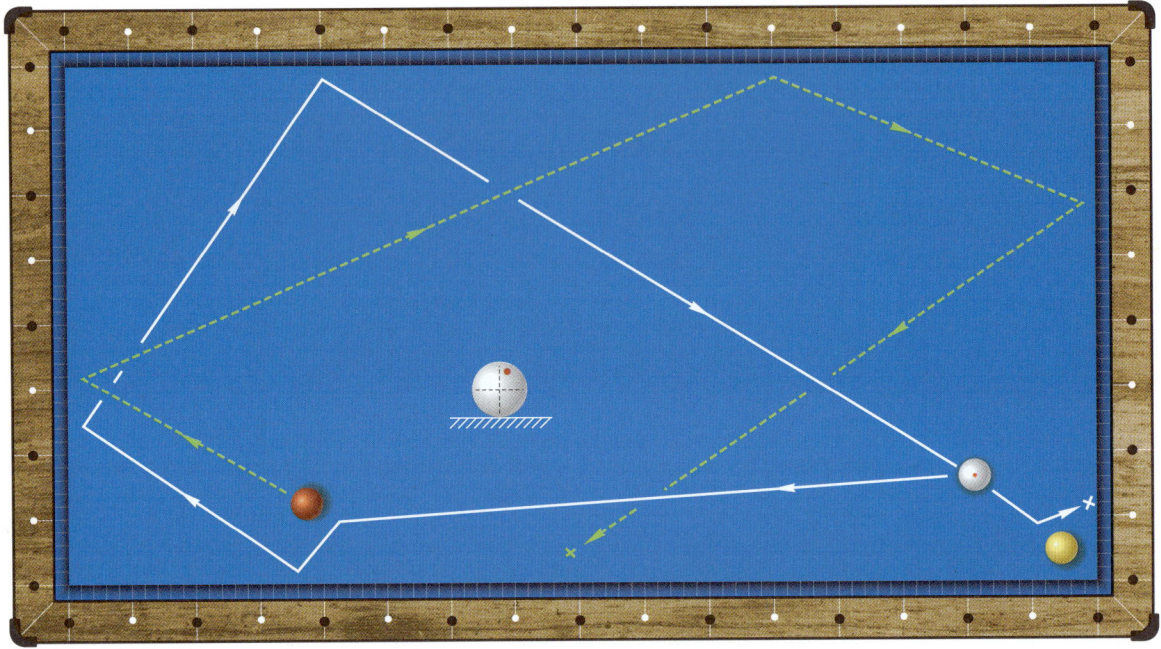

위의 그림은 누구나 알고 있는 기본적인 바깥 돌리기 형태이다.

'정석의 틀을 벗어나지 말라' 는 말은 위의 보기를 바깥 돌리기로 처리하지 않고, 안 돌리기가 더 자신 있다고 시도해서 후구를 망가뜨리지 말라는 말이다.

다르게 말해서 초구를 바깥 돌리기를 하지 않고 2쿠션 걸어치기나 안 돌리기를 하면서 득점도 못 하고 득점을 했다고 하더라도 어렵게 후구를 세우는 우를 범하지 말라는 말이다.

정석이라는 것은 모든 이들에게 인정받고 검증된 방법들을 말한다. 훗날에 바뀔 수는 있겠으나 지금의 방법보다 더 나은 방법은 없다는 말이기도 하다.

많은 교본에서 보여주는 플레이의 정석을 많이 외워놓아야 할 것이다.

▼ 정석 1

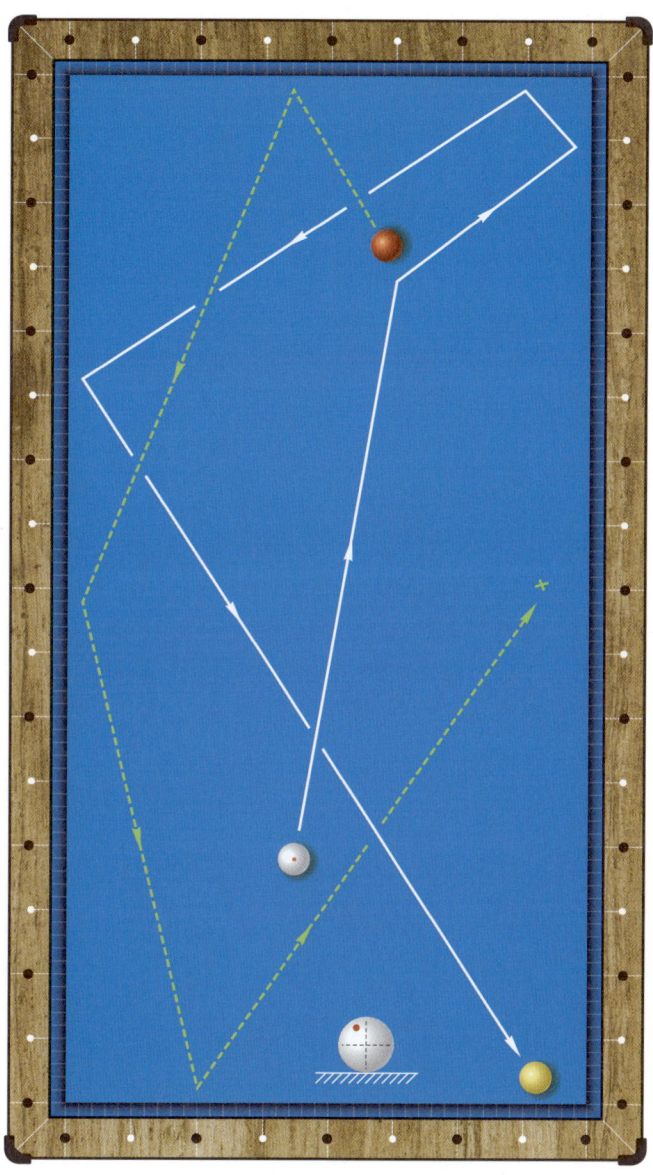

▼ 정석 2

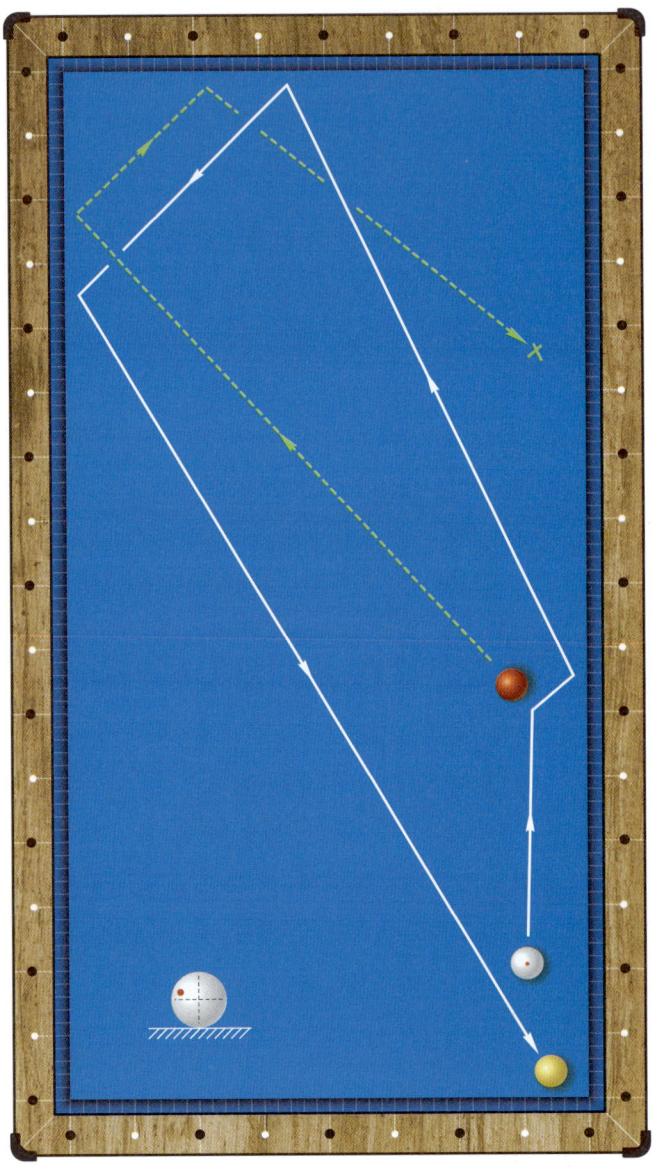

▼ 정석 3

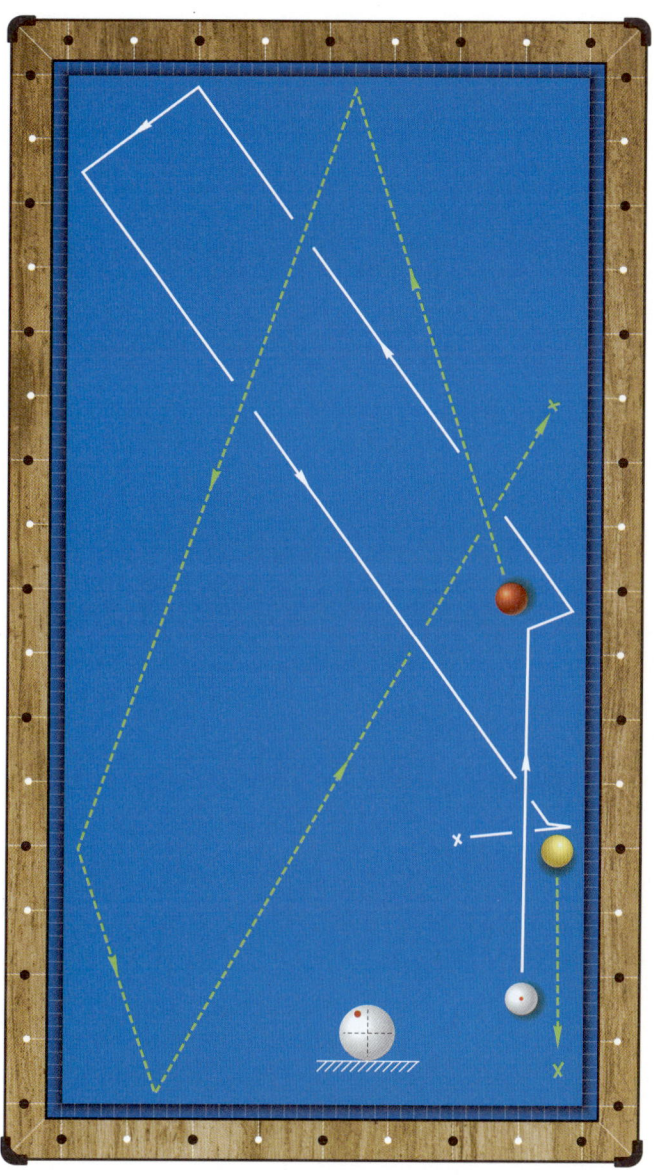

▼ 정석 4

▼ 정석 5

▼ 정석 6

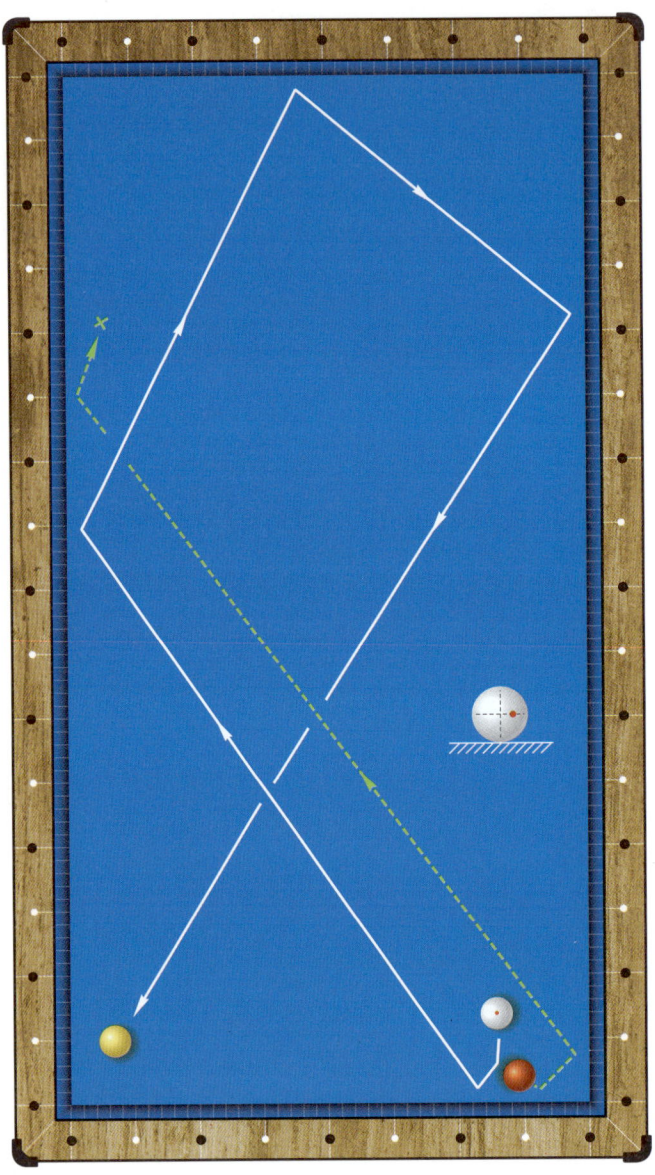

▼ 정석 7

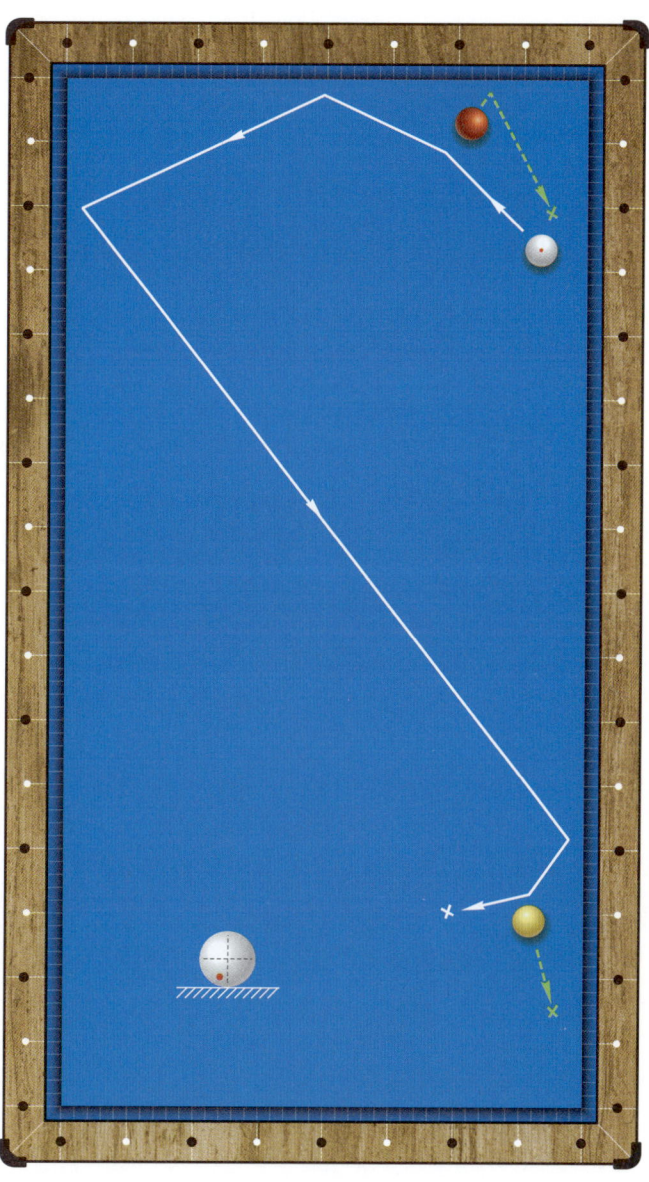

▼ 정석 8

▼ 정석 9

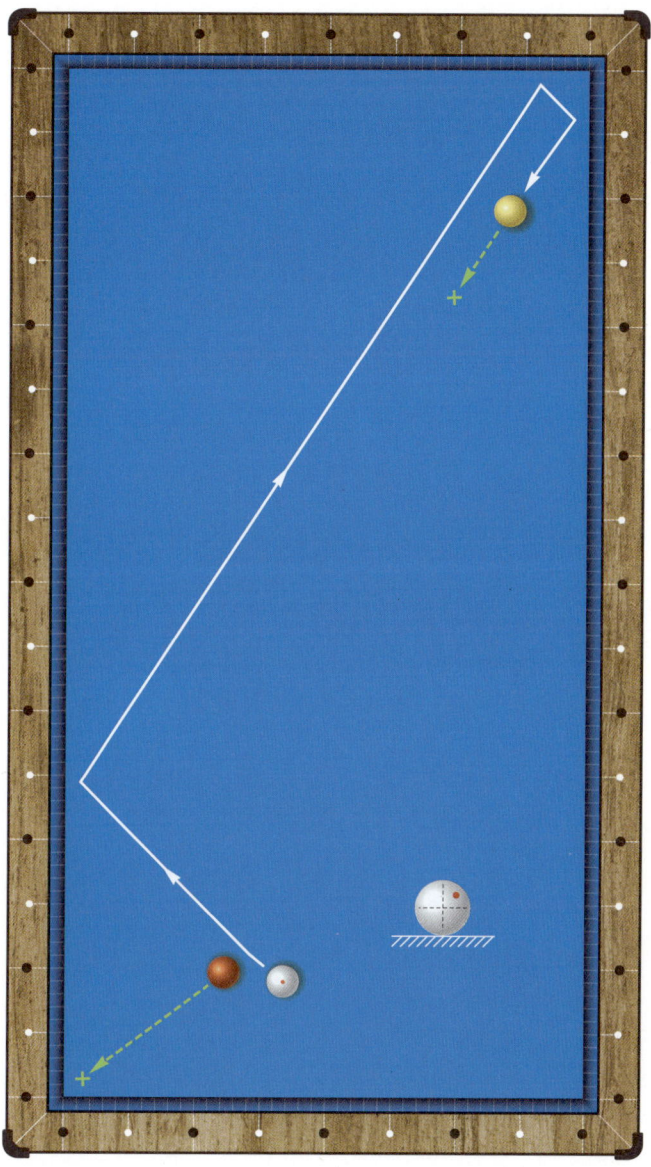

▼ 정석 10

▼ 정석 11

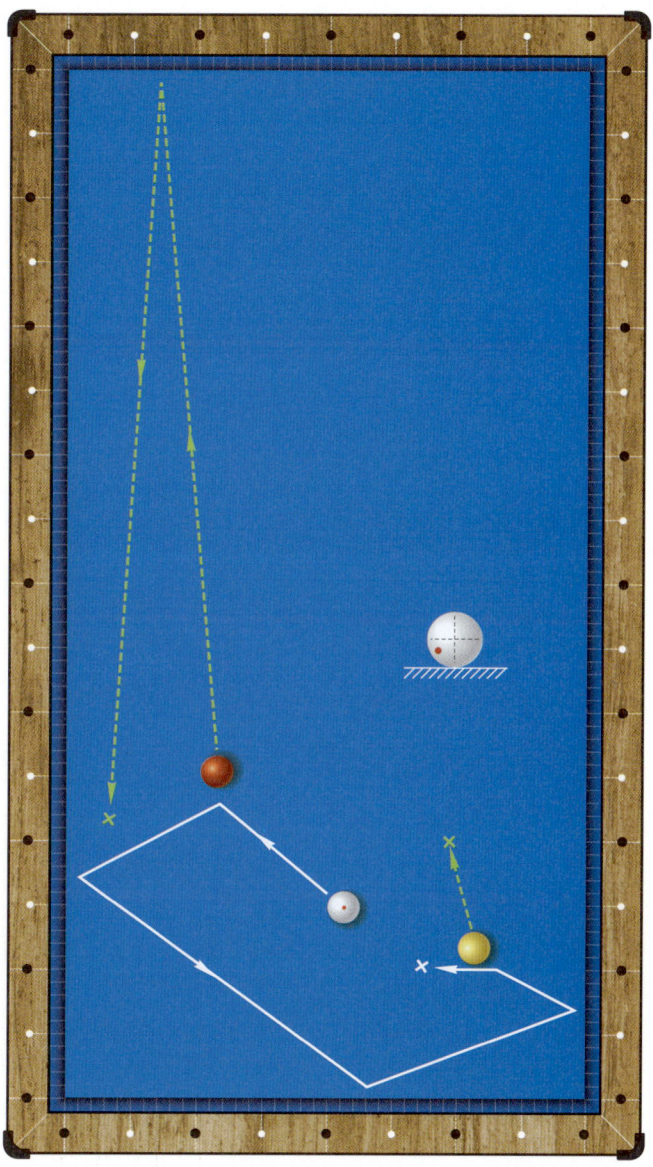

▼ 정석 12

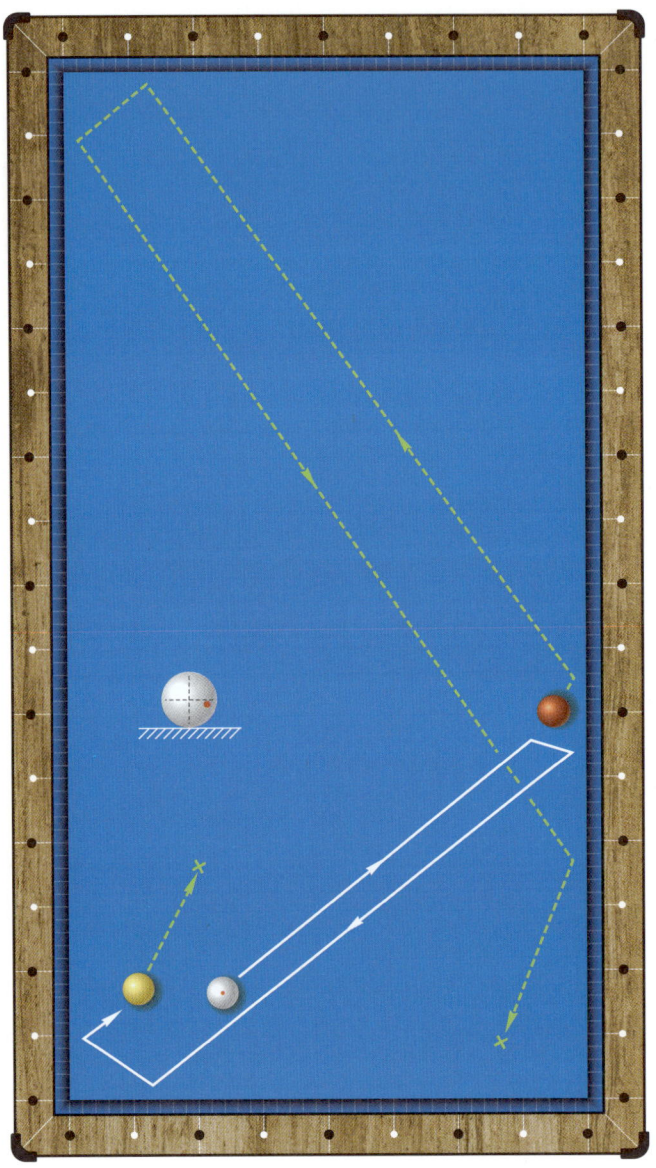

▼ 정석 13

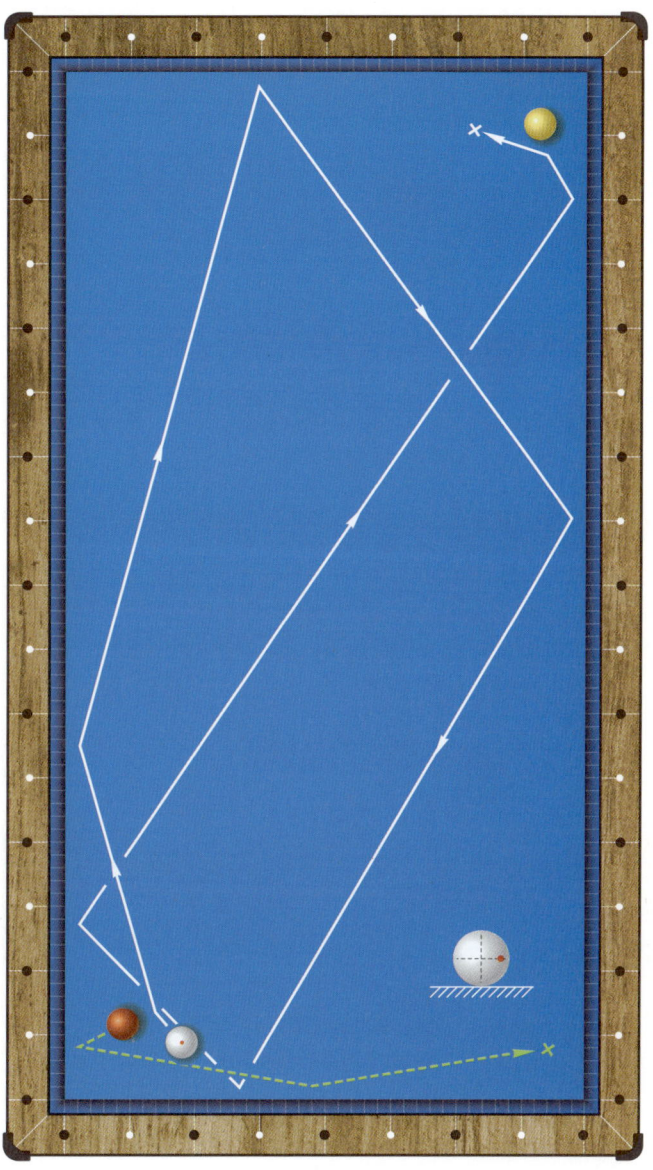

▼ 정석 14

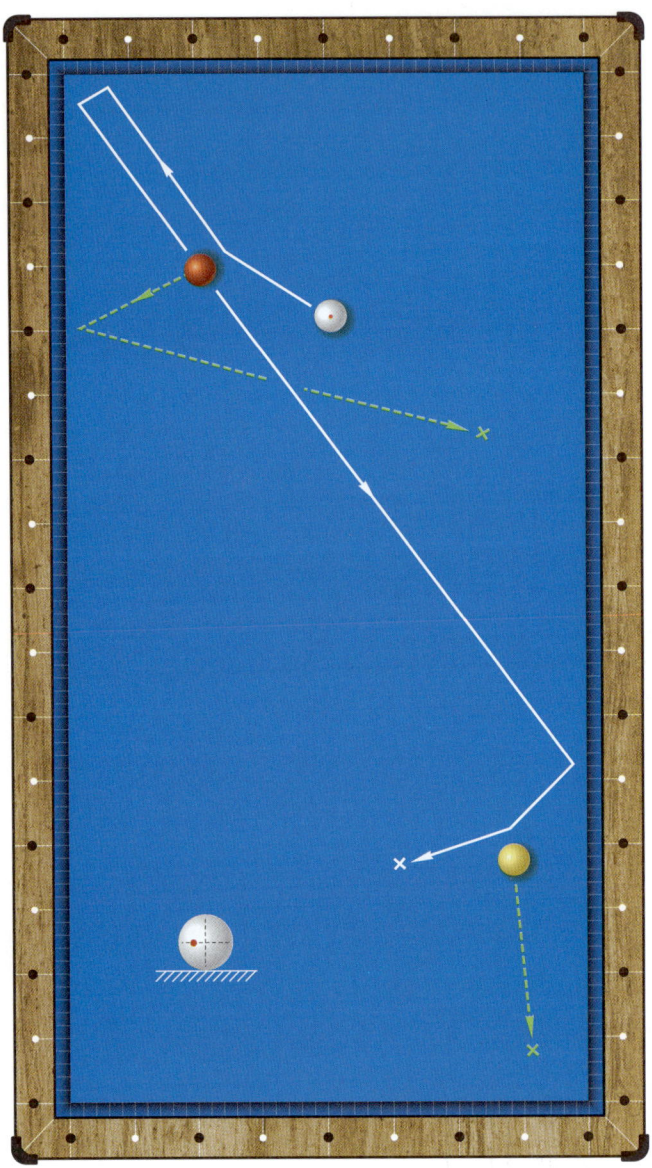

Level Up of Carom Three Cushion

● 중급에서 고급으로 올라서는
Level Up!
레벨업
스리쿠션

Level Up of Carom Three Cushion

● 중급에서 고급으로 올라서는
Level Up!
레벨업
스리쿠션

12

어려운 샷-난구(難球)

어렵다는 것은 상대적인 개념으로 지금부터 소개하려는 배치도가 모두 어렵다고만은 할 수 없다.

 실전에서 자주 접하게 되는 배열들을 간추려서 정리해 보았고, 소개하는 내용 중에 어떤 배열은 어떤 계산법에도 적용이 되지 않는 것들도 있다.

 난구를 해결하기 위해서는 고정관념에 얽매여서는 안 된다. 창의력을 발휘해야만 해결할 수 있으므로 다른 사람들이 구사하는 모습도 많이 보고, 연구도 많이 해야 한다.

 특히, 계산법에 얽매어 있는 사람들은 창의력이 부족하므로 난구 해결 능력이 많이 부족하다. 똑같은 공을 세워놓고 10번, 20번을 다양하게 시도해보면서 방법을 찾아보고 고수들의 견해와 비교해 보는 시간을 가져야 할 것이다.

 고수들이 해결해 내는 방법이 이해가 되지 않을 수도 있겠지만 계속 따라하고 흉내를 내다 보면 자연스럽게 이해가 되므로 크게 걱정하지 않아도 될 것이다.

▼ 그림 1

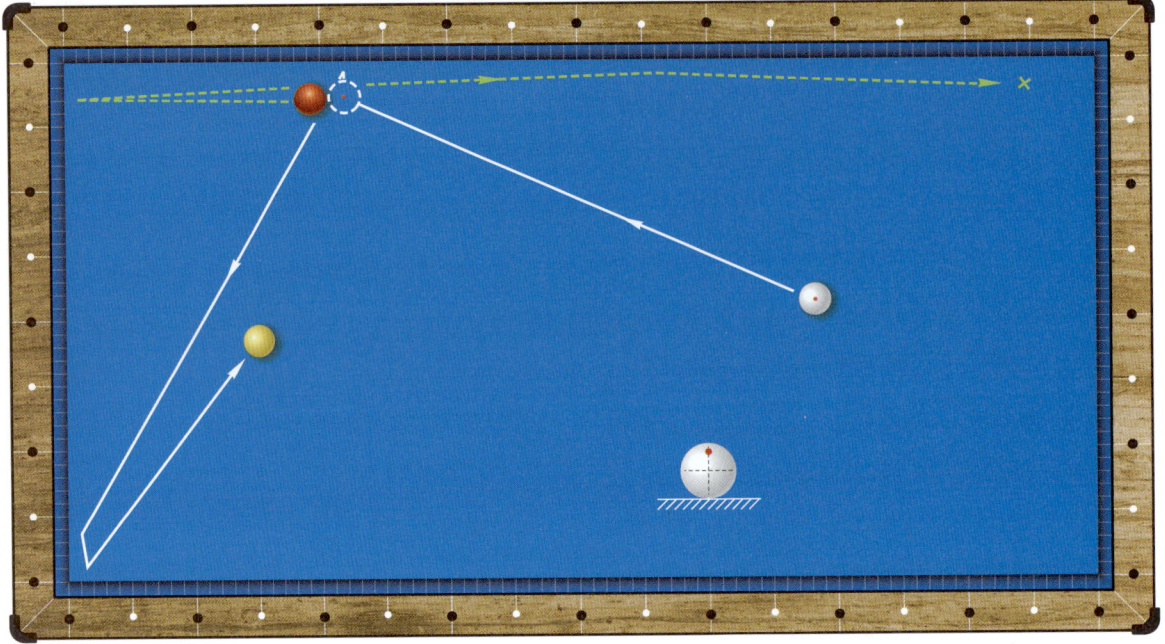

제1목적구를 반대편 코너 방향으로 보낼 수 있는 두께로 결정하고 정 상단으로 구사한다.

여기서 중요한 것은 수구에 얼마만큼의 충격을 주느냐 하는 것인데, 충격량에 따라 첫 번째 쿠션에서 두 번째 쿠션으로 진행하는 경로가 결정된다.

첫 번째 쿠션을 맞고 두 번째 쿠션으로 진행할 때 곡선이 생기는 진행이 이루어지지 않도록 구사하는 것이 제일 중요하고 제2목적구를 맞출 수 있는 속도로만 구사하여야 할 것이다.

▼ 그림 2

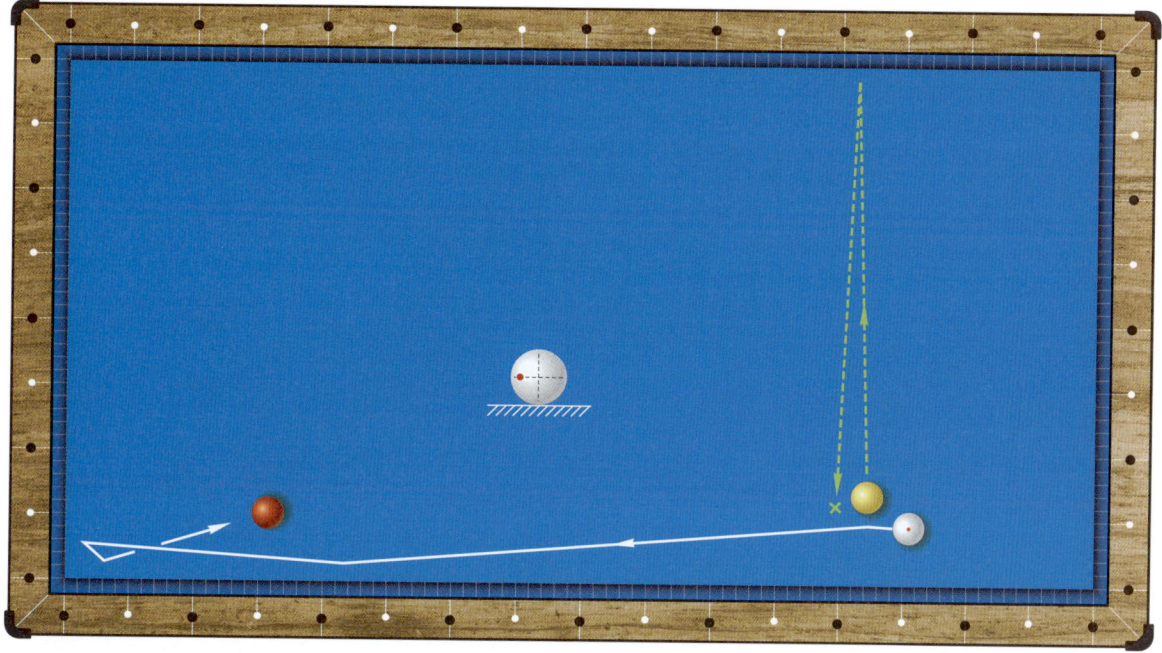

실전에서 위의 그림과 같은 배열을 받는다면 누구나 멀리 있는 목적구를 제1목적구로 삼아 바깥 돌리기를 시도할 것이다.

멀리 위치한 공보다는 가까이에 위치한 공이 두께를 맞추기가 훨씬 수월하다는 것은 누구나 공감할 것이다.

9시 방향의 회전력으로 제1목적구를 맞추고 제2목적구와 쿠션 사이의 공간으로 진행시켜 보도록 하자. 너무나 어이없을 정도로 쉽게 득점할 수 있을 것이다.

다양한 진행경로를 찾을 수 있는 안목을 길러야 할 것이다.

▼ 그림 3

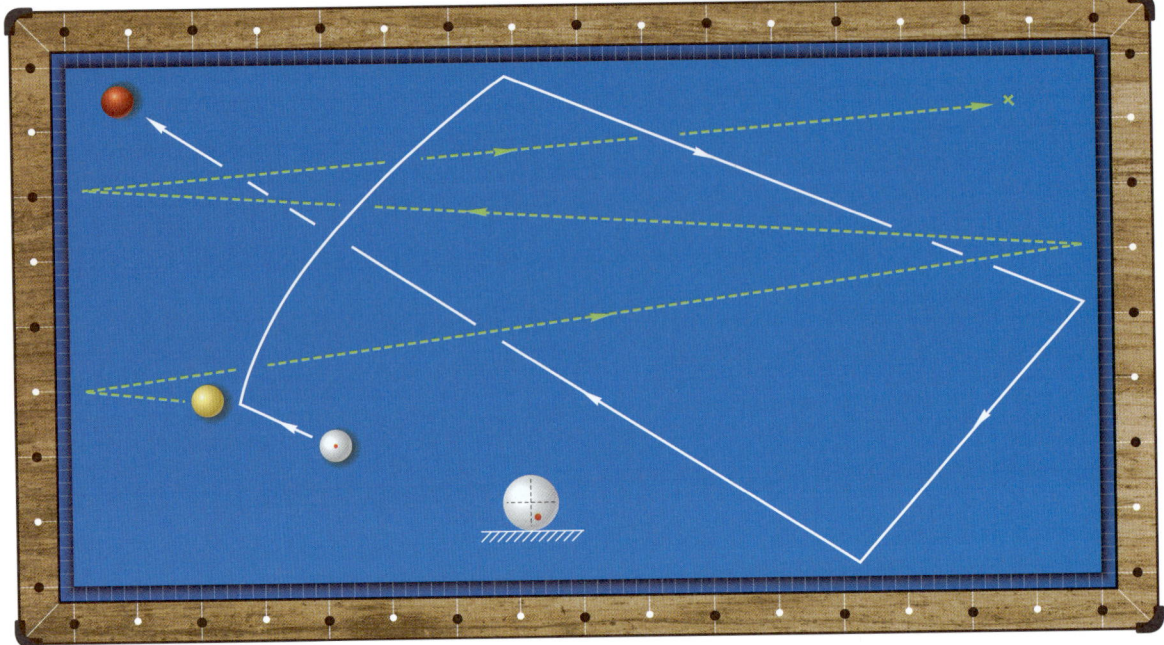

그림의 진행경로가 어렵게 생각되는 사람들도 있을 것이다.

짧은 스트로크로 구사하면 그림처럼 진행시킬 수는 있지만 힘이 모자라서 득점하기 어려울 것이다. 길고 빠른 스트로크로 구사할 수 있도록 하고 제1목적구를 너무 두껍게 조준하여 제2목적구와의 키스를 유발하지 않도록 하는 것이 중요하다.

끌어치기는 당점이 중요하므로 빠르게 치는 것에만 신경을 쓴다면 성공하기 어려워진다.

정확한 하단 당점을 놓치지 않도록 신경 써야 한다.

▼ 그림 4

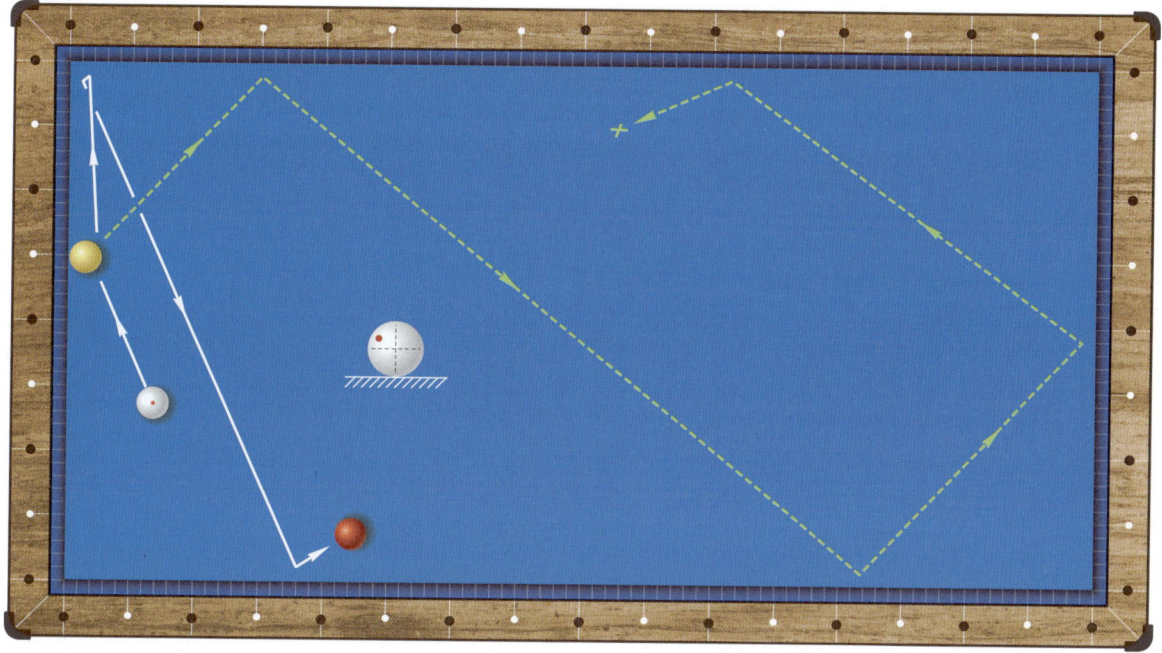

제1목적구를 얇게 맞추어 바깥 돌리기를 할 수도 있으나 그렇게 구사한다면 수구의 속도가 너무 빨라져서 득점에 성공하기가 쉽지 않다.

중 상단 맥시멈 회전으로 제1목적구를 2/3 정도 맞추어 시도해 보면 많은 회전력으로 천천히 진행하는 것을 볼 수 있을 것이다.

회전력이 많으면 많을수록 성공률이 높아지므로 옆 회전을 결정하는 데 신경을 써야 할 것이다.

▼ 그림 5

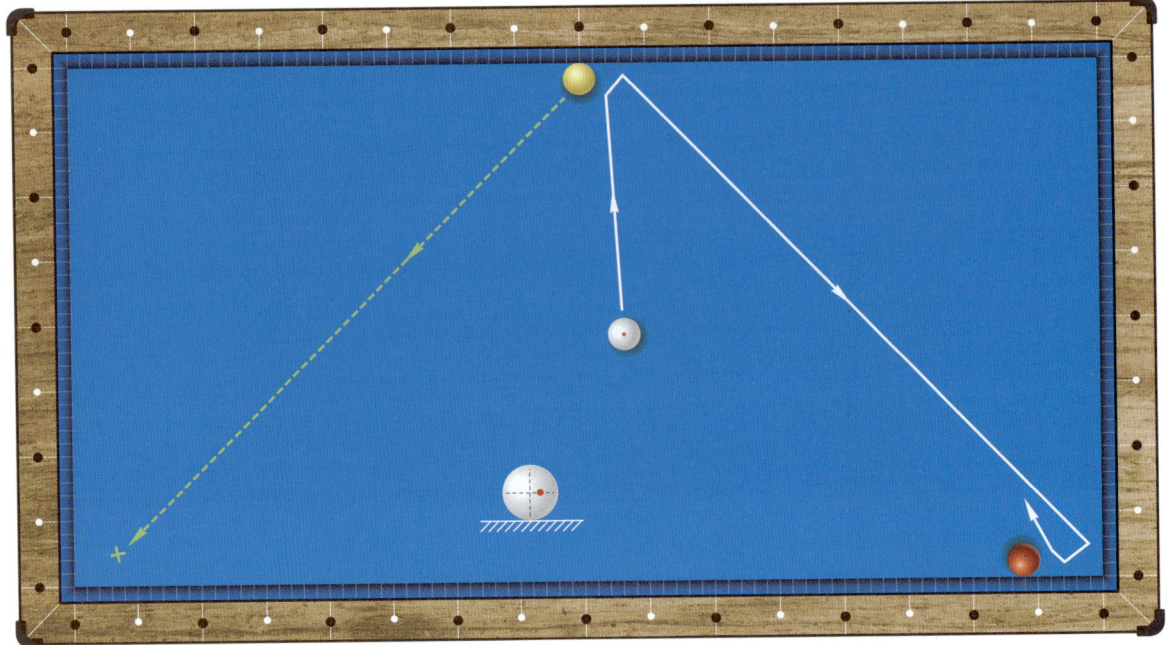

너무 황당하고 어려운 시도라고 생각할 수도 있겠다.

독자들은 어떤 선택을 하겠는가?

실제로 김경률선수가 경기에서 구사하여 성공했던 배열로 속도조절이 어렵긴 하지만 위의 상황에서는 최선의 선택이 아닐까 한다.

제1목적구와 제2목적구가 모두 쿠션에 붙어 있다. 특히, 제2목적구가 너무 어려운 위치에 있어서 시도하기가 만만치 않다. 아주 느린 속도(제2목적구가 간신히 맞을 정도의 속도)로 시도하여 진행하는 모습을 관찰해 보자. 두 번째 쿠션에서 수구를 살짝 튕겨주면서 자연스럽게, 3쿠션으로 성공할 수 있을 것이다. 속도가 제일 중요하다.

▼ 그림 6

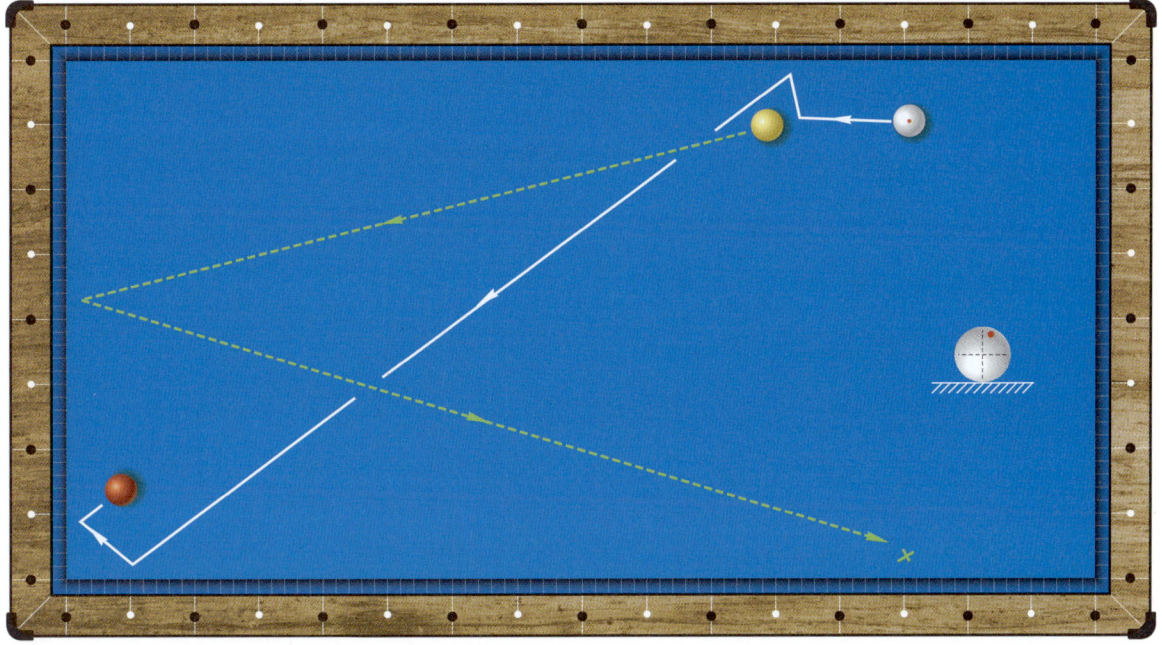

위 그림처럼 시도하기가 쉽지는 않을 것이다. 하지만 포지션 플레이를 하기 위해서 시도해보자. 천천히 진행할 수 있도록 구사해야 한다. 빠르게 진행을 시키게 되면 포지션은 물론이고 득점하기도 쉽지가 않다.

제1목적구를 두껍게 맞춰야 하는데 목적구를 두껍게 맞추면 수구가 너무 많이 밀리게 되므로 상단의 약한 리버스 회전력(역회전)으로 구사하도록 한다.

▼ 그림 7

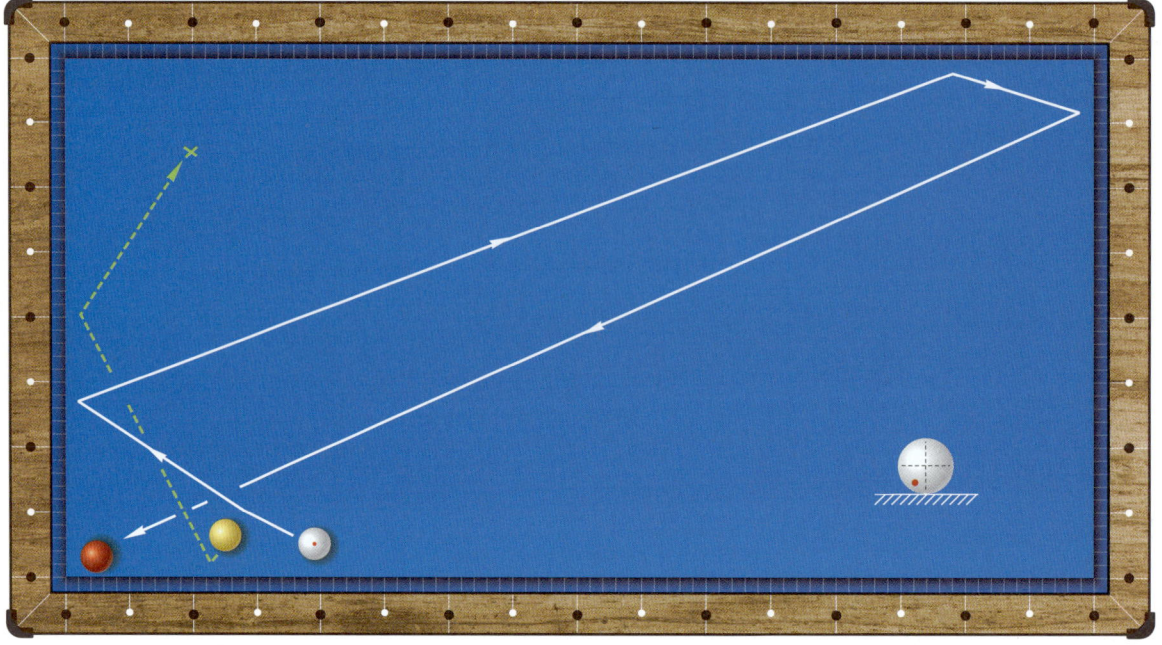

하단 역회전으로 부드럽게 샷을 하여 성공시킬 수 있도록 한다. 빈쿠션치기나 다른 여러 경로로 구사할 수도 있으나 역회전으로 끌어내린 수구가 코너 근처에 도착하면 성공률이 상당히 높아지므로 시도해 보는 것도 나쁘지 않을 것 같다.

▼ 그림 8

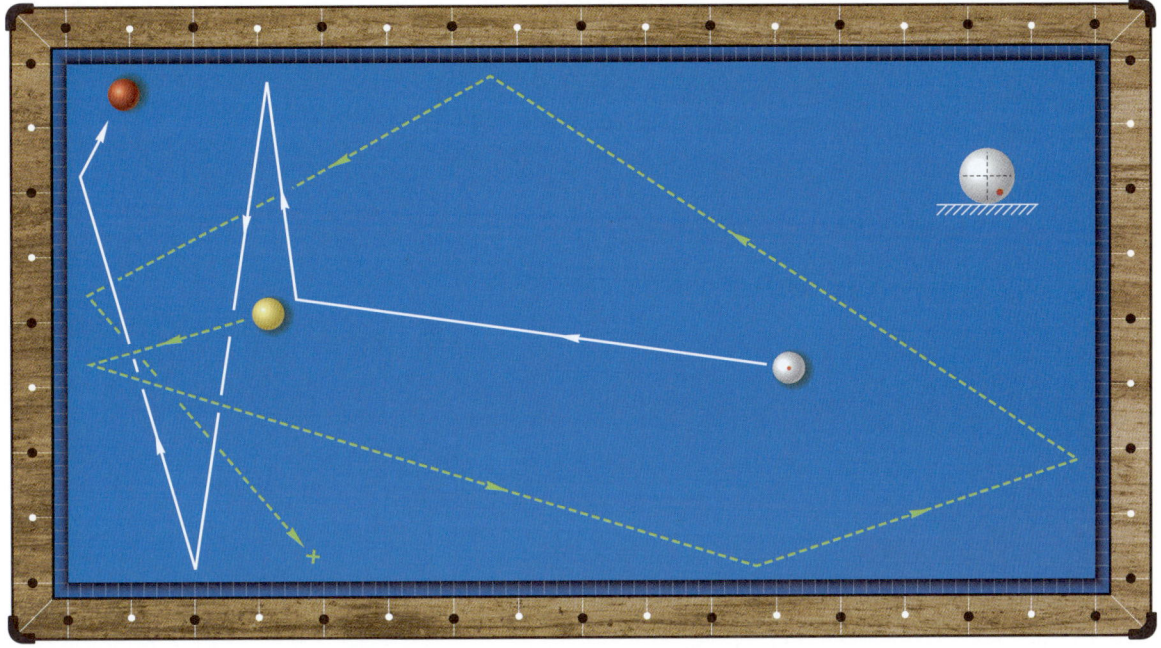

더블 쿠션치기 중에 난이도가 상당히 높은 배열 중에 하나로 당점 찾기가 상당히 어렵다. 정 하단에서 약한 리버스 회전으로 시도하는 것이 성공률이 가장 높다. 리버스 회전력이 많을수록 많이 끌어야 하는 부담이 생기므로 많이 연습해 보면서 당점을 찾기 바란다. 실전에서 상대방이 수비를 했을 때 가장 많이 접할 수 있는 배열이므로 반드시 연습해야 한다.

▼ 그림 9

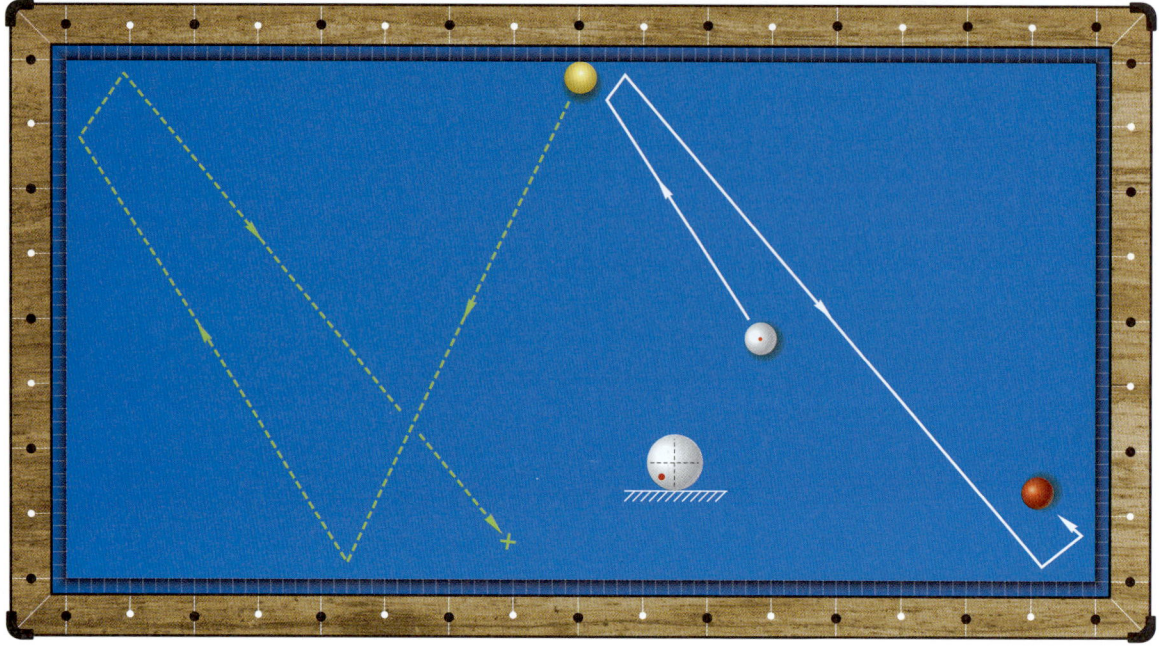

이런 시도는 예술구성 진행이라고 생각할 수도 있으나 제1목적구가 쿠션에 완전히 붙어 있어서 왼쪽으로 제각 돌리기도 쉽지가 않다. 두께를 찾기가 쉽지 않을 것이다. 차분하게 두께를 찾는 연습을 하다 보면 성공했을 때 짜릿함을 느낄 수 있을 것이다.

▼ 그림 10

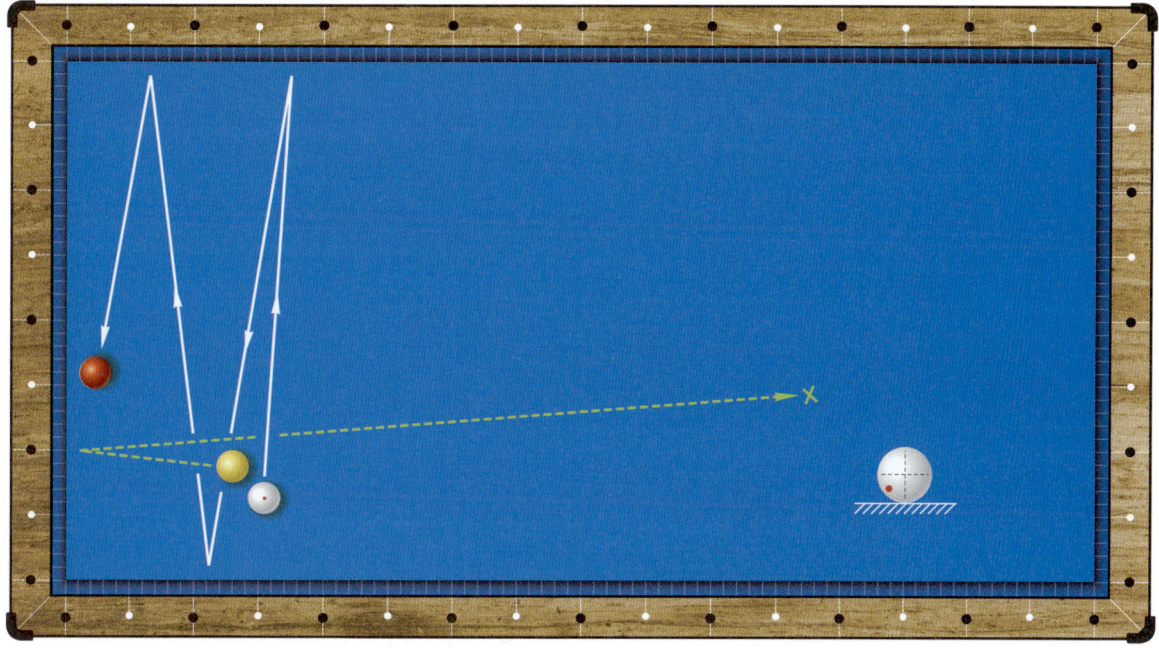

큐를 20° 정도 기울여서 부드럽고 길게 구사해야 한다. 그래야만 밀려나갔던 수구를 다시 끌고 들어올 수 있다. 제1목적구의 두께를 아주 얇게 결정하여 수구와의 키스를 피할 수 있도록 한다. 실전에서 성공한다면 많은 박수를 받을 것이다.

▼ 그림 11

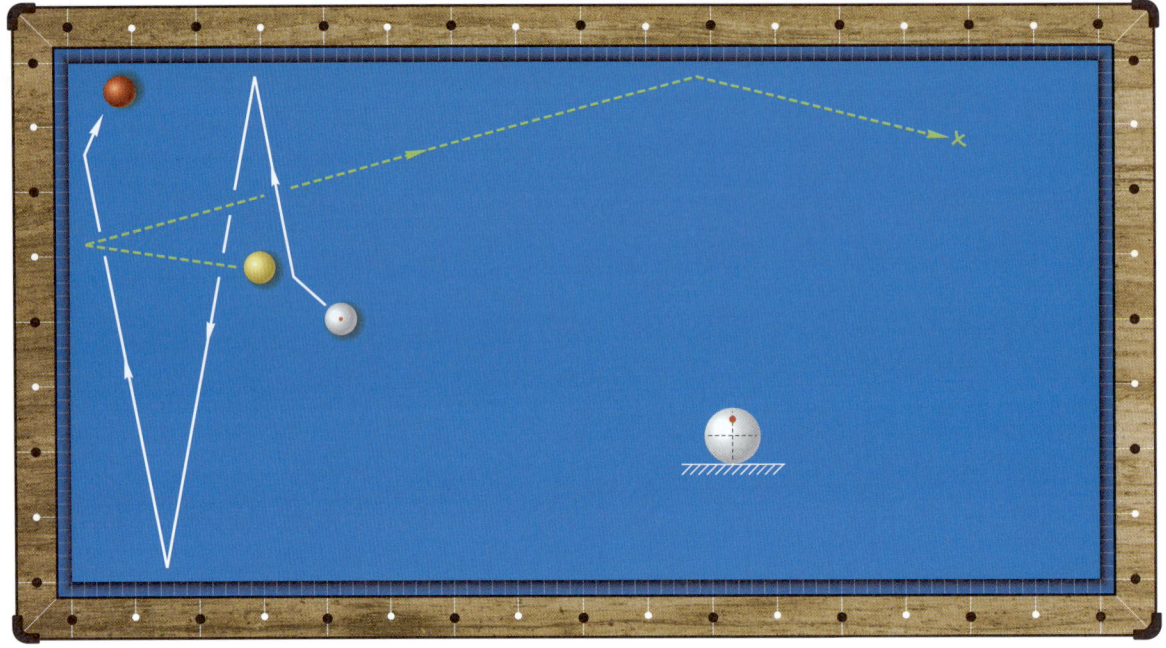

제1목적구의 두께를 얇게 선택하여 오른쪽 회전으로 리버스 샷을 시도할 수도 있으나 정확성이 필요하므로 연습이 많이 되어 있지 않으면 시도하기가 쉽지 않다.

위 그림과 같이 시도할 때 키스를 피하겠다고 해서 충격을 너무 많이 주면서 시도한다면 생각지 않은 회전력으로 엉뚱한 진행이 이루어질 것이다.

실전에서 많이 접할 수 있는 배열로 자연스럽게 포지션 플레이를 할 수 있으므로 많이 연습해 두어야 한다.

▼ 그림 12

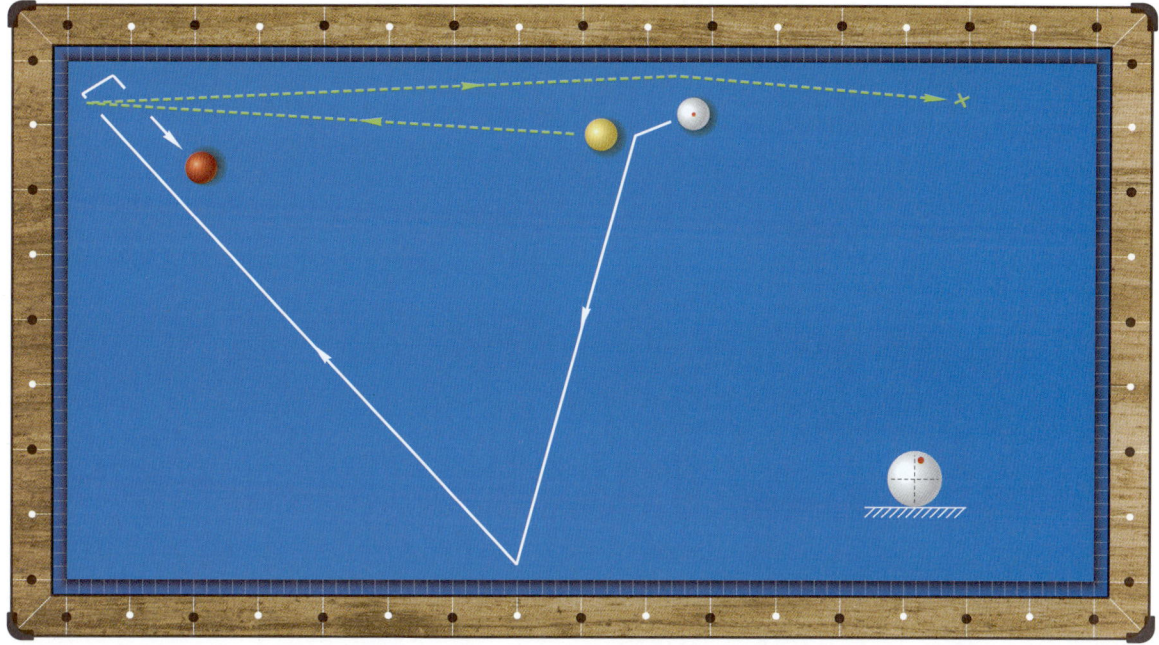

제1목적구를 두껍게 결정하여 제2목적구와 쿠션 사이로 진행시키면서 반대쪽 코너에 위치할 수 있도록 한다. 적은 회전력으로도 득점에 성공할 수 있으므로 천천히 구사하도록 한다.

제1목적구를 얇게 맞추어 키스를 유발하지 않는 데 중점을 두어야 할 것이다.

▼ 그림 13

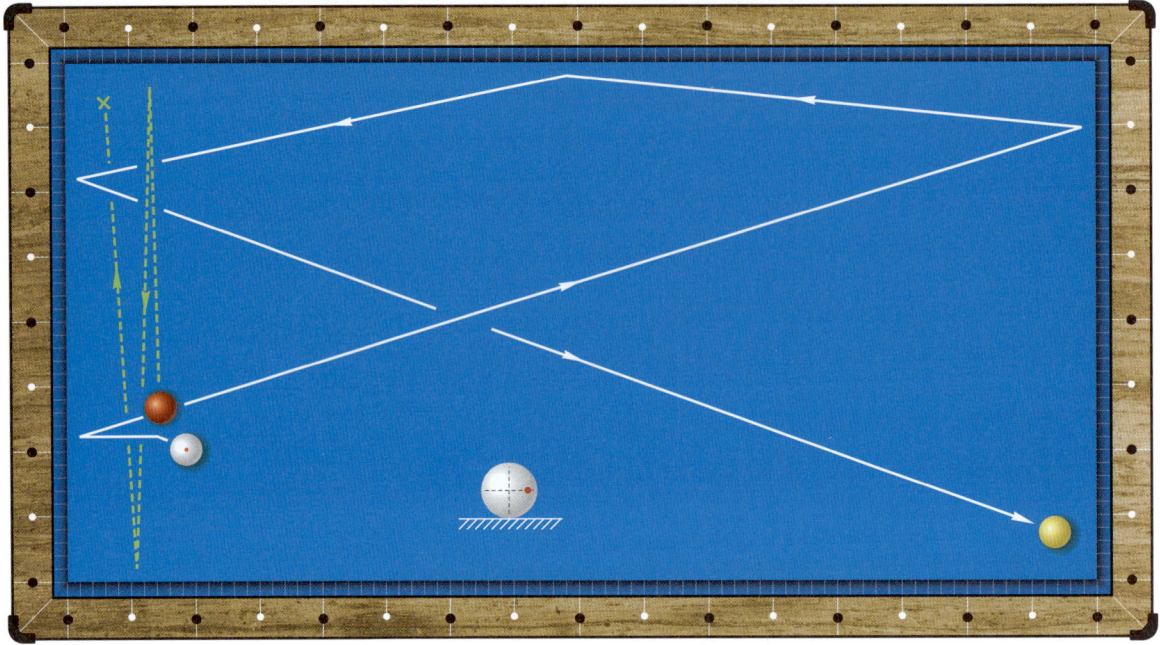

당구대를 한 바퀴 반을 대회전시키려고 시도하다가 실수로 위 그림과 같이 진행할 경우가 있는데, 생각보다 상당히 성공률이 높다. 3쿠션을 맞으면 회전력이 모두 소모가 되고 자연스런 진행방향의 회전력이 생기면서 제2목적구 쪽으로 진행한다. 반복된 시도를 하면서 성공률이 높아진다면 제2목적구의 포지션에 신경을 써야 할 것이다.

　제2목적구가 단축 중앙에 위치하지 않도록 하자.

▼ 그림 14

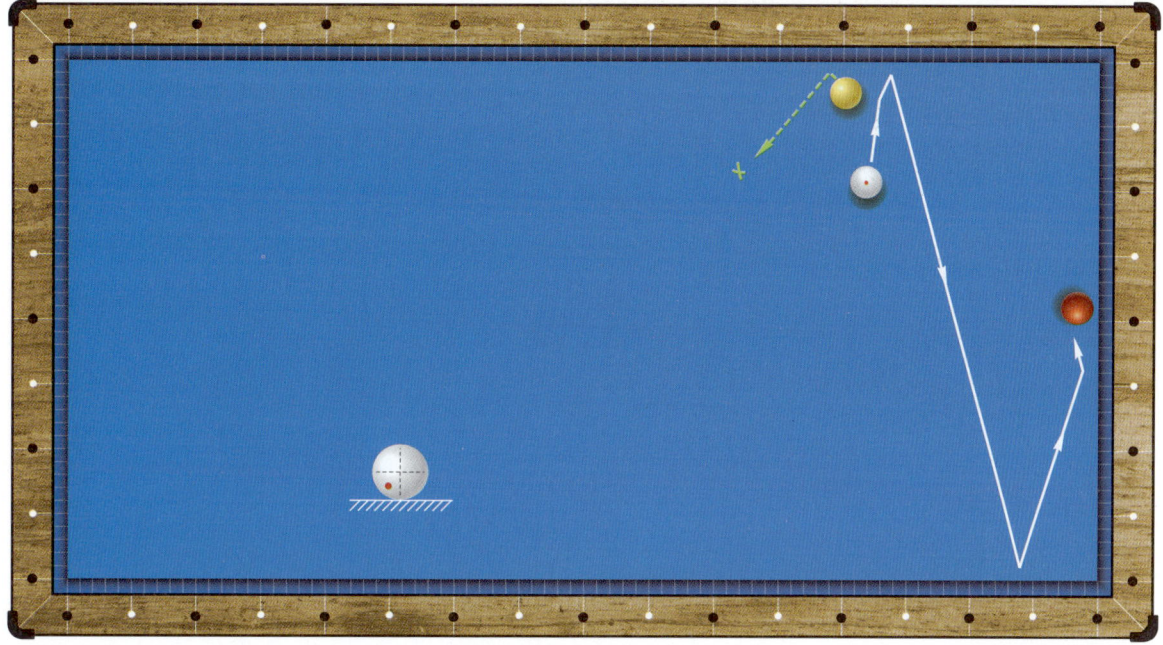

1996년에 토브욘 브롬달(Torbjorn Blomdahl) 선수가 우리나라에 들어와서 초청경기를 할 때 국내 당구인들을 깜짝 놀라게 했던 문제구 중에 하나다.

　좁은 공간 안에서 이루어지는 리버스 3쿠션으로 제1목적구의 두께가 너무 얇으면 3단 더블 쿠션으로 성공할 수도 있다.

▼ 그림 15

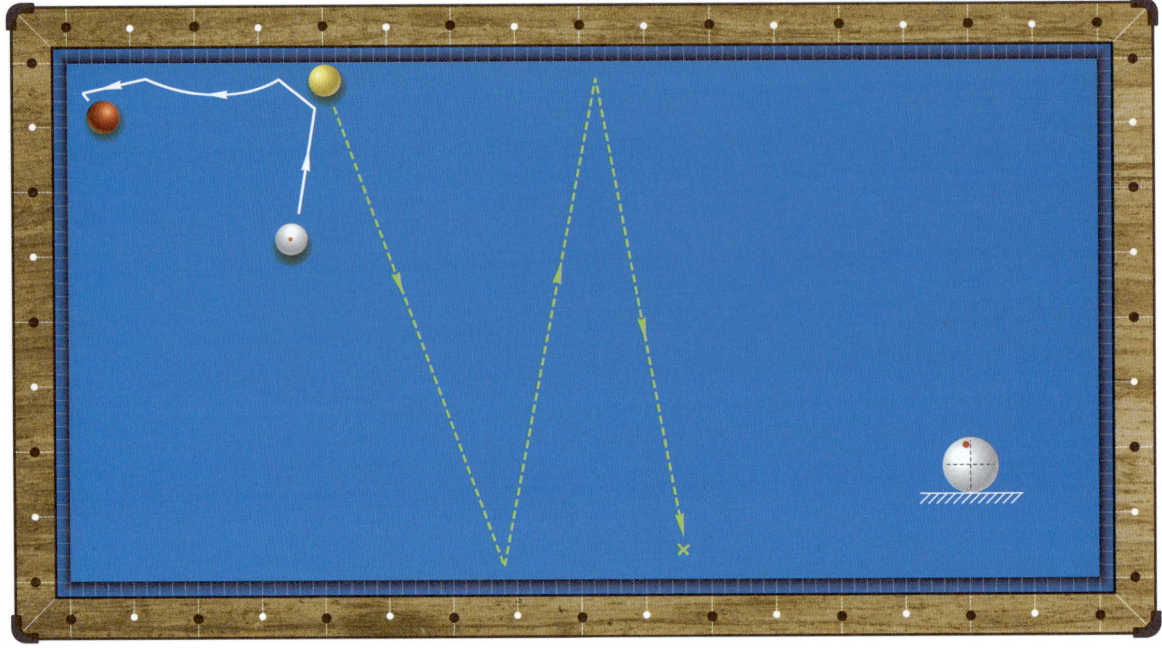

예술구를 접하다 보면 처음에 배우는 샷일 것이다.

쿠션을 맞으면서 옆으로 이동하는 것이 중요한 게 아니라 3쿠션을 형성해야 하므로 밀리는 회전력이 더 필요하다.

상단회전에서 왼쪽 진행방향의 회전을 너무 많이 사용하지 않도록 한다.

이러한 선공(진행경로를 선택하는 것)은 당구대의 라사지에 기름기가 많거나 라사지가 새 것일 때 많이 선택하게 되는데, 오른쪽으로 제각 돌리기를 시도했을 때 너무 길게 진행되기 때문에 선택하는 경우이다.

▼ 그림 16

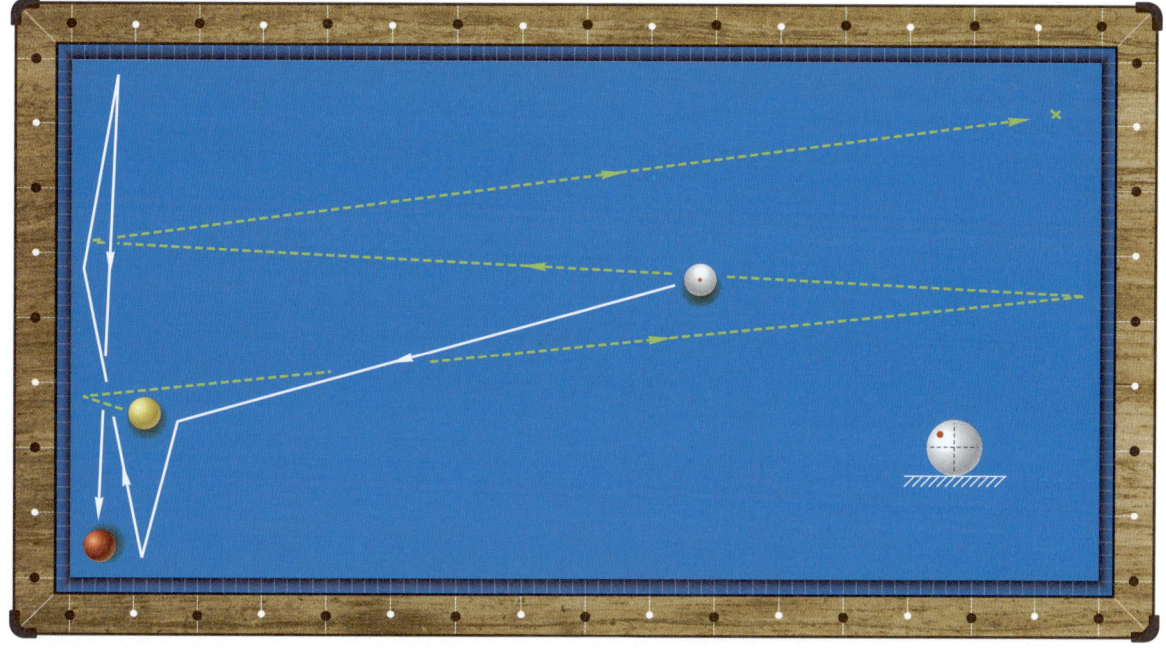

제1목적구를 맞추고 수구가 제2목적구를 직접 맞출 것 같다고 생각하여 너무 두껍게 치면 두 번째 쿠션으로의 진행이 곡선이 그려지면서 순조롭게 득점하기가 어려울 것이다.

  게다가 제1목적구를 두껍게 맞추면서 하단 회전을 선택한다면 당구대 중앙 쪽으로 끌려나오는 경험을 하게 될 것이다.

  좌측 상단 회전으로 빠르게 구사하여 득점에 성공할 수 있도록 하자.

▼ 그림 17

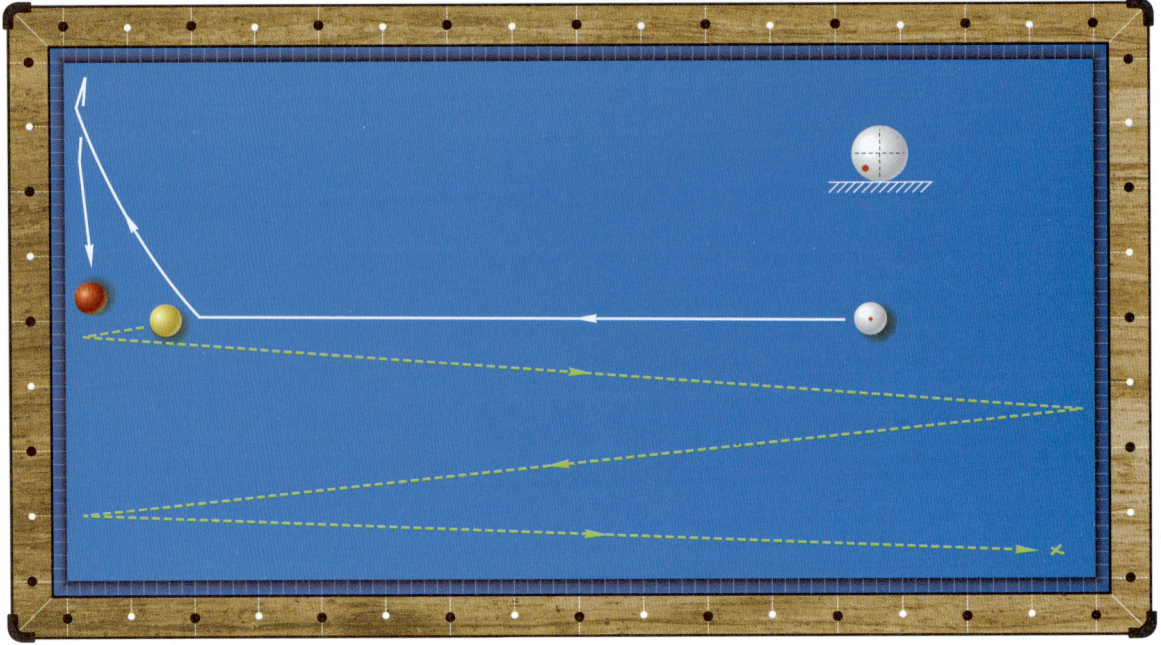

수구와 제1목적구와의 거리가 너무 멀어서 성공하기 쉽지 않을 것이다. 제1목적구를 맞추고 코너에 도착하여야만 3쿠션을 만들어 낼 수 있다. 큐를 너무 길게 뻗으면서 샷을 한다면 밀리는 힘이 너무 강해서 코너까지 끌기가 쉽지 않을 것이다. 간결하고 짧게 빠르게 구사하도록 하자.

▼ 그림 18

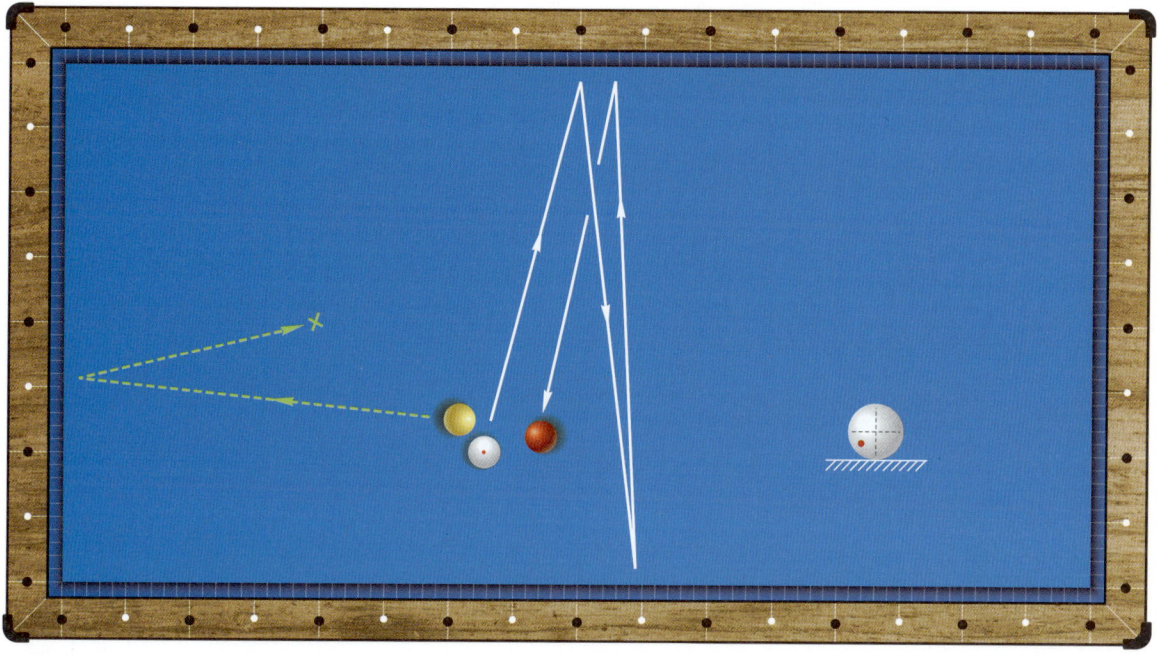

세 개의 공이 모두 근접하여 배치되어 있어서 처리하기가 쉽지 않다. 왼쪽 공을 제1목적구로 하여 왼쪽 하단 회전으로 구사해 보자. 너무 얇게 맞추어 제2목적구를 1쿠션이나 2쿠션으로 맞추지 않도록 해야 할 것이다. 또한, 너무 느리게 구사하면 두 번째 쿠션에서 회전이 되살아나서 리버스 샷의 진행이 이루어질 것이다.

자세는 약간 일어선 자세에서 큐를 20° 정도 기울여서 구사하는 것이 더 효과적일 것이다.

▼ 그림 19

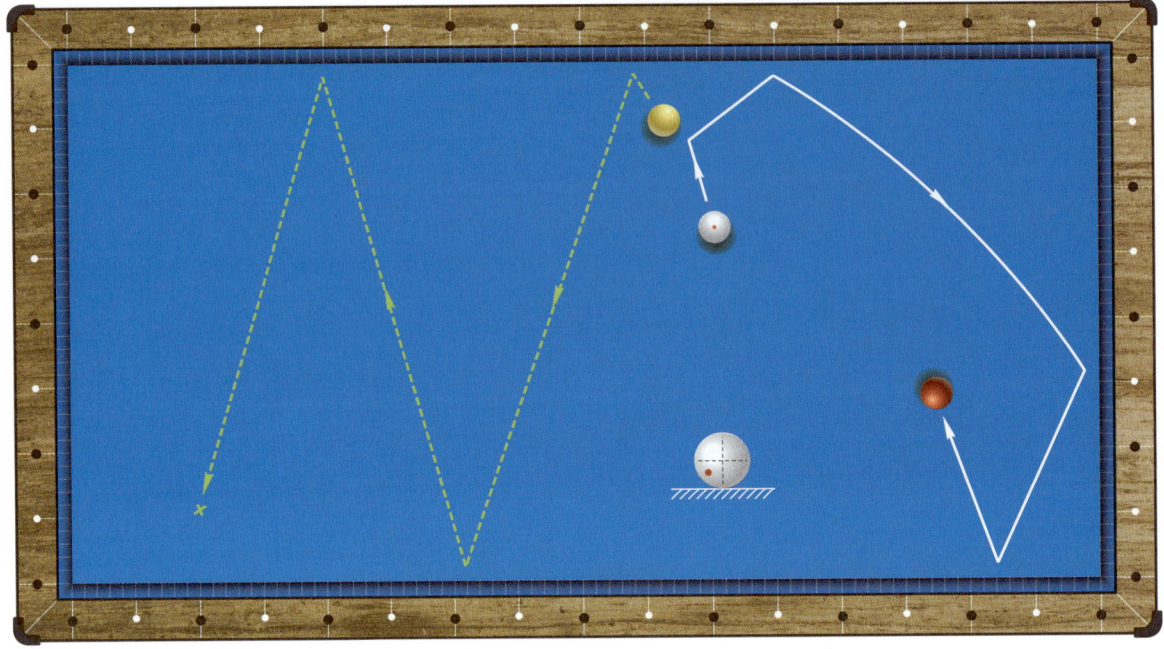

왼쪽으로 제각 돌리기를 구사할 수 있겠으나 두께가 조금만 얇으면 제1목적구가 제2목적구를 맞추는 키스를 피할 수가 없다.

   왼쪽 하단 회전력으로 제1목적구를 두껍게 맞춰 오른쪽으로 진행시키면 첫 번째 쿠션에 맞자마자 곡선을 그리면서 코너 부근으로 내려올 것이다.

   세 번째 쿠션에 도착하여도 진행 방향의 반대 회전력이 유지되고 있다면 제2목적구를 충분히 맞출 수 있을 것이다.

▼ 그림 20

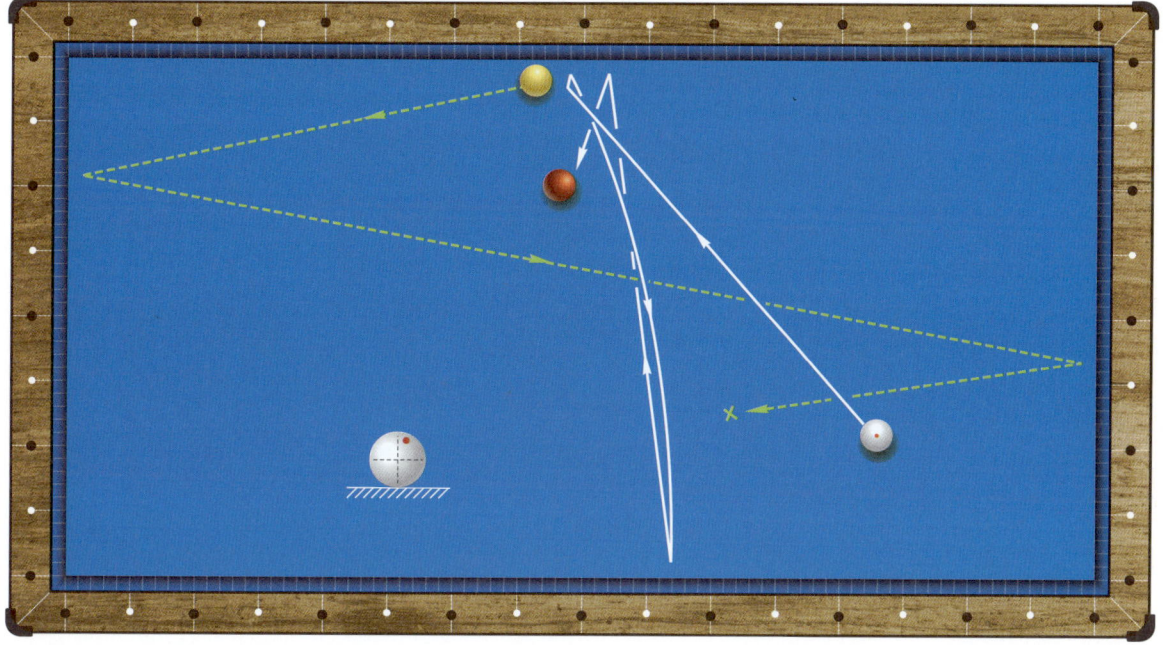

　더블 쿠션치기 중에 굉장히 난이도 있는 진행방법이다. 제1목적구를 맞힌 수구가 제2목적구를 1쿠션으로 맞힐 수 있으므로 역회전을 주어야 하고 장애물을 지난 수구를 제2목적구를 맞추기 위해 다시 전진시켜야 하므로 당점과 속도를 결정하기가 상당히 어렵다.
　이런 선택을 해야 할 경우는 드물지만 어쩌다 이런 배열을 받았을 때 자신 있게 성공할 수 있도록 연습해 놓으면 많은 도움이 될 것이다.

▼ 그림 21

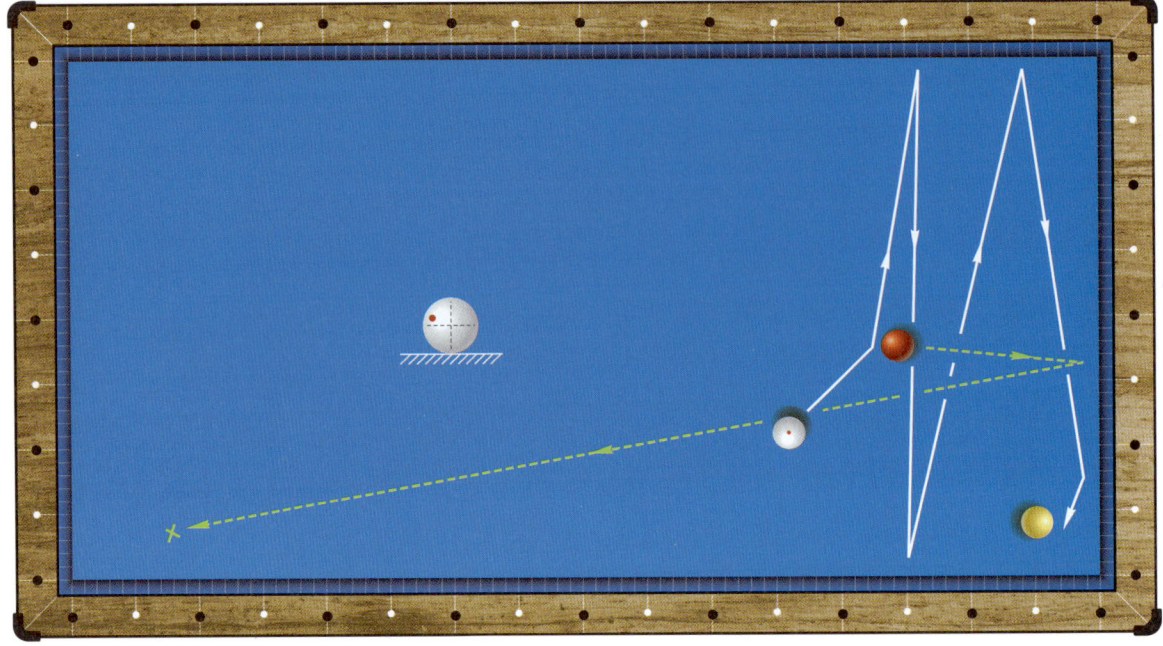

무회전은 키스가 생기게 되고 진행방향 회전은 수구의 진행경로를 예상하기가 어렵다.

  위 그림과 같은 진행경로를 리버스 더블 쿠션이라 하는데 역회전으로 제1목적구를 얇게 맞추어 키스를 피하도록 한다. 역회전을 주었기 때문에 몸쪽으로 약간 끌려오는데 두 번째 쿠션에서 회전력이 되살아나서 다시 순방향 진행이 이루어진다.

  리버스 더블 쿠션은 첫 번째 쿠션에 입사되는 수구의 진행각도가 크고 거리이동이 많아서 빠르게 쳐야 하므로 두 번째 쿠션에서 회전을 되살리기가 쉽지 않다. 그래서 특별한 스트로크를 구사해야 하는데 첫 번째 쿠션을 맞고 나서 두 번째 쿠션에 도착했을 때 되살아나갈 회전력이 남아있어야 하므로 부드럽고, 길고, 빠르게 샷을 하여야 한다.

▼ 그림 22

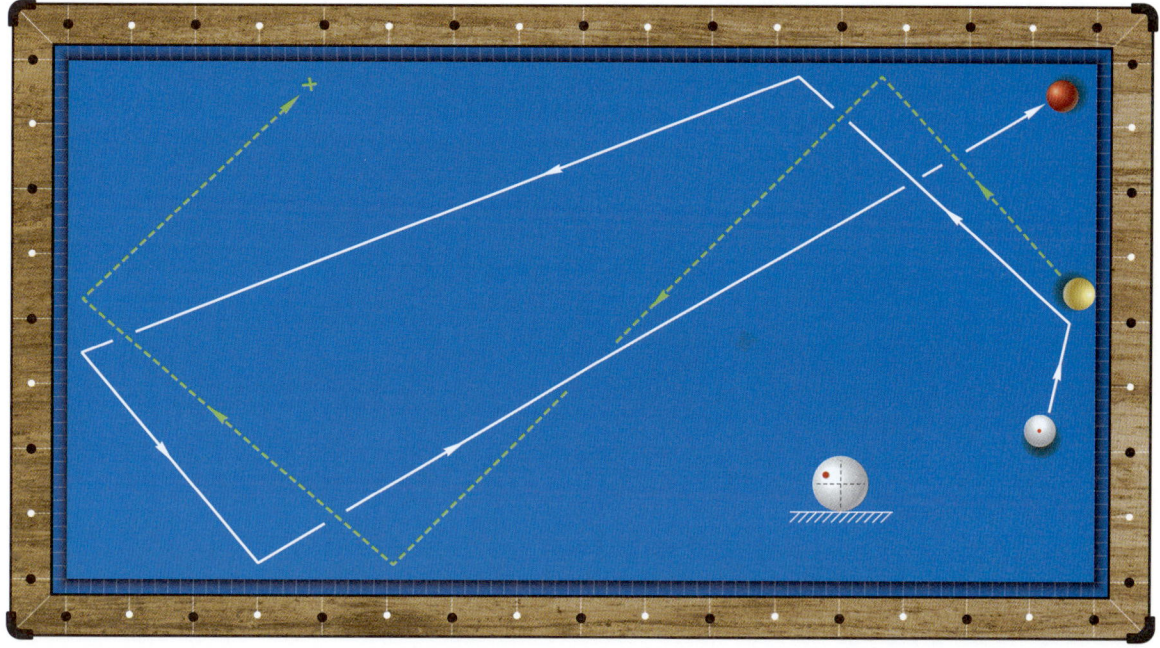

이런 두께를 사용해 본 경험이 있는지 모르겠다. 제1목적구를 2/3 두께로 구사한다. 키스를 전혀 내지 않으면서 성공할 수 있을 것이다. 또한, 얇게 키스를 내서 제각 돌리기를 성공시켜도 포지션 플레이를 할 수 있다.

　어떤 방법이든 각자가 자신 있고 연습이 많이 된 처리방법을 선택하여 공격해야 할 것이다.

▼ 그림 23

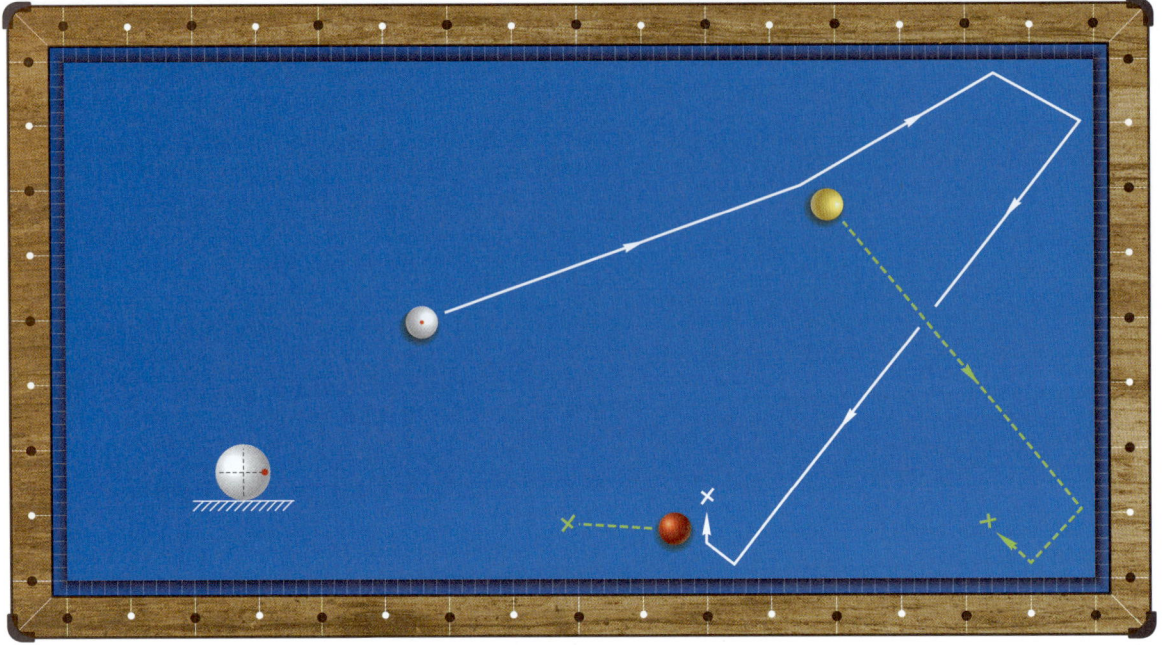

제1목적구를 얇게 맞추어 우측 하단의 코너에 포지션시키고 자연스런 진행으로 득점을 할 수 있다. 여기서 중요한 것은 수구에 충격을 주면서 샷을 하느냐 충격 없이 샷을 하느냐 하는 것인데, 충격을 주는 샷을 하면 제2목적구와 쿠션 사이로 빠져 나가는 실수가 생길 것이다. 느리고 충격 없는 샷을 하면서 얇은 두께를 맞추는 것이 연습이 되지 않은 사람들에게 어려운 부분일 것이다.

   속도에 따라서 원하는 두께를 맞추는 조준법이 다르다. 대부분 빠르게 치면서 두께 맞추는 연습이 많이 되어 있는 것 같다. 느리게 치면서도 원하는 두께를 맞출 수 있어야 한다. 그래야지만 수구와 목적구의 제구력이 생기면서 포지션 플레이를 원하는 대로 할 수 있기 때문이다.

중급에서 고급으로 올라서는
Level Up!
레벨업
스리쿠션

부록

세계 캐롬 당구 규칙

UMB 3쿠션 월드컵 규칙과 가맹연맹

UMB 심판 규칙

01

세계 캐롬 당구 규칙

1장 – 총칙

1조 – 규칙의 적용

1. 캐롬의 국제규칙은 UMB의 규칙과 규정을 준수한다. 이 규정들은 UMB에서 공식적으로 인정하는 세계선수권대회와 국제토너먼트대회에 적용이 가능하다.

2. UMB의 규칙을 벗어나거나 불가항력일 경우 주최 측의 공식 대리인과 감독관의 자문을 거쳐 UMB의 공식사절이나 대리인에 의해 규제된다.

2장 – 장비

11조 – 당구대, 쿠션, 라사지

1. 당구대는 직사각형이어야 하고 표면은 완전수평을 이루어야 한다.

2. 당구대의 상판 돌은 두께 45mm의 점판암이나 UMB 위원회에서 승인된 소재로 구성되어야 한다.

3. 당구대의 표면경계는 쿠션의 가장 앞쪽에서 시작하여 그 높이가 37mm 고무쿠션의 레일을 설치함으로써 결정되고, 오차는 ±1mm까지 허용한다.

4. 자유 경기장소 면의 크기는 세로가 2.84m, 가로 1.42m이고, 오차는 ±5mm까지 허용한다.

5. 고무쿠션은 표면이 고르고 동질의 색으로 된 12.5cm의 상틀의 전체 길이에 고정한다. 오차는 ±1cm까지 허용한다. 단, 쿠션의 품질은 UMB 위원회에서 공인한 제품만 가능하다.

6. 쿠션에 다시 테를 두른 표면에는 지워지지 않는 표시가 생기며 경기장소 평면 길이의 1/8에 해당하는 정규거리에 고정된다. 생산자에 의한 표시나 표식은 쿠션에 다시 테를 두른 곳의 표면에 단단히 고정되지 않아도 된다.

7. 당구대 천은 UMB 위원회에서 인정한 품질과 색상의 새것이어야 한다. 라사지는 상판의 전면과 고무레일이 덮어야 한다. 특히 라사지의 품질은 UMB 위원회에서 인정한 제품만 사용이 가능하다.

8. 지면으로부터 당구대에 다시 테를 두른 면까지 당구대의 높이는 75~80cm이어야 한다.

9. 공식 대회에 사용되는 당구대는 상판과 라사지의 습기를 제거하는 전기히터가 설치되어야 한다. 자동온도조절장치가 설치된 히터는 최상의 경기조건을 유지하기 위하여 설치부터 대회기간 내내 작동되어야 한다.

12조 - 공, 초크

1. 3개로 구성된 공은 UMB 위원회에서 인정된 재질과 색상이어야 한다.

2. 공은 정밀한 원모양이어야 하고 직경이 61~61.5mm이어야 한다. 공 하나의 무게는 205~220g이거나, UMB 위원회에서 결정한 중량이 될 수 있다. 그러나 제일 가벼운 공과 무거운 공의 차이는 2g을 초과하면 안 된다.

3. 초크는 당구대 표면적을 과도하게 더럽혀서는 안 된다.

13조 - 스팟과 출발선의 표시

1. 경기의 시작시 공을 놓아야 할 자리 또는 공이 서로 붙거나 당구대 밖으로 공이 떨어질 경우에 공이 놓여야 할 자리를 "스팟"이라 한다.

2. 이러한 스팟의 위치는 열십자로 측정하여 되도록 초크를 사용하거나 연필, 잉크로 최대한 가늘게 표시한다. 작은 링을 이용하여 표시하는 것은 금한다.

14조 - 큐, 레스트

1. 공은 "당구 큐"라는 이름의 나무 혹은 다른 재질의 도구로 움직인다. 당구 큐는 하나의 부분으로 구성되기도 하고 여러 부분으로 나뉠 수 있다. 당구 큐는 "가죽 팁"을 큐의 끝부분 중 한곳에 링을 붙여야 한다. 선수는 반드시 "가죽 팁" 부분만을 이용하여 공을 쳐야 한다. 선수는 하나 이상 당구 큐를 사용할 수 있고, 길이, 무게와 직경은 자유롭게 결정

할 수 있다.

2. 선수는 공을 치기 힘든 위치에 있을 때 손을 대신하는 나무나 다른 재질로 만들어진 작은 막대기 "레이크(레스트)"를 사용할 수 있다.

15조 – 조명

1. 당구대에 투사 조명의 조도는 측정 기구를 당구지 표면에 올려 당구대의 전 면적의 520 lux 이하이면 안 된다. 또한 조명은 선수가 눈이 부시지 않게 너무 밝으면 안 된다(눈부심은 직시했을 때 5,000lux에서 시작된다). 광원과 당구대 면과의 거리는 1m 이상이어야 한다.

2. 경기장은 완전히 어두워선 안 되며, 적어도 50lux 이상이어야 한다.

3장 – 모든 캐롬 종목의 공통 규정

21조 – 경기의 시작

심판이 스트로크의 시행을 위해 공을 배치하는 대로 경기는 시작한다.

22조 – 뱅킹

1. 심판은 각각의 긴 쿠션에서 약 30cm 정도에 있는 3개의 시작점선 중에서 양 끝에 두 개의 큐볼을 놓고, 빨간색 공은 위쪽 지점(Top spot)에 놓는다.

    심판이 쿠션드로우를 하는 경우에 그 지점에 공을 두거나 왼쪽에 노란공을 두고 오른쪽에 흰공을 둔다. 만약 두 선수가 같은 공으로 경기를 한다고 하면, 심판은 제비뽑기를 한다.

2. 선수는 위쪽 쿠션을 향해 뱅킹(Cushion draw)을 시작한다. 두 큐볼 중 하나가 위쪽 쿠션에 닿기 전에 반드시 출발해야 한다. 만약 이것이 이루어지지 않았을 시에는 다시 뱅킹을 한다. 이러한 반복을 두 번 일으킨 선수는 초구 선택권을 상실한다. 다른 사람이 대신 뱅킹하는 것은 허용하지 않는다.

3. 만일 진행시 공들이 부딪힌다면 과실이 있는 선수(자기구역–경기장의 반을 벗어난)는 초구 선택권을 상실한다.

4. 두 공이 부딪히더라도 잘못한 선수를 가리기 어렵거나 두 공이 아래쪽 쿠션으로부터 비슷한 거리에 있다면 심판은 뱅킹을 다시 하기 위해 정렬한다.

5. 빨간 공을 건드린 선수는 초구 선택권을 상실한다.

6. 공을 아래 쿠션에 가깝게 멈추게 한 선수가 초구 선택권을 가진다.

23조 – 시작위치, 큐볼

1. 심판에 의해 공들이 배치된다.

    a) 빨간색 공은 위쪽지점(Top spot)에

    b) 노란색 공은 아래쪽지점(Bottom spot)에

    c) 흰색 공은 초구를 치는 선수가 두 개의 시작지점(Starting spot) 중 원하는 한 지점에 놓는다.

2. 경기의 첫 이닝을 시작하는 선수는 흰색 공이 두 개이거나(다른 하나는 점이 찍혀 있는) 또는 삼색 공일 경우 흰색 공으로 시작을 한다.

3. 첫 득점은 빨간 공에 대해 직접적인 공격으로 이루어져야 한다.

4. 세트 경기일 경우에는 세트의 수에 상관없이 번갈아가며 세트를 시작(서브 또는 브레이크)한다. 선수들은 경기 내내 같은 공을 사용한다.

24조 – 득점(캐논)

1. 경기는 정해진 점수범위 내에서 가능한 많은 득점을 하는 것(캐논)을 목적으로 한다.

2. 득점은 정상적인 타구에 의한 큐볼이 움직여서 다른 두 공의 접촉이 이루어질 때 인정한다.

3. 득점은 선수가 파울을 범하지 않고 종목별 조건을 충족시킨 상황에서 세 개의 공이 완전히 정지했을 때 유효하다.

4. 각 득점은 1점으로 한다.

5. 심판이 득점을 인정하면 선수의 공격권은 지속된다. 득점이 안 된 경우 — 필요할 시에는 — "missed(안 맞았습니다)"라고 표현하고 선수는 공격권을 상실한다.

25조 – 경기 중 휴식

경기의 중간에 5분간의 휴식 시간이 주어진다.

경기의 중간이라 함은 종목별 점수제 또는 단식 규정에서의 절반 이상을 득점했을 때 그 이닝이

끝나는 시점을 말한다. 이 규칙은 복식에서는 유효하지 않다. 3인 1조 경기에서는 규정된 나머지를 진행하기 이전에 휴식이 주어진다.

이 외에 한 선수가 규정된 점수의 절반에 도달하고 규정점수의 3/4에 못 미친 경우에 경기시간이 45분을 초과했을 때 주어진다.

휴식 시간에 심판은 교체될 수 있다.

세트 경기의 휴식은 아래와 같다.

- 3전 2선승제에서는 2세트 이후에
- 5전 3선승제에서는 2세트와 4세트 이후

26조 – 경기 중 종료

1. 경기 중 심판의 허락을 받지 않고 자리를 비운 선수는 경기에 진 것으로 간주한다. 선수권 대회에서 불가항력적인 사건이 발생한 경우 UMB의 공식 사절이나 그의 공식 대리인의 허가를 받아야 한다.

2. 심판의 요구가 있은 후에도 경기의 진행을 거부하는 선수는 대회에서 탈락한다.

27조 – 붙은 공들

1. 빠띠 리브레(Partie Libre)를 제외한 나머지 종목에서 큐볼이 한 개 이상의 다른 공과 붙게 되면 선수가 재배치를 요구할 수 있는 권한은 다음과 같다.

    a) 심판에게 스팟에 배치를 요청할 수 있다.

    b) 붙지 않은 공을 향하거나 쿠션을 먼저 맞추는 뱅크 샷을 할 수 있다.

    c) 붙은 공쪽을 진행하지 않는 조건에서 마세를 할 수 있다. 이 경우 붙어 있던 공을 먼저 맞출 수 있다. 큐볼에 기대어(큐볼의 지지) 붙은 공이 저절로 움직인 경우는 파울이 아니다.

2. 큐볼이 쿠션에 붙은 경우 붙어 있는 쿠션을 향해 진행시킬 수 없다.

3. 재배치는 심판에 의해 다음과 같이 배치한다.

    a) 빠띠 리브레, 카드레, 1쿠션에 관해서는 세 개의 공이 처음의 위치에 놓인다.

    b) 3쿠션에서는 붙은 공들만 스팟에 재배치한다.

- 빨간색 공은 위쪽지점(Top spot)에
- 선수의 큐볼은 출발선상의 중앙지점(Central spot of the starting line)에
- 상대방의 큐볼은 중앙지점(in the middle of the billiard)에
- 지정된 지점이 점유되어 있거나 가려진 경우는 점유하고 있는 공이 가야 할 위치에 배치한다.

28조 – 당구대 밖으로 나간 공

1. 하나 또는 여러 개의 공이 당구대 밖으로 나가자마자 심판에 의해 정해진 위치에 다음과 같이 재배치한다.

    a) 빠띠 리브레, 카드레, 1쿠션 세 개의 공 모두 출발의 위치에 놓는다.

    b) 3쿠션에서는 튀어나간 공만 27조 3항 b)의 원칙에 따라 재배치하되 출발점이 아닌 곳에서 다시 공을 놓는다.

2. 공이 프레임 밖으로 떨어지거나 프레임에 닿으면 나간 공으로 간주한다.

29조 – 경기 종료

1. 경기는 일정량의 유효득점으로 구성된다. 이 수는 경기의 종류나 위원회에 의해 결정된다.

2. 시작한 경기는 마지막 득점이 될 때까지 계속된다. 누군가가 규정점수를 다 채우지 못했다는 이의를 제기한다 하더라도 마지막 득점에서 심판이 "good(맞았습니다)"이라고 선언을 하자마자 경기는 끝나게 된다.

3. 이닝 제한의 유무는 위원회가 결정한다.

4. 이닝 제한이 있는 경기는 초구 공격자가 한 이닝을 더 가지게 되므로 마지막 득점 후에 상대자에게 초구로 시작되는 추가 이닝을 주어 이닝의 수를 일치시킨다. 후구를 친 선수가 마지막 득점을 하면 종료된다.

5. 세트 경기에는 다음의 규칙이 적용된다.

    a) 둘 중 한 선수가 규정한 점수에 도달하면 세트는 종료되고 그 선수가 승리하게 된다. 초구 공격자가 세트를 마치면 상대방은 추가 이닝을 갖지 않는다.

    b) 정해진 세트를 획득한 선수는 승자가 되고 경기는 즉시 종료된다.

4장 – 파울

41조 – 파울

파울을 범하면 공격권을 상실한다.

1. 타구 시 하나 또는 여러 개의 공이 당구대 밖으로 벗어난 경우
   ("장외 공"으로 표현한다) – balls outside

2. 세 개의 공이 완전히 멈추기 전에 샷을 한 경우
   ("움직이는 공"으로 표현한다) – balls in motion

3. 팁이 아닌 큐의 다른 부분으로 공을 건드린 경우
   ("가죽 팁"으로 표현한다) – leather tip

4. 공을 치는 것 이외에 어떤 공이든 큐, 손 혹은 다른 어떤 물체로 건드린 경우
   ("접촉"으로 표현한다) – touched

   이런 경우에는 공을 원래 위치로 되돌려 놓는다.

5. 선수가 심판에게 요구하지 않고 직접 이물질을 제거하기 위해 공을 건드린 경우
   ("접촉"으로 표현한다) – touched

6. 선수가 타구 이외에 직접 또는 간접적으로 공을 이동시킨 경우
   ("접촉"으로 표현한다) – touched

7. 공을 민 경우("밀렸음"으로 표현한다)

   a) 팁이 움직이는 공과 수차례 닿은 경우

   b) 큐볼이 다른 공과 충돌하는 순간에 팁이 큐볼과 닿아 있는 경우

   c) 큐볼이 쿠션에 접촉하는 순간에 팁이 닿아 있는 경우

8. 쿠션과 붙어 있다고 판단되는 큐볼을 마세를 이용하지 않고 쿠션을 향해 진행시킨 경우
   ("붙은 공"으로 표현한다) – ball in contact

9. 타구 시에 적어도 한 발이 바닥에 닿지 않은 경우
   ("발 떨어짐"으로 표현한다)

   특수 신발의 사용은 인정하지 않는다.

10. 선수가 당구대 전면, 쿠션, 프레임에 눈에 보이는 표식을 한 경우
 ("표식"이라고 표현한다) – marked

11. 이닝 사이나 연속득점의 중간에 본인의 공이 아니라고 언급한 경우
 ("오구"라고 표현한다) – worng ball

12. 선수가 각 종목의 규정을 준수하지 않는 경우
 ("규정위반"이라고 표현한다) – according to the rules

13. 심판의 요구에도 불구하고 규정된 시간 내에 타구하지 않은 경우
 ("시간초과"로 표현한다) – not played

42조 – 고의적인 파울

41조 6항에 정의된 파울이 발생한 경우 공격권이 돌아온 선수는 유리하다고 판단되면 모든 공을 최대한 원래 위치에 가깝게 배치해 달라고 요구할 수 있다.

43조 – 명기되지 않은 파울

1. 명기되지 않은 파울이 일어난 후 득점이 이루어지면 득점은 인정되고 공격이 지속된다.

2. 심판이나 제3자에 실수에 의해 공이 움직인 것은 선수의 잘못이 아니다. 이 경우 최대한 정확하게 원래 위치로 되돌려 놓는다.

5장 – 종목별 규정

D조 – 쿠션종목

81조 – 정의

1쿠션과 3쿠션의 두 종류가 있다.

이 두 종목은 어떤 선으로부터도 자유롭다.

82조 – 1쿠션

1쿠션 종목은 파울을 하지 않은 상태에서 큐볼이 두 번째 적구에 맞기 전에 한 번 이상의 쿠션접촉이 있어야 하고 그렇지 않은 경우에는 파울이다("no cushion"이라고 표현한다).

83조 – 3쿠션

큐볼이 두 번째 적구에 맞기 전에 하나 또는 몇 개의 레일에 세 번 이상의 쿠션 접촉이 있어야 하고 그렇지 않으면 파울이다("no cushion" 또는 "one cushion" 또는 "two cushion"으로 표현한다).

6장 – 최종 조항

91조 – 위반행위

게시된 규정들의 각 위반 행위는 법규 집행 규정에 따라 처리한다.

92조 – 강제집행 및 무효

1. 위 규정의 근거는 UMB 위원회의 공표규정에 의거해 제정, 발표된다. 이후 1989년 1월 1일부터 적용 가능하며 그 이전까지는 이전의 규정들을 적용한다.
2. 지역연맹이나 공인 단체, 연관된 회원들, 또는 UMB의 계약파트너들은 규정을 준수하고, 이를 위해 노력해야 한다.

UMB 세계 3쿠션 월드컵 규칙과 가맹연맹
(2010년 4월 26일판)

서문

이 규정은 UMB의 규칙과 정관, 그리고 그 단체의 결의안들에 근거해 작성되었다. 이는 일반적으로 적법한 구속력을 가지고 월드컵의 발전과 안전을 위해 유지되고 있다. 이 규칙들은 UMB의 스포츠 규칙의 부록으로 3쿠션 월드컵을 위하여 특별히 규정되었으며 월드컵 이외에도 일반적인 구속력 있는 규칙으로 간주해 인용된다. 모든 주최자와 선수들은 이 규정을 숙지해야 하며 반드시 준수해야 한다.

1. **3쿠션 월드컵 토너먼트를 준비조항**

    UMB는 다음 기준에 따라 한 차례의 또는 몇 차례의 월드컵 토너먼트를 준비하는 연맹들과 협회들을 초대한다.

    적어도 네 차례의 월드컵이 계획된다는 조건하에서 그 해의 각각의 월드컵에 모두 참가한 선수 중에 가장 높은 점수를 획득한 선수는 그 해의 리그 승자로 선언된다. 승자에게는 우승컵과 상금 2,500€가 수여된다.

2. **토너먼트의 명칭과 주최자**

    월드컵 토너먼트가 열리게 될 지역에 따라 UMB/CEB or UMB/CPB or UMB/ACBC or UMB/USBA World Cup/Grand-Prix(또는 상응하는 다국간의 추가로) 이름 지어진다. 다시 말해, 이 이름은 주요 후원자의 상업적 이름이 붙을 수 있다. 주최자는 토너먼트가 시작하

기 적어도 두 달 전에는 UMB에 모든 기본정보(호텔정보, 당구대 수, 최대 등록인원 등등)를 보내야만 한다.

월드컵이 시작하기 45일 전에 UMB에 의해 이 기본 정보가 포함된 초대장이 보내진다.

3. **참가를 위한 필수사항**

모든 토너먼트는 UMB의 모든 구성원과 각국의 구성원들이 해당 나라의 협회로부터 제재되지 않고 유효기간 이내에 등록하는 조건으로 참여가 허락되는 오픈 토너먼트이다.

4. **UMB 승인 토너먼트**

UMB의 공식일정에 포함된 토너먼트만이 승인된 토너먼트로 간주된다. 월드컵은 명백히 승인된 토너먼트이다. 한 연맹에는 일 년에 한차례 월드컵 토너먼트가 아닌 국제 오픈을 개최하는 것이 허락되고, 이러한 토너먼트에 관련된 규칙들은 별도로 명시되어 있다. 승인되지 않은 오픈토너먼트에 참가하는 선수는 즉각 세계 랭킹과 월드컵 랭킹에 8점의 벌점이 주어진다.

5. **본선 경기, 거리와 장소**

본선 토너먼트는 32명의 선수로 무승부 없는, 1세트 15점, 5선3선승제, 승자진출 시스템으로 실시된다.

6. **경기의 시작**

경기의 시작은 래그(뱅킹)에 의해 정해진다. 래그의 승자가 그 경기의 시작을 결정한다. 경기를 시작하는 선수는 세 번째 세트와 다섯 번째 세트를 시작하고 상대는 두 번째 세트와 네 번째 세트를 시작한다. 경기를 시작하는 선수는 경기 동안 흰 공으로 경기를 한다. 또한 경기는 UMB의 일반 규칙과 3쿠션 규칙에 따라서 진행된다.

7. **경기 중의 휴식**

5세트 3선승제 경기에서 스코어가 2-0, 2-1일 경우에만 휴식이 주어진다. 3세트 2선승제 경기에서는 스코어 1-1일 경우에만 휴식이 주어진다. 휴식은 5분을 넘지 않아야 한다. 외부적인 이유로, 예를 들면, 그 경기가 중계방송이 되는 경기일 경우 UMB의 대표자와 각국의 대표자 그리고 주최자가 좀 더 긴 휴식에 대해 함께 협의된 경우는 예외를 둘 수 있다.
예외적으로 최대 5분의 의학적으로 필요한 휴식이 공인된 심판에 의해 허락될 수 있다.

8. 출전비와 예선경기

예선경기 출전비는 1인당 최대 100.00€이고, 개최자는 출전비를 정할 수 있다. 출전비는 토너먼트를 참가하기 전에 현금으로 개최자에게 납부해야 한다.

예선라운드 동안에 첫 경기에 나타나지 않은 경우, 또는 마감일 이후에 참가를 취소한 경우에는 벌금 100€가 부과된다. 만약 벌금을 내지 않으면 다른 승인된 모든 국제 UMB 토너먼트에 참여할 자격이 박탈된다.

위의 벌금과 합당한 이유 없이 불참한 경우 해당 선수는 세계선수 랭킹과 월드컵 랭킹에서 8점의 벌점이 주어진다. 결론적으로 선수는 세계선수 랭킹과 월드컵 랭킹에서 부정적인 점수를 갖게 될 수 있다.

예선라운드의 수는 등록한 참여자의 수에 따라 결정된다. 예선라운드가 시작하기 전에 한 그룹에 어떠한 선수가 불참한 경우 아래의 규칙이 이 그룹에 적용된다.

    1. 첫 예선라운드의 경우 해당 그룹의 두 선수는 서로 두 번 경기를 한다.
    2. 두 번째 예선라운드가 시작하면 이전 라운드의 최고의 비자격 선수가 그 불참한 선수를 대신한다.

다른 예선라운드의 승자들은 "Z" 시스템에 따라 다음 라운드의 그 그룹에 놓여진다.

9. 초대와 등록

A) 주최 측은 월드컵 일자 최소 10주 전에 요청된 기술적으로 책임져야 할 모든 정보를 UMB에 제공해야 한다.
B) 초청은 초청이 발표된 날로부터 월드컵일자 전에 8주간 UMB 웹사이트에 게시된다. 선수 또는 협회는 선착순 원칙에 따라 예선 토너먼트를 등록할 수 있다.
C) 월드컵 초청이 게시되기 전 마지막 갱신된 월드랭킹이 이번 월드컵에 적용된다.
D) 초대가 게시된 날로부터 5주간 예선 토너먼트 등록을 마감한다.
E) 월드컵에 적용되는 세계랭킹 13위에서 32위까지의 선수들을 위하여, 초대가 발표된 날로부터 2주간 20개의 예선 토너먼트 장소가 확보된다—2주 후에는 예선 토너먼트 데드

라인까지 모든 선수를 위해 자유롭게 제공된다.

F) 주최자는 예선 토너먼트의 최대 20%를 선수들과 그의 협회를 위해 확보할 권리를 가진다―이 경우 이 월드컵에 적용될 세계랭킹이 32위까지 랭크된 주최 측 협회의 선수는 예선 토너먼트에 직접 등록이 가능하다.

G) 와일드카드는 초대가 게시된 날로부터 최대 4주 이내에 지명되어야 한다.

H) 시드 참가 선수들의 참가는 하지 않아도 자동적으로 확인된다.
    i. 시드선수 참가를 사양할 경우―초대가 게시된 날로부터 최대 2주 이내에 가능
    ii. 해당 협회나 UMB에 의해 정지된 시드선수는 공식적으로 통보

I) 만약 협회가 월드컵에 협회 선수들의 참가에 대한 사전 동의를 요구하면 이 협회는 사전에 UMB에 타당한 통보를 해야 하며, 이 경우 기준은 시드선수를 제외한 협회의 모든 선수에 대해서 합당해야 한다―등록한 선수는 협회나 UMB가 그의 중지를 공식적으로 통보한 경우에만 협회에 의해 토너먼트에서 제외될 수 있다.

10. 토너먼트 복장

공식 석상(기자회견장/환영식장/연회장 등)뿐만 아니라 토너먼트 장소, 그리고 같은 관련 장소에서 머무르는 동안 선수는 적합하고 점잖은 옷을 입어야 한다. 개회식이나 시상식 그리고 시합장에 머무르는 동안 다음의 토너먼트 복장이 적합하다.

검은 구두, 검은 바지, 검은 양말, 긴 소매의 무채색 셔츠나 블라우스, 조끼와 나비넥타이. (예외: 목이 잠겨 있는 단색의 긴 팔 셔츠나 블라우스 조끼와 나비넥타이는 필수사항이 아닙니다.)

청바지와 코르덴 옷은 허용되지 않는다. 복장 허용에 관련된 최종 결정은 UMB의 대표자에 책임하에 있다.

11. 광고

모든 선수는 클럽문장이나 국가문장을 포함하는 광고를 부착하는 것이 허용된다. 최종 지명자는 이것을 조끼의 왼쪽 가슴부분에 부착해야 한다. 다른 후원의 광고는 이 부분에 부착할 수 없다.

다른 광고는 조끼의 좌우 가슴 쪽과 셔츠나 블라우스의 깃, 셔츠의 팔 좌우에 부착이 가능하다. 같은 후원자에서 두 개의 광고는 허용되지 않는다. 각각의 광고부분은 총 $80cm^2$의 크기여야 하고, 총 $80cm^2$를 초과하지 않는다면 허용 부분에 한해서 하나 이상의 광고가 허용

된다.

셔츠의 좌측상단 팔은 주최 측의 부착광고를 위한 자리이다. 만약 주최자가 이 부분에 광고를 사용하지 않는다면 선수가 자유롭게 사용 가능하다. 선수나 선수의 국명/연맹 명칭은 선수의 셔츠나 조끼 또는 블라우스의 뒤쪽에 넣을 수 있다.

정치, 인종, 민족 그리고 종교적 성향에 관한 광고는 강력하게 금지된다. 모든 광고는 단정하고 적합해야 한다. 담배, 알코올 등 모든 금지된 것들에 관한 현지 규정은 존중되어야 한다.

적합한 방법으로 주최 측의 광고를 심판에게 부착하는 것은 허용된다($80cm^2$ 초과금지). 모든 심판들은 반드시 같은 곳에 같은 광고를 부착해야 한다.

한편에 선수 또는 연맹/주최자의 계약 그리고 다른 한편에 후원자와의 계약은 UMB와 무관하며 그 결과는 UMB에 반영될 수도 없다.

12. 랭킹 포인트

1st	80 Points
2nd	54 Points
3 – 4	38 Points
5 – 8	26 Points
9 – 16	16 Points
17 – 32	8 Points
QUAL	5 Points
P-QUAL	4 Points
PP-QUAL	3 Points
PPP-QUAL	2 Points

예선라운드의 모든 참여자는 그가 경기한 마지막 라운드의 포인트를 얻는다.

13. 상금의 지급

상금의 지급은 유로화나 미화 현금으로 토너먼트의 장소에서 실행된다. 미화로 지급이 되는 경우 토너먼트가 시작되는 날의 공식 환율에 따라 실행된다.

탈락된 선수의 상금은 각각의 라운드가 끝난 후 바로 주최자에 의해 지급되어야 한다. 순위

의 네 명의 선수는 발표/폐회 후에 상금을 받는다.

현장에서 주최자는 상금을 정확히 지급해야 할 의무가 있으며 한 주최 측에 양도된 법적책임이 있다.

14. 상금/세금납부 의무/UMB와 연맹의 법적책임/영수증

1.	Place 5,500 × 1	=	5,500 Euro
2.	Place 3,500 × 1	=	3,500 Euro
3. + 3.	Place 2,200 × 2	=	4,400 Euro
5. - 8.	Place 1,300 × 4	=	5,200 Euro
9. - 16.	Place 850 × 8	=	6,800 Euro
17. - 32.	Place 600 × 16	=	9,600 Euro
Total			35,000 Euro NET

상금은 선수에게 정가로 지급되어야 한다. 덧붙여, 주최 측의 국가에서 발생 가능한 세금은 모든 외국 선수를 위해 그 손실분이 주최 측에 의해 지불되어야 한다.

선수의 본국(그들이 세금을 내야 하는 의무가 있는 국가)에 상금으로부터 일정 부분 세금을 낼 법적 의무가 있다. 삼자는 그러한 책임으로부터 명확하게 면제된다.

UMB와 해당 연맹은 그 해당 연맹을 통해 그에 상응하는 적용 후에 해당 국가의 협회에 그건을 양도한다.

UMB에 관해 그리고 가입된 연맹 연합은 이러한 규칙을 보다 구속력 있는 법과 규칙을 지켜야 할 책임이 있다. 내부의 다른 협의를 만드는 주최자와 후원자의 계약은 오직 가입된 협회의 결정 안에서 완성된다. 선수와 UMB 그리고 연맹과 관련된 책임은 그들에게 배제될 수 없다.

UMB와 연맹은 글로 나열된 것을 제외하곤 어떠한 것도 책임지지 않는다. 둘 다 주최자로서 전형적 대리인이고 경제적 시행에 어떠한 영향도 없다. 또한 경제적 결과에 관련이 없다.

주최 측은 상금의 수령인들의 거주지 주소를 요구할 수 있고 만약 필요하다면 그들의 여권번호 등이 있는 영수증으로 그들이 상금을 받았다는 사실을 확인해야 한다. 주최국의 세금이 면제된 정가를 상금으로 지불되었다는 것을 영수증을 통해 알 수 있으며 또한 선수가 세금을 낼 의무가 있는 나라(대부분 모국)에 수령인이 세금을 내야 할 의무가 있음을 영수증에 기록할 수 있다.

15. 여행 경비

    주최자는 토너먼트에 주최 측이 선정한 두 명의 와일드카드 선수를 제외한 시드선수와 와일드카드 선수에게 균일 여행경비를 지급해야 하며 그런 비용은 주최자가 자율적으로 정한다.
    연맹가입 선수는 €350.-
    비가입 선수는 €850.-

16. 토너먼트 신청/조직 회비/일정표의 참여자

    토너먼트 신청은 적어도 다음의 스포츠시즌에 대한 국제적 일정이 그려지기 전에 적합한 시기에 행한다. 날짜는 다음을 고려해 결정한다.
    신청은 UMB 다국간의 협회를 통해 책임이 있는 국가협회에 의해 발효된다. 국가협회의 권한은 반대의 경우에 발생한다.
    UMB와 월드컵 토너먼트 참가비는 매번 1000€로 고정된다.
    책임 있는 연맹에 의해 토너먼트 권위가 적용되는 국가연합은 인계 수수료에 대한 거론이 있기 전에 송장을 받는다. 이 송장은 지급에 대한 최근 날짜에 관한 참조를 포함한다. 만약 이것이 지켜지지 않으면 참가는 어떠한 추가공지 없이 파기된다. UMB에서 정한 인계 수수료가 계좌에 입금되면 UMB 일정에 날짜가 기록된다. 토너먼트가 열리는 스포츠 기간의 시작 전에 UMB의 계좌에 인계 수수료가 입금되지 않으면 신청은 추가공지 없이 파기된다.

17. 본선 경기

    12명의 UMB 월드랭커 1~12위
    2명의 와일드카드 for the organizing federation and the local organizer
    1명의 와일드카드 for the organizing confederation
    4명의 비연맹 추천의 와일드카드
    1명의 UMB 와일드카드(*)
    12명의 예선 통과자

    시드선수가 불참하거나 와일드카드를 사용치 않을 경우 그 또는 그들은 차상위랭킹 선수로 대체된다.

    32위까지의 선수는 그들이 랭킹 12위에 오를 것을 대비해 참가준비를 선언해야 한다. 그러한 선수가 참가준비를 못한 경우 세계선수 랭킹과 월드컵 랭킹에서 16점을 잃게 된다.

(*) 선수에게 지급되는 명기된 최소 금액보다 적어도 10,000유로 높은 보너스 상금이 있는 특별 이벤트의 경우, UMB의 와일드카드는 보상의 하나 그리고 협상목적으로 쓰일 수 있는 그러한 이벤트로 주최자에게 주어질 수 있다.

18. **최종 라운드의 토너먼트는 다음과 같이 행해진다.**

    a. 32의 참가자의 구성
        i. 월드컵 랭킹 1위부터 12위 12명
        ii. 와일드카드 선수 8명(13번 – 20번 부여)
        iii. 예선 통과자 12명(21번 – 32번 부여)

    b. 참가자는 다음 추첨 시스템에 따라 시드 배정된다.
        i. 1~4번은 1,2,3,4시드에 위치하고 1,16,9,8번 경기이다.
            3번이나 4번은 앞선 토너먼트 숫자와 동일한 경우 이런 숫자는 변경된다.
        ii. 1st draw:
            5~8번은 5~8 위치에 그려지고 3,6,11,14번 경기이다.
        iii. 다음 선수들은 9~16 위치에 배정한다.
            2nd draw:
            두 개의 비연맹 소속의 4개 와일드카드 자는 16이 된다.
            3rd draw:
            세계랭킹 9~12, UMB 와일드카드, 주최연맹 그리고 첫 번째 주최자 와일드카드는 2,4,5,7,10,12,13,15번 경기이다.
        iv. 4th draw
            두 번째 국가 와일드카드, 세 개의 비주최 연맹의 와일드카드 그리고 12의 예선 통과 선수는 1,2,3,4,5,6,7,8,9,10,11,12,13,14,15,16번 경기이다. 추첨은 예선이 끝나고 바로 또는 그 전에 대중 앞에서 시행한다.
            UMB와 주최 측 대표에게 용인된 의학적 문제없이 개회식에 불참한 선수는 그 자리에 차상위 자격 선수가 대체된다. 게다가 불참 선수는 그의 토너먼트 권리도 상실한다.

19. 프로그램과 일정

a. 대진표

경기 번호	1~4번 위치	2nd draw 위치	3rd draw 위치	VS	4th draw 위치
1	1			V	17-32
2			9-16	V	17-32
3		5-8		V	17-32
4			9-16	V	17-32
5			9-16	V	17-32
6		5-8		V	17-32
7			9-16	V	17-32
8	4			V	17-32
9	3			V	17-32
10			9-16	V	17-32
11		5-8		V	17-32
12			9-16	V	17-32
13			9-16	V	17-32
14		5-8		V	17-32
15			9-16	V	17-32
16	2			V	17-32

b. 일정은 UMB의 대표자와 협력해 지역 주최자에 의해 확정될 것이다. 한 선수에게 예정된 경기가 잇달아 연속으로 치러지지 않는다.

다음날 경기에 영향을 줄 수 있는 일정은 다음날 경기 전 저녁 늦어도 8시에는 선수에게 통보되어야 한다. 일정에 있는 시간 전에 경기가 시작되는 것은 허용되지 않는다. 변경은 타당한 이유와 오직 관련 선수의 이해가 있은 후에만 가능하다.

c. 주최자는 UMB에 의해 승인되고 제공된 토너먼트 결과 스포츠 프로그램만을 사용해야 한다. UMB 프로그램과 유사한 어떠한 다른 결과 스포츠 프로그램의 주최 측에 의한 사용은 금지된다.

20. 숙박

주최자는 외국 선수를 위해 적어도 메인 토너먼트 기간에 2일을 더한 조식을 포함하는 숙식이 가능한 그리고 자국 선수를 위해선 추가 1일을 무료로 하는 기준에 따라 시드배정 선수와 모든 와일드카드(총 20명) 선수가 사용 가능한 호텔숙박을 준비해야 한다.

전체 토너먼트 +2일의 기간 동안 주최자는 UMB와 해당 연맹의 각 1인의 대표자를 위해 일등급 호텔, 숙박비 그리고 아침식사 비용을 지불해야 한다.

전체 토너먼트 +4일(최대) 동안 주최자는 UMB 기술 책임자를 위해 일등급 호텔, 숙박비 그리고 아침식사 비용을 지불해야 한다.

주최자가 UMB에 토너먼트 감독의 역할을 할 사람의 제공을 요청한 경우 주최자는 적어도 메인 토너먼트 +4일의 모든 식사가 제공되는 호텔 숙소를 제공해야 한다. 여행비용 또한 주최자의 몫이다.

UMB가 주최자에게 특별한 중요한 손님을 위한 추가 객실을 요청한 경우는 예외이다.

21. 대회 용품 - 토너먼트 감독 용품

UMB의 표준규격에 일치하는 당구대만 사용이 허락된다. 천과 공은 연맹의 동의와 함께 UMB에 의해 제작되고 특질/타입에 일치하게 승인되어야만 한다. 새 천과 공은 토너먼트 시작과 함께 모든 당구대에 제공되어야 한다.

큐는 선수의 개인 경기용품이다. 큐들은 UMB의 표준 규격에 인가되는 범위 안에 있어야 한다.

초크, 사포 등은 선수의 개인 용품으로 소지한다.

긴 큐와 긴 큐 받침은 주최자에 의해 현장에서 준비 보관되어야 한다.

UMB와 연맹의 계약에 따르면 주최자는 각각의 제조업자로부터 무료로 토너먼트 용품을 받는다. 용품은 국가 협회를 통해 정해진 때에 요청되어야 하며 또는 주최국의 이미 거론된 회사의 담당 수입업자/무역업자에게 주최자가 직접 요청해야 한다. 만약 주최국에 그러한 수입업자/무역업자가 없으면 용품은 적어도 토너먼트 시작 3개월 전에 제조업자에게 또는 UMB를 통해 직접 요청해야 한다.

모든 토너먼트는 - 예선라운드 포함 - 점이 있는 공이 사용된다.

모든 토너먼트는 - 예선라운드 포함 - 시간제한 방식으로 치러진다.

각 당구대의 시간조절장치 심판의 통제하에 사용되며 다음의 규칙에 따라 사용한다.
- 40초에 점멸 경고시스템이(만약 불가한 경우 심판이 40초경에 제한 경고를 준다) 있는 50초 제한(카운트다운 순서의 설정에 의해)
- 50초 후 벌칙 신호(음향 설정에 의한) 결과에 따라 상대선수를 위해 공을 위치시킨다.
- 각각의 세트에 한번 타임아웃이 가능하며 이 경우 새로운 시간제한(50초 기간 이내에 아무 때나 요청되는 타임아웃 때문에)은 없다.
- 선수는 다음 세트를 위해 한 세트에 사용될 최대 세 번의 타임아웃을 저축할 수 있다.

시계는 선수나 관객에게 잘 보이는 방향으로 경기장에 세워 둬야 한다.

깨끗한 물과 잔 그리고 수건은 선수 탁자에 제공되어야 한다. 덧붙여 무알콜 음료가 경기 동안에 제공되어야 한다.

큰 안내판은 각각의 당구대마다 잘 보이도록 경기장에 배치되어야 한다. 당구대와 안내판은 관객들이 빨리 알 수 있도록 숫자를 붙여야 한다. 결과의 안내는 최신의 것으로 유지한다.

주최자는 몇몇의 또는 모든 예선라운드를 다른 장소에서 하도록 결정할 수 있다. 이 경우 장소는 한 장소에서 다른 장소까지의 거리가 수용할 만해야 하며 주최자는 한 경기장에서 다른 경기장 또는 공식 호텔에서 양쪽 경기장까지의 운송수단을 마련해줘야 한다. 다른 경기장과 선수에게 제공된 다른 환경의 수용은 UMB 기술 대표의 최종 결정에 따른다.

두 경기장의 경우 양쪽 다 관중석과 VIP석이 있어야 한다.

UMB의 스폰서, UMB의 깃발 그리고 연맹과 관련된 의무는 양쪽 경기장에서 다 유효하다.

만약 UMB에서 토너먼트 감독관이 지원된다면, 주최자는 주어진 UMB의 세부사항에 따라 그리고 상응하는 자격 있는 토너먼트 집행자의 처분에 따라 필요 장비를 두어야 한다.

UMB의 기술 책임자와 또는 대표자에게 항상 고속의 인터넷 접근이 가능해야 한다.

22. **인쇄물, 인사말 그리고 UMB와 연맹의 후원자**

다음의 의무사항들은 주최자들에 의해 반드시 지켜져야 한다.

토너먼트의 공식 명칭에 덧붙여, UMB의 로고와 해당연맹의 로고는 모든 인쇄물에 인쇄되어야 한다. 이는 인터넷 설명의 첫 페이지도 유효하다.

만약 그 행사에 한 프로그램이 계획되었다면 인사말은 UMB와 해당 연맹에—인쇄되기 3개월 전에—적합한 때에 요청되어야 한다. 광고의 한 페이지는 시모니스 회사를 위해 준비되

어야 한다.

관중에게 잘 보이는 장소에 시모니스와 아라미스 회사 각각의 깃발이 토너먼트 시합장에 걸려야 한다. 일반적으로 모든 깃발들은 각 나라 협회의 소유이다. 늦어도 토너먼트 시작 3개월 전에 UMB에 깃발을 걸 수 있게 요청해야 한다. 그 후 UMB의 대표자가 깃발들을 시합장에 가져간다.

경기용 당구대의 각 측면에, 시모니스 회사의 스티커를 쿠션 프레임 바깥쪽에 전체 토너먼트 기간 동안 부착해야 한다.

단, 경기를 하는 표면(천 위에)에는, 쿠션의 위쪽 날을 제외하고 어떠한 광고도 붙여서는 안 된다. 시모니스 회사의 광고는 쿠션의 시작 경계와 당구대 천(경사면) 사이에 부착할 수 있다.

시모니스와 아라미스 회사의 로고는 모든 광고와 광고 포스터의 가장자리 또는 인터넷 설명 내에 넣을 수 있다.

만약 주최자가 경기장 둘레에 후원자 자리 배정을 생각할 경우 그러한 자리를 UMB와 연맹의 대표자에게 제공해야 한다.

해당 연맹은 각자 조건에 맞는 토너먼트 승인서를 만들 수 있다. 그러나 그 조건이 UMB와 협력하는 것에 위배되서는 안 된다.

같은 것이 국가 협회의 관계를 고려해 지역 주최자에게도 유효하다.

23. 개회 그리고 수여식/토너먼트 시합장 공식 깃발

전체 토너먼트 기간 동안과 마찬가지로 개회식과 수여식에 UMB와 해당 연맹의 깃발은 잘 보이는 적합한 장소에 걸려야 한다. 깃발은 국가 협회에 제때에 요청해야 한다. 만약 깃발을 가지고 있지 않으면, 늦어도 토너먼트 시작 3개월 전에 해당 연맹에 요청해야 한다. 대표자들은 토너먼트에 깃발을 가지고 온다.

덧붙여 본선에 관련된 나라의 깃발은 본선 경기장에 걸어둔다.

개회식은 다음과 같이 진행한다.

순서

– 주최자의 귀빈, 선수 그리고 방문자에 대한 환영
– 연맹과 또는 국가 협회의 대표자 연설

- 가능한 정치인 후원자 등의 연설
- UMB 또는 연맹의 대표자에 의한 주최자의 공식 개회 발표
- UMB 또는 연맹의 대표자에 의한 공식 개회사
- UMB의 깃발을 올리는 동안 개최국의 국가 연주
- 토너먼트 집행자의 첫 경기 발표

입회

- 본선에 참여하는 모든 선수는 보통 개회식 30분 전에 복장 관리를 위해 경기장에 나타나야 한다. 그들은 주최자와 UMB 기술 책임자에 따라 <u>개회식의 끝까지 머물러야 한다.</u>
- 위에 거론한 곳에 <u>나타나지 않은 선수는 모든 재정적 그리고 참석 권리를 잃을 것이며</u> UMB 대표자 또는 UMB 기술 대표자가 미리 그의 부재에 관해 알리지 않았다면 예선라운드의 차상위 랭킹 선수로 대체될 것이다. 불참한 선수는 반드시 그의 뜻밖의 부재에 대한 UMB 대표자에 의해 허락되었다는 증명된 합당한 이유를 가져와야 한다. 불참 선수는 적어도 그의 <u>첫 경기의 시작 30분 전에 경기 장소에 나타날 것이라는</u> 것을 반드시 증명하고 확실시해야 한다.
- 만약 UMB 대표자나 UMB 기술 대표자가 어떤 선수의 불참에 관해 미리 알고 있다면, 대체 대기 선수는 개회식에 참여하면 안 된다.

폐회식은 다음과 같이 진행된다.

- 경기장에는 수여식을 위한 단상이 준비되어 있어야 한다. 덧붙여 선수를 위한 4개의 좌석이 있어야 한다.
- 주최자의 귀빈과 방문객에 대한 환영(상위 랭커 4명은 경기장에 토너먼트 복장으로 있다)
- UMB 또는 연맹 대표자에 의한 주최자의 공식 선언 발표
- 4명의 상위 랭커의 공식 발언에 따른 UMB 또는 연맹 대표자의 선언과 봉투에 담은(필수사항) 상금 전달
- 우승자의 국가 연주 그리고 가능하면 상위 4명의 국기 게양
- 가능하면 정치인, 후원자 등의 연설. 그리고 명예 상금 전달
- 연맹의 대표자 또는 국가 협회 대표자의 연설
- UMB 또는 해당 연맹의 대표자에 의한 주최자의 공식 종결 알림
- UMB 또는 해당 연맹의 대표자의 끝맺음 말

- 주최국의 국가 연주 그리고 UMB 깃발 강하

추가된 그리고 비정상적인 조치는 UMB와 해당 연맹의 대표단에 의해 논의해야 한다.

24. 토너먼트 기간 동안의 정보

모든 공식적 국제적 발표, 초대 등은 규정된 기간 이내에 UMB에 의해 수행된다.

토너먼트에 관한 인터넷 설명이 준비되었다면 인터넷 주소의 통지가 UMB와 연맹에 그들의 인터넷 설명이 링크된 참조가 발표 가능하게 그것이 적용된 후에 적합한 시기에 주어져야 한다.

각각의 토너먼트 라운드 후 즉각 이메일을 통해 그 결과와 당구대를 연맹과 언론에 제공해야 한다. 일치하는 배포 리스트가 제때에 UMB/연맹의 결정에 따라 놓인다.

토너먼트 경기장에는 커다란 결과 게시판이 걸려야 하며 항상 모든 사람이 즉각적으로 토너먼트 점수를 볼 수 있게 눈에 띄게 만들어야 한다. 그 결과는 그들이 휴대할 수 있기 용이한 방법으로 제공되어야 한다.

토너먼트가 끝난 후에 파일은 참여하고 있는 본선 선수에게, UMB와 연맹의 대표단에게 그리고 참여 국가 협회 각각의 공식 대표자에게 주어져야 한다.

25. 3쿠션 세계랭킹의 유지

3쿠션 세계랭킹은 UMB에 의해 관리되고 항상 갱신된다. 또한 순위에 있어서 가치를 가지는 국가 간 그리고 국내의 경쟁에 있어서 평가에 타당한 근거를 가진다.

각각의 토너먼트 후 새로운 순위는 주어진 기준에 따라 그려진다.

최근 발표된 세계선수랭킹(월드컵이 시작하기 전 적어도 7주)이 적용된다.

두 선수 또는 그 이상의 선수 간의 세계선수 그리고 월드컵 순위가 동점인 경우, 최근 월드컵에서 포인트를 획득한 선수의 것이 우선되며 최근 월드컵에서 같은 경우, 그 전 것이 우선되는 식이다.

26. 도핑 검사-알코올-흡연 금지

WCBS(당구 경기의 세계 연합)과 WADA(세계 반 도핑 기관)의 도핑 가이드라인은 IOC가

관리하는 세부사항과 일치하게 작성되었다. 게다가 알코올의 금지는 선수가 토너먼트에 참여하는 기간에 유효하다.

도핑 검사는 추가 공지 없이 가능하다. 그러한 검사를 하지 않는 선수는 토너먼트에 참여할 수 없다. 그때에 유효한 가이드라인에 따라 처방을 가지고 그러한 검사를 수행함을 수락한다.

토너먼트 지역에서 모든 참가자는 흡연이 금지된다.

27. 월드컵 기간의 승자 선언

매회 월드컵 토너먼트는 같은 가치를 가진다. 어떠한 특별한 최종 토너먼트는 없다. 월드컵 시즌의 끝에 월드컵 승자가 있다.

28. 마지막 조항

이러한 규칙은 2007년 1월 1일로서 효력이 발생한다. 그리고 모든 앞선 또는 UMB의 반대되는 규칙 모두를 대신한다. 인정되는 실수는 UMB의 위원회에 의해 임시로 무효화 된다. 만약 실수가 토너먼트 중에 나타난다면 UMB, 연맹 그리고 국가 협회 대표단 가운데 토너먼트의 집행자로서 임시 해결책이 임시로 효력을 가진다.

03

UMB 심판 규칙

조항 01 – 규칙의 적용

01. UMB 심판 규칙은 UMB의 법규와 규정을 완수해야 한다. 이러한 심판 규칙은 UMB에 의해 공식적으로 승인된 모든 세계 선수권대회와 국제토너먼트에 적용 가능하다. 5pin 당구의 경우, 일부 다른 규칙 혹은 반대의 규칙이 적용된다.

02. 이러한 규칙이 정해지지 않은 경우, 혹은 불가항력으로 적용되는 경우는 UMB의 공식 파견위원 혹은 경기 현장에서 파견위원을 대신하는 대리인에 의해 규칙이 정해지게 된다. 이 경우, 경기 조직 협회의 공식 파견위원과 토너먼트 경기의 감독관과 협의를 거친 후에 결정된다.

조항 02 – 책임

01. 경기를 책임지고 있는 협회는 UMB 혹은 협회 소속의 유능한 심판을 배정하도록 모든 필요한 조치를 취하는 것이 의무다. 경기 준비협회 측은 UMB의 규칙에 의거하여 심판이 이용할 수 있는 사무실을 마련해야 한다.

02. 심판은 자신의 임무에 착수하기 전에, 공을 통제하고 당구대가 깨끗하게 정돈되어 있는지와 잘 정렬되어 있는지를 확인해야 한다. 심판은 모든 필요한 장비가 배치되어 있는지 점검한다. 또한, 당구대, 천, 공과 조명이 바르게 되어 있는지 살펴보고, UMB에 의해 승인을 받아야 한다.

03. 심판이 쿠션 스트로크를 위해 공을 올려놓은 직후에, 경기가 시작된다. 이 단계에서는, 어떠한 선수도 공을 쳐서는 안 된다.

조항 03 - 경기 방향

01. 선수는 토너먼트 지시사항에 의거해 심판의 지명에 반대할 수 없다.

02. 심판은 자신이 스스로 경기를 지시해야 하며, 나머지 사람은 배제된다. 한 명의 심판이 시계를 가지고 경기를 진행하며, 다른 한 명은 점수를 기록·관리하고 작성하는 것을 책임지며, 심판은 리모컨으로 시계를 통제한다.

03. 심판의 역할은 토너먼트 지시사항이 선수들에게 전달되자마자 시작되며, 선수와 심판이 서명한 경기 기록표가 토너먼트 감독관에게 전달될 경우에 비로소 심판의 임무는 시작된다.

04. 심판은 관련된 선수 이외의 다른 외부인의 인가받지 않은 행위로 인해 경기가 방해받는 일이 없도록 주의해야 한다.

05. 심판은 선수들이 적절하고 바른 경기 태도를 유지하도록 하고, 상대편 선수에게 훼방을 놓는 행동을 취하거나 혹은 소음을 일으키지 않도록 주의를 기울여야 한다.

조항 04 - 심판의 행동

01. 심판은 객관성을 유지하기 위해 어떠한 감정도 보여서는 안 되며, 어떠한 경우에도, 한쪽 선수를 편향해서 지지하는 것이 금지되어 있다.

02. 심판은 명시적으로 선수가 실수를 야기할 수 있는 행동을 함으로써 주목을 끄는 것이 금지되어 있다.

선수의 특별한 요청이 있는 경우를 제외하고, 심판은 경기 도중에 자신이 지니고 있는 공을 선수에게 보여주어서는 안 된다. 그러나 경기 시작 공의 위치가 자동적으로 발표된다고 할지라도, Partie Libre(빠띠 리브레)와 Cadre(카드레)에서는 공의 위치를 발표하도록 규정되어 있다.

03. 복장은 경기 주최 측에 의해 결정되며, 모든 심판은 동일한 복장을 착용해야 한다. 주최 측의 광고가 새겨진 복장은 80cm^2(square centimeters)를 초과하지 않는 범위 내에서만 착용이 허용된다. 모든 심판은 동일한 장소에서 동일한 복장을 착용해야 한다.

04. 임무를 수행하는 도중에, 심판들은 흡연을 해서도 안 되며, 술을 마셔도 안 된다.

조항 05 – 심판의 교체

한 시간이 넘게 경기가 진행될 경우, 경기의 중간 정도에 심판을 교체하도록 권장한다. 심판의 교체는 경기가 연속으로 진행되는 경우에는 허용되지 않는다. 다만 경기를 진행 중인 선수가 교체되는 경우에 한해서는 심판의 교체도 가능하다.

조항 06 – 심판의 발표

01. 심판은 공언할 내용이 있을 경우, 모든 공언 내용을 큰 목소리로 공언한다.

02. 심판은 프랑스어로 공언 내용을 발표해야 하며, UMB가 지정한 공식 언어 중 하나의 언어로 득점을 계산해야 한다.

03. 심판은 경기 한 세트가 끝나거나 혹은 경기가 끝날 때까지 경기 방식에 대해 선수에게 명확히 알려 주어야 한다. 스리쿠션의 경우는 마지막 3포인트 때, 알려주어야 한다.

   진행 중인 연속 경기가 중단되는 경우, 경기를 재개할 시점에 이르러 다시 반복하여 발표하지 않는다.

04. 심판이 규율에 의거해 여러 번의 발표를 해야 할 경우, 다음과 같은 순서를 지켜 경기를 진행하도록 해야 한다.

   a) 취득한 점수
   b) 발표
   c) 금지 구역을 고려한 공의 위치
   d) 앵커를 고려한 공의 위치
   e) 시작 공이 다른 공 혹은 쿠션과 접촉해서 있는 경우

05. 만일, 심판이 필요한 경우라고 판단되거나, 혹은 선수가 심판에게 요구할 경우, 심판은 저지른 실수를 발표한다.

06. 심판은 유럽의 규칙과 규정이 제공되어 있을 경우, 프랑스어를 사용하여 발표해야 한다.

07. 심판은 경기가 진행되고 있는 기록 현황 및 득점과 이닝의 수를 점검해야 한다. 경기를 시작한 선수가 당구대를 떠났을 때, 득점판(스코어보드)에 해당 이닝이 추가된다. 득점판(스코어보드)과 경기 기록 현황표 사이에 차이가 발생하는 경우,

심판은 이를 명확히 정리하고 결정을 내려야 한다.

08. 경기가 정해진 이닝의 한계로 진행이 될 경우, 심판은 선수들이 마지막 이닝을 진행하기 위해 입장하기 전에 발표를 해야 한다.

조항 07 – 심판의 능력

01. 경기가 진행되는 동안, 해당 규정을 준수하도록 감시하고 지켜보는 것은 심판에게 독점적으로 주어지는 권한이며, 이러한 규정의 영역 내에서 심판은 자신의 권한하에 조치를 취할 수 있다. 이러한 규정이 잘 준수되기 위해서는 사전 교육이 필요하고 이러한 규칙 및 규정을 무시하는 선수에게는 경고 조치를 내릴 수 있다. 심판은 토너먼트 지시 사항을 알려야 한다. 이러한 규칙 및 규정을 심각하게 위반하는 경우, 심판은 해당 선수가 경고를 받지 않은 상황이라 할지라도, 경기를 중단할 수 있다. 그 후, 토너먼트 지시 사항과 UMB 파견위원이 조율하여 최종 결정을 내린다.

02. 경고를 받은 선수가 반복해서 규칙에 위반되는 행동을 할 경우, 심판은 경기를 중단할 수 있으며, 그 경기는 규칙을 위반한 선수가 진 경기로 인정된다. 해당 경기가 중단되자마자, 심판은 토너먼트 지시사항을 보고해야 한다.

03. 경기에 임하는 선수 중 한 명의 신청이 있을 경우, 심판이 생각하기에 필요한 경우라고 간주되면, 심판 자신의 주도하에 경기 도중 어느 때라도, 공과 당구대를 정리할 수 있다. 공이 쿠션 혹은 다른 공과 접촉되어 있거나 혹은 매우 밀접하게 닿아 있을 경우, 공을 정리하거나 당구대를 정리하는 것은 효력을 발휘할 수 없다. 공 혹은 당구대를 정리하는 행동은 최단시간에 행해져야 한다. 또한 정리하는 행동은 적절한 비율로 이루어져야 한다. 선수에 의해 경기가 지연되거나 심판이 객관적으로 인지하지 못하는 경우, 심판은 정리하는 행위를 거절할 수 있으며 경기가 계속 속행하도록 요청할 수 있다.

04. 심판은 표시된 지점에 공을 놓기 위해 자신의 손에 공을 들고 있을 권리가 있으며 공을 정리하기 위해 혹은 적합한 장소에 놓을 수 있는 권리도 있다. 공 혹은 당구대를 정리할 경우, 심판은 공을 치우기 전에 양심적으로 공의 위치를 정확히 표시해 둔다. 새로 공을 놓을 때, 각각의 공이 올바르게 이전 위치에 놓인다고 스스로에게 확신할 수 있어야 한다.

05. 선수는 항상 자신의 공을 가지고 경기에 임해야 한다. 심판이 공을 놓을 때, 공이 뒤섞일 경우, 그 책임은 선수 자신에게 있으며, 그 책임을 심판에게 전가할 수 없다.

06. 심판은 모든 공이 정지하기 전에, 상대방 선수를 위해 당구대를 공개할 수 없다.

07. 선수가 하나 혹은 여러 개의 공을 건드리거나 공의 정상적인 위치를 이동할 경우, 심판은 상대방 선수가 위치를 잡기에 좋은 곳에 공을 놓을 수 있다. 만일 외부의 영향으로 공의 위치가 바뀔 경우에도 동일하게 적용된다.

08. 스리쿠션 경기에서 시간제한을 둘 경우, 시계는 선수와 심판이 잘 볼 수 있는 위치에 놓여 있어야 한다. 공이 정지하고, 선수가 다음 경로를 고민하며 공을 치기 전까지 시간은 계속 흐르는 것으로 간주된다. 모두에게 잘 보이도록 놓여진 시계는 시간을 정해 놓은 것이어야 하며, 0에서 시간을 세도록 한다. 각각의 스트로크 후, 결정된 시간제한은 다시 한 번 활용 가능하다. 마지막 10초가 카운트다운 들어갔을 때, 심판은 이를 선수에게 알려주어야 한다. 이때, 발표는 음향 신호 혹은 시각적 신호로 대체될 수 있다.

선수가 정해진 시간 내에 경기를 진행하지 않을 경우, 심판은 공을 처음 위치에 놓고, 상대방 선수가 경기를 진행하도록 한다.

각 선수는 세트마다 한 번의 타임아웃(time-out)을 요청할 수 있으며, 이 경우 심판에게 이를 알려야 한다. 세트 경기가 아닌 경우, 선수는 타임아웃을 두 번 요청할 수 있다.

스리쿠션을 진행할 경우, 타임아웃은 정해진 30초의 시간제한을 초과하는 것이 허용된다. 시간제한이 없는 모든 시합은 다음과 같은 경우에만 유효하다.

선수가 위치 선정을 위해 좀 더 숙고할 시간이 필요할 경우, 심판은 스트로크를 진행하도록 하기 위해 지정된 15초간의 시간을 심판의 권한으로 선수에게 부여할 수 있다. 선수가 이 주어진 시간에 경기 진행을 하지 않는 경우, 상대방 선수는 경기가 진행되고 있는 곳으로 와서 공을 올려놓도록 요구할 수 있다.

조항 08 – 휴식과 휴식의 감독

01. 휴식은 규정에 정해진 장소에서만 허용되며, 정해진 장소를 벗어날 수 없다. 정해진 휴식 시간 외에 추가 시간은 허용되지 않으며 심판은 이를 감독한다.

02. UMB 공식 파견위원과 협의하여 토너먼트 감독관은 토너먼트 혹은 싱글 매치에 해당하는 또 다른 휴식 규정에 대한 사유가 있는지 결정할 수 있다. 이러한 사유에 해당하는 사례들은 다음과 같다.
    a) 토너먼트 장소의 과도한 열
    b) 미디어 보도
    c) 기술적인 결함과 수리
    d) 일시적인 병과 위생적인 이유
    e) 긴급하게 심판의 교체가 요구되는 경우

조항 09 – 심판의 결정

01. 선수가 심판의 결정사항에 대해 의구심을 가질 경우, 해당 선수는 심판에게 결정을 숙고하도록 요구할 수 있다(단 한 번만 허용됨).

02. 심판은 그 요청에 순응해야만 한다. 만일, 필요하면 심판은 자신이 최종 결정을 내리기 전에, 두 번째 심판과 토너먼트 감독관과 상의할 수 있다.

03. 해당 사실들에 관한 심판의 결정은 최종 결정에 해당한다. 단, 이 조항의 이번 항은 예외다.

04. 상대방 선수 또한 심판이 내린 결정을 숙고하도록 동일하게 한 번을 요청할 수 있다. 그러한 요청이 증가하고, 심판이 이러한 것으로 인해 상대방 선수가 경기 진행에 방해를 받는 경우, 심판은 그러한 요청을 빈번히 하는 자에게 경고 조치를 줄 수 있다.

05. 두 번째 심판과 기록을 책임지고 있는 사람뿐만 아니라 상대방 선수도 다음의 경우에 한해 심판에게 개입할 수 있다.
    a) 선수가 틀린 공으로 경기를 진행하고 있을 때
    b) 금지된 구역에서 공의 위치에 관련해 잘못된 발표가 이루어졌을 때
    c) 득점을 계산함에 있어 실수가 있을 때
    개입이 불가피할 경우, 다른 경기 과정에 지장을 주지 않게 신중하게 이루어져야 한다.

06. 만일, 심판이 납득하기 힘든 득점에 대해 판결을 내릴 경우, 심판은 자신의 결정을 번복할 권리를 가지고 있다. 그러나 그 전제 조건은 선수가 여전히 경기를 속

행하지 않았을 경우에 한한다.

07. 선수가 실수를 하고, 심판이 발표할 시간 혹은 기회를 갖기 전에 선수가 경기를 계속해서 진행하는 경우, 심판은 해당 규칙에 의거하여 발표할 시점에 자신의 이닝을 부정확하게 마친 것으로 간주하여 경기를 계속 진행하도록 해야 한다. 그 후, 심판은 가능한 공이 발표 시점에 놓여 있던 위치에 근접하도록 공을 놓는다.

08. 심판은 해당 규칙에 의거하여 혹은 특정 규정에 의거하여 발표를 해야 한다.

09. 만일 경기가 진행되는 동안에, 심판이 해당 선수가 상대방 선수의 공으로 경기를 진행하고 있다고 선언할 경우, 해당 선수는 즉시 중지하고, 공은 최초 점유하고 있던 위치에 놓이게 된다. 이 경우에도, 공을 놓는 것은 대회 규칙 혹은 특별 규정에 의거하여 결정된다. 상대방 선수는 시합 시작 공(플레잉 볼)을 가지고 경기를 진행하게 된다.

10. 현재 규칙이 제공되지 않는 예외적인 경우는 심판의 결정에 의거해 처리하게 된다. 이 경우, 내려진 결정은 경기 현황 기록표에 기록이 되어야 한다.

조항 10 – 불평

01. 규정의 적용에 관한 각각의 불평은 실수가 일어난 시점에 신중한 방식으로 처리되어야 한다. 심판이 순응하지 않을 경우, 선수는 적어도 경기가 끝난 후 15분이 경과하기 전에 토너먼트 지시사항에 의거해 다시 한 번 이 사실을 발표할 수 있다.

02. UMB의 공식 파견위원과 협조하여 토너먼트 지시사항 혹은 조직 협회 혹은 협회 대표자가 참석하지 않은 경우, 불평에 관한 사항은 같은 날 철저하게 조사하도록 요구하고 있다. 불평에 관한 사항이 정당화되거나 혹은 실수가 경기의 결과에 영향을 미칠 수 있는 경우, 경기는 취소되며, 토너먼트 지시사항은 가능한 가장 짧은 시간 안에 다시 반복되어야 한다.

03. UMB 파견위원은 기록 현황표에 등재하는 수단 등으로 각각의 불평에 관한 통보를 받을 수 있다.

조항 11 – 효력 발생

본 규정은 2008년 1월 1일부로 효력을 발휘한다.

에필로그

  이 책은 완벽하지 않다. 아니 완벽한 책은 만들 수 없을 것이다. 당구는 계속 발전되어 가고 있기 때문이다.

  필자가 독자들에게 당부하고 싶은 말이 있다면 모든 스포츠는 제일 먼저 사람에게 기초부터 탄탄하게 배워야 한다는 것이다. 그 다음은 실전을 통해서 경험으로 배워야 하고, 중급이나 고급 정도의 실력자가 되어야만 책이나 동영상 자료들을 이해하고 분석할 수 있다는 것을 명심해야 할 것이다.

  교육 자료를 접한다는 것은 연습을 하고자 하는 마음이 있다는 것이다. 이 책뿐만이 아니라 다른 어떤 교본을 보더라도 한번 훑어보고 덮어버리지 말고 반드시 연습을 통해서 책에 있는 내용을 머리와 몸으로 익혀서 자신의 것으로 만들기 바란다.

  이 책을 보면서 개개인의 실력 향상에 조금이라도 일조할 수 있기를 바라면서 글을 마친다.

Level Up of Carom Three Cushion

● 중급에서 고급으로 올라서는
Level Up!

레벨업
스리쿠션